打造爆款

为个体进行商业赋能

PLAYERS

The Story of
Sports and Money,
and the Visionaries
Who Fought to
Create a Revolution

[美] 马修·福特曼 著 刘少阳 译
Matthew Futterman

中国友谊出版公司

图书在版编目（CIP）数据

打造爆款：为个体进行商业赋能／（美）马修·福特曼（Matthew Futterman）著；刘少阳译 .—北京：中国友谊出版公司，2018.11
ISBN 978-7-5057-4522-3

Ⅰ.①打… Ⅱ.①马… ②刘… Ⅲ.①体育产业－市场营销－案例－美国 Ⅳ.① G80-052

中国版本图书馆 CIP 数据核字（2018）第 245044 号

Players by Matthew Futterman
Copyright © 2016 by Matthew Futterman
Authorized by arrangement with William Morris Endeavor Entertainment, LLC.
through Andrew Nurnberg Associates International Limited
Simplified Chinese translation copyright © 2019
by Beijing Xiron Books Co., Ltd.
All Rights Reserved

书名	打造爆款：为个体进行商业赋能
作者	［美］马修·福特曼
译者	刘少阳
出版	中国友谊出版公司
发行	中国友谊出版公司
经销	新华书店
印刷	天津旭丰源印刷有限公司
规格	700×980 毫米　16 开 17.75 印张　　240 千字
版次	2019 年 3 月第 1 版
印次	2019 年 3 月第 1 次印刷
书号	ISBN 978-7-5057-4522-3
定价	49.80 元
地址	北京市朝阳区西坝河南里 17 号楼
邮编	100028
电话	（010）64678009

如发现图书质量问题，可联系调换。质量投诉电话：010-82069336

献给艾米

在人生的某个阶段,勇往直前比输赢更重要。

——网球冠军、民权斗士阿瑟·阿什

CONTENTS 目录

引　言 　　　　　　　　　　　　　　　　　　　　　　　　001

第一章　　发明体育的人　　　　　　　　　　　　　　　　007

第二章　　解放　　　　　　　　　　　　　　　　　　　　029

第三章　　超级明星　　　　　　　　　　　　　　　　　　053

第四章　　皮里克事件　　　　　　　　　　　　　　　　　081

第五章　　名叫"鲇鱼"的农夫　　　　　　　　　　　　　107

第六章　　学院世界　　　　　　　　　　　　　　　　　　139

第七章　　连胜：埃德温·摩西和奥运帝国的诞生　　　　163

第八章　　四分卫俱乐部　　　　　　　　　　　　　　　　191

第九章　　投篮的愉悦和体育的"耐克化"　　　　　　　217

第十章　　他们又来了　　　　　　　　　　　　　　　　　239

尾　声　　　　　　　　　　　　　　　　　　　　　　　　265

致　谢　　　　　　　　　　　　　　　　　　　　　　　　275

引　言

　　罗杰·斯托巴克曾在马里兰州首府安纳波利斯的美国海军军官学校读书，其间获得了海斯曼奖。获得学历证书后，他在海军服役了 4 年。1969 年，曾是学校橄榄球队最佳球员的他加入了达拉斯牛仔队。1971 年，斯托巴克接任首发四分卫，领导整个球队。在这之前的一年，他做了一个非常明智的选择，开始在比赛淡季为亨利·S. 米勒公司卖商业地产。后来，他持续在淡季售卖办公场所，并且把这项工作贯穿于他的职业生涯。在他退役前两年，也就是 1977 年，他开了自己的商业地产公司。

　　20 世纪 70 年代早期，斯托巴克开始售卖达拉斯地区的办公室和仓库，不是因为他很喜欢这门生意，或者计划成为地产大亨开自己的公司，而是因为他刚成家，需要钱。1971 年，达拉斯牛仔队首发四分卫的工作可以帮他赚到 2.5 万美元的巨额酬金，相当于当时美国国务院中等律师的薪水。我知道这个，是因为 1971 年我父亲在担任国务院的助理法律顾问，他的薪水只比达拉斯牛仔队的首发四分卫稍稍多一些。现在，国务院的助理法律顾问一年可以挣 8 万美元。如今达拉斯牛仔队的首发四分卫是托尼·罗莫，他的一份 6 年合约价值 1.08 亿美元。

罗杰·斯托巴克没有什么不满意的。2008 年，他以 6.13 亿美元的价格卖掉了以自己名字命名的地产公司。而且，比较一下他和托尼·罗莫，可以得出一个简单的结论：仅仅经历一代人的时间，整个体育商业就变了。这些变化甚至影响到与体育没什么关系的人。这本书讲述了这一系列事件背后的人的故事，他们中的很多人很幸运，逐步创造了当今世界的体育格局。在这个世上，金钱有时决定一切，从球员为哪个球队效力，到如何创立一个又一个王朝；从如何打造明日之星，到形成主导很多世界顶级体育联盟的明星中心模式。它甚至决定了家庭和孩子们愿意为巡演的球队支付多少钱。这个社会就是要"制造"冠军，再让人们去膜拜他们，而最受欢迎的球员每年可获得超过 1 亿美元的酬金。

体育产业的一个非常重要的转变发生在 1960 年。在此之前，没有人想要把体育做成一个"产业"，人们也不相信某一天大牌体育明星能与他的老板平起平坐。没有人能做到，除了马克·休姆·麦考马克。

20 世纪前 80 年，美国的职业体育还处在拓荒阶段。那时，到处都是一边倒的合同和不平等的协议。球队、联盟、国家和国际体育联合会以及无数有钱阶层，利用运动员年幼无知、教育水平低，同时又没人代理、缺乏组织，对于现状束手无策的情况对其打压。如果说体育的转型有一个拐点，那么马克·麦考马克无疑就是那个点。麦考马克在 1960 年掀起体育革命，他说服阿诺德·帕尔默雇用自己作为独家代理人——经营职业体育的传统大佬们都觉得体育产业是他们的。这些前辈有圣安德鲁斯皇家古老高尔夫球俱乐部（R&A）的蓝衣贵族、奥古斯塔国家高尔夫俱乐部的绿夹克会员、国际奥林匹克委员会（IOC）的官僚们，还有在国家橄榄球联盟或职业棒球大联盟拥有球队的富豪们。对他们而言，体育的低效导致巨额财富和权力无法很好地利用。

无论他们通过什么途径获得权力，这个世界对于他们来说一直都是这样。这些途径和各种体育运动一样五花八门。纽约巨人队的老板蒂姆·玛拉喜欢赌博，这是众所周知的事。1925年国家橄榄球联盟诞生初期，他花了500美元买下了巨人队的专营权。此后，球队就成了他家的长期收入来源。口香糖和房地产实业家威廉·瑞格利在1921年买下了芝加哥小熊队，这对他来说就像捡起一个玩具一样简单。之后很多买家蜂拥而至。担任国际奥委会主席的艾弗里·布伦戴奇曾以业余运动员的身份在1912年夏季奥运会上与吉姆·索普同场竞技。接下来的40年，他在体育联合会的阶梯上一步步往上爬，直到成为现代奥林匹克运动会最高领袖。然而，不管这些人拥有怎样的权力（他们几乎都是男性），他们以及他们的同辈人都不约而同地对体育产业及其目标有着最基本的误解。来自克利夫兰的律师马克·麦考马克扶持杰出的高尔夫球员阿诺德·帕尔默，并成为他的独家代理人，从根本上创造了现代体育的商业模式，给他们和那一代运动员上了不同寻常的一课。

麦考马克的核心理念极其简单：体育就是关于运动员，尤其是明星运动员的事业。明星球员就像汽油，可以驱动任何机器的引擎运转，人们不惜一切代价想要接近他们。过去运动员的价值被低估，阻碍了他们以及体育事业的发展。

麦考马克没有止步于此。他的哲学也不只是帮他代理的球员争取更高的薪水，或者设法让他们变富。他想创造一种氛围：粉丝可以舒适地待在家里，通过电视或网络边观看全球比赛边吃大餐，而不是随便吃点油腻的热狗、喝点走了气的啤酒或苏打水。同时，企业也乐于跟超级明星运动员或者世界顶级赛事合作。麦考马克明白体育远比劳资双方的零和博弈复杂得多。的确，运动员的控制权和自由越多，就会过得越好。运动员有更多的钱和自由，就可以更好地训练，比赛质量也会随之提高，这也使得作为电视娱乐节目的体育实况转播更有价值。这样，联盟和赛事组织方就能投入更多资金，使得体育迷们在体育馆、竞技场、高尔夫球场和棒球场中得到更好的体验。然后他们可以提高价格，将一部分收益返给运动员，提高体育职业的吸引力，让年轻人拥有更高的竞技水平。这整个过程就像雪球一样慢慢变大。麦考马克想让运动员的生活变得更好，他这样做的同时，每个人都将受益——联盟、球队老板、体育联合会和粉丝。这才是他的宏图伟业。

起初，几乎没有哪个掌权者愿意听这些话，不管是麦考马克以及后来的联盟组织者马文·米勒，还是"鲇鱼"亨特这样的明星投手，还有本书里介绍的体育改革的坚定拥趸。掌权者只希望一切保持原样，运动员们待在金字塔底层，勉强糊口。掌权者发起的一场场针对运动员的斗争，其产生的后果，以及改革如何使得今天的体育成为庞然大物，是本书的主要内容。本书试图分析体育是如何走到今天的——这既是高度生产的产物，也是过度商业化的娱乐活动，同时又是充满惊喜和诡谲的激动人心的达尔文式的故事。

在这场变革中，有两个重要的事件不得不讲，一个是阿诺德·帕尔默解除与威尔胜体育用品公司的剥削与被剥削的关系，一个是"鲇鱼"亨特意外成为首位棒球自由球员，并回应雇主违背承诺、拒绝买廉价人寿保险的事件。如今，一个超级明星一个季度赚的钱就足够他的孙子衣食无忧，而在四五十年前，一份1000美元的人寿保险对于一个想保全家庭的球员来说至关重要，甚至可以逼着他从年轻无知的运动健将变成世故的商人。当然，对于多数女职业运动员（除了少数几个体育明星幸运儿）来说，还需要继续奋斗。斗争仍在继续，历史终将辉煌。

作为球迷，怀旧是不可避免的。每一代人在爱上某个运动和它的英雄时，都希望可以永葆现状。这种怀旧的必然结果是人们会觉得体育越少涉及金钱越好——那时候更简单更纯粹。这些情绪不可避免，但也值得好好反省。体育体系一点都不纯粹，过去的体育界充满了劳力剥削，连世界顶级球员也需要工作，以至于没有时间训练。不管金钱带来了什么不可避免的陷阱，确实也让运动员和体育赛事迅速变好。无论如何，颠倒的商业需要正本清源。

而它不好的一面让忠心狂热的体育迷也产生了动摇。2012年，兰斯·阿姆斯特朗深陷兴奋剂丑闻，事业一落千丈。带领迈阿密热火队的勒布朗·詹姆斯经常注射毒品。一个热忱的体育粉丝为体育日趋愚蠢、商业化、充满谎言和欺骗、价格飞涨而感到沮丧，他摇摇头说："我只想知道我们为何落到这个地步。"

这就是我试图解释的事情。

第一章

发明体育的人

chapter one

1958年11月的第一个星期，马克·休姆·麦考马克为了一场不起眼的卡尔林杯高尔夫公开赛，来到佐治亚州首府亚特兰大市，住进了亚特兰大之心汽车旅馆。那年的比赛在切诺基镇的乡间俱乐部举办。凭麦考马克的水平，打当年早些时候举行的美国公开赛都绰绰有余。他此行并不是为了打高尔夫球，也不是为了看比赛，而是为了圆一个梦。

过去的3年多时间，他一直在著名的克利夫兰阿特、哈登、威科夫及范迪泽律师事务所从业。1小时收费15美元，拿普通合伙人的薪水，但是他家里还有一个嗷嗷待哺的婴儿，妻子也想换个更大的房子。他意识到当律师不能满足这些需求，他也不想继续无休止地管理案件、处理企业问题、结算贷款。他需要更多，也想要更多，他希望能在亚特兰大之心汽车旅馆找到答案。

亚特兰大之心汽车旅馆有两层，共有216个房间，还有2个游泳池、

3个跳水板，其中一个有30英尺高，除此之外还有庞大的阳光天井——这是人造奢华的典范。6年后，它会完全代表另一种意义，因为它的主人小莫顿·罗尔斯顿是一个坚定的种族隔离主义者，他错误地认为他有权在他不愿意时不服务黑人，而去状告美国政府1964年的民权法案。但在1958年，麦考马克觉得要说服世界上最优秀的高尔夫球员相信自己是组织他们参加表演赛的最佳人选，那么亚特兰大之心汽车旅馆就是理想之地。

麦考马克是从一个叫理查德·泰勒的高尔夫球友那里得到这个想法的。泰勒负责卡尔林酿酒公司的公关工作。麦考马克花了很多时间接触美国公开赛和其他锦标赛的顶级高尔夫球员，他注意到一些他觉得有点奇怪的事情。许多人做的事情比其他99.9%的人都要好，但是挣不到什么钱。锦标赛的奖金只有几千美元，麦考马克觉得这些钱做不了什么。这样低的奖金迫使优秀的球手们通过其他途径去赚钱。非常优秀的球员跟装备制造商合作，这样可以帮他们支付差旅费用。即使是最好的球员也需要做其他的工作讨生活，为了几百美元代言一个产品，或者去乡间俱乐部参加表演赛，又或者陪可能赞助比赛的企业会员或高管吃饭喝酒。然而没有什么机制可以保证他们获得这些机会，比如去翼脚高尔夫俱乐部、布鲁克林乡村俱乐部、亚特兰大竞技俱乐部……美国大通曼哈顿银行要么找一个跟他们有私人关系的职业球手，给他提供在表演赛中打球的机会，要么根本就不找机会。但给的钱，有时100美元，有时500美元，都是实实在在的。

麦考马克告诉泰勒他们，也许可以合伙做点生意来解决这个低效问题。他在各种球赛上认识了一些球员，而且他有法律背景，可以帮着处理合同，进行必要的商务谈判。作为卡尔林公司的公关主管，泰勒负责他们公司赞助的两个职业锦标赛，他很懂如何卖一个项目。麦考马克想着他们可以联手招募一大批顶级高尔夫球手，着手销售他们在全国各地的表演赛。

泰勒很喜欢这个想法，他们一起策划了一个方案，决定在卡尔林杯公开赛上开始行动。利用泰勒为卡尔林公司工作的便利，他们白天可以随意接触他们想要的球员。每晚球赛结束后，他们和那些愿意从切诺基驱车 20 英里到桑迪斯普林斯市的查特胡奇河附近的球员洽谈。在汽车旅馆里，麦考马克和泰勒和球员们谈论一些可以让顶级球员挣更多钱的计划，在这个过程中，他们学到了很多呆板的白领不懂的东西。

和他们有过交流的球员包括鲍勃·托斯基、麦克·菲特奇克、吉恩·利特勒、朱利叶斯·波罗斯、比利·卡斯珀、道·芬斯特沃德、阿特·沃尔、杰伊·赫伯特、欧尼·沃斯勒、吉姆·费里、道格·福特。这些球员都听了他们关于国家体育管理公司的概况，这个公司把球员需求放在首位。麦考马克知道，这是每个高尔夫球员的终极梦想，尤其对于他游说了一整晚的明日之星阿诺德·帕尔默来说更是如此——麦考马克第一次遇见帕尔默是在大学高尔夫锦标赛上，这之后他一直称霸大师赛。

麦考马克说，表演赛会在锦标赛前球员空闲时进行，打表演赛也为后面同一场地的锦标赛做了准备。他保证不给球员带来不便，他知道准备参加锦标赛的顶级球员不想遇到任何麻烦。他在第二年已经准备好向乡村俱乐部和公司发出邀约，他为每个职业选手制定好了价格。帕尔默、托斯基以及其他顶级球员的价格是工作日 500 美元、周末和假日 750 美元。不那么出名的球员在工作日可以得到 400 美元，在周末和假日可以得到 600 美元。麦考马克承诺不违反他们的意愿强行捆绑，合同都是非排他性的，球员可以提议自己满意的价格，或者一年以后取消合同。在价格谈拢且没有其他日程安排或伤病的前提下，球员只需要在麦考马克找到表演赛机会时露面就可以了。至于麦考马克和泰勒所做的工作，他们要求从谈好的每场新表演赛中提成 20%，如果为球员与老东家谈成新赛事，则提成 15%。麦考马克和泰勒告诉他们，只需要想一想，几周内他们就会收到合同。

1958 年 12 月 13 日，麦考马克向在亚特兰大同意他们合作的球员发出了一系列信件和合同草案，这些球员包括托斯基、菲特奇克、利特勒、波罗斯、卡斯珀、芬斯特沃德、沃尔、杰伊·赫伯特、欧尼·沃斯勒、吉姆·费里、道格·福特，当然还有阿诺德·帕尔默。

麦考马克在给帕尔默的邀约信开头写道："我猜你离开亚特兰大时安然无恙，因为我并没有收到佐治亚州法庭要求为诉讼辩护的请求，对此我很开心。"

面对这样既有灵活性和自主性又可以赚外快的真实合同，球员们表现出了在卡尔林公开赛时那般的热情，有些甚至想让麦考马克和泰勒全权代表他们所有的市场工作。麦考马克发给他们一份像中餐菜单一样长的服务单，从报税准备到不动产建议，包含了他能提供的除表演赛以外的所有服务。如果运动员让国家体育管理公司代表他们去谈产品代言，即使不是独家，他们需要为表演赛支付 12.5% 的佣金，为所有产品代言支付 15% 的佣金。

那些没有代理人、面对装备合约束手无策的球员，麦考马克的提议让他们大开眼界。在麦考马克的合同里，球员们对他们的报酬拥有话语权，如果他们不满意，一年以后可以终止合同。球员们只需要用麦考马克的方式拒绝所有的邀约。他解释说这样可以让他们免去拒绝朋友请求帮助或要求打折的尴尬。球员们同意把挣到的钱先付给公司，之后再由公司把钱分给他们。麦考马克解释说，这样方便报税和记录他们的报酬。他也坚持要求球员们把他们目前所有的跟其他俱乐部、公司或装备制造商签的协议副本发给他，这会让他明白在何处如何增加他们的收入。当然这也给麦考马克带来了利益：他在一夜之间了解了世界顶级球员服务业的市场潜力。在接下来的几周里，他即将成为唯一的销售，去了解把"斯伯丁"的名字印在高尔夫球袋上的费用，或者是让朱利叶斯·波罗斯在梅里恩俱乐部跟费城顶级公共事业公司的老板们打球的价格。

麦考马克发完信仅4天后，利特勒、托斯基、费里、沃斯勒就签订了合同。2月初，沃尔、福特、赫伯特、波罗斯、芬斯特沃德和卡斯珀也签了。到3月初，国家体育管理公司已经签约了1958年职业高尔夫巡回赛（PGA）十佳奖金得主中的7位。据说帕尔默除了跟麦考马克握过一次手以外对他一无所知，他也签了合同。这个宾夕法尼亚州拉特罗布高尔夫球场的草坪管理人的儿子，在1958年大师赛中一杆获胜，还在1959年1月15日加入了麦考马克的公司。当时，那些几乎影响现代体育产业每个角落的产业巨头的国际管理集团的概念还没有在麦考马克的脑海中萌生。但也许，仅仅是也许，这个麦考马克正在研究的让人既畏难又着迷的游戏，有一天会以某种方式回报他。这是麦考马克当时的梦想。

马克·麦考马克6岁时，发生了一件决定他命运的事情。他在位于芝加哥的自己的家附近玩耍时被一辆车撞了，事故造成他的头盖骨骨折。虽说他最终完全康复了，但医生还是建议他不要再进行身体接触类运动。但他那时候很喜欢跟朋友们一起玩橄榄球，禁止进行身体接触类运动对他来说就像坐牢。

麦考马克从小就长了一副明显的运动员骨架。他块头不大，但是蹒跚学步时拍摄的照片就已显示他是个长腿男孩，胸腔和躯干就好像刚用自行车打气筒打满了气一样。他的头发金黄中带着微红，眼睛不大但深邃，仿佛是一扇可以看到他运转的大脑的窗户。他的眉头总是皱着，仿佛一直对现状有一丝不满，但同时也坚信可以变得更好。

然而，麦考马克知道有两件事情他无法改变：一是他不能再进行身体接触类运动,二是他是个独生子女。他从没抱怨过后者,但是那种与生俱来的孤独感驱使着他沉迷于结构和活动。作为一个小男孩,他没法坐在家里,让活动有组织地开展,所以他不断地在街区找朋友来参加他组织的运动会或其他游戏,他来记录比赛结果。哪怕只有几个小伙伴一起打牌,或者整个下午自己在门厅里抛球,又或者他自己在脑海中设想出来的游戏,他都会记录分数。作为一个酷爱数据的人,他在整个职业棒球大联盟赛季中都在门厅里对着墙练球,计算想象中的球员的击球率。他在墙上用粉笔画条线,想象当时世界上最棒的球员在跟自己打球。每次他挥动高尔夫球杆,哪怕只是在击打院子里的草,他也想象自己的对手是山姆·史尼德、卡里·米德尔考夫或者其他同时代的伟大球员,并且在脑海中记录比分。当小伙伴们没时间或者天气不好时,麦考马克就会拿出他的玩具士兵,精心上演一场场战斗,他也会跟踪记录这些结果。坐在桌子边,他可能会上演一场左手与右手的橄榄球比赛,每个手指代表一个球员。当他一只手猛击另一只手时,好戏就上演了。

麦考马克的父亲奈德·麦考马克看了看四邻,有的小孩擅长打篮球,有的小孩擅长打棒球,有的小孩擅长打橄榄球,有的小孩擅长打网球。而他认为他的孩子即使头骨受过伤,也可以在体育方面有所成就,只要他坚持做一项运动。他可以对周围的人说,也许你比我高、比我快、橄榄球玩得比我好,但是我可以在高尔夫球上打败你。从那时起他自信满满,消除了那场不幸的车祸留下的挥之不去的压抑。

在奈德看来,当时打高尔夫球的孩子不多。如果身体协调性还不错,又从小开始练习,那么可以轻而易举地在当地或区域比赛中拿个奖。奈德是一个农业期刊的发行人,他的理念是,宁可集中才智精通一个特定领域,也不要什么运动都参与但每个都马马虎虎。

这是麦考马克专注于单一领域并获得成功时所上的第一课。另外,高尔夫球也是个便捷的选择。麦考马克的母亲——格蕾丝·麦考马克的家族在密歇根州索耶田园诗般的乡下有座房子，位于密歇根湖南部，距芝加哥市中心只有80英里。房子建在一座280英尺高的沙丘上，修有一个180级的阶梯，可以通到密歇根湖边。这里距离芝卡明乡村俱乐部只有5英里，该俱乐部有6400码的场地，标准的71杆。麦考马克的祖父理查德·W.乌尔夫是芝加哥的一个公务员，也是这个俱乐部的会员。芝卡明成了小马克每天必去的地方，在那里他每天都挥动着球杆，在运动的世界里舒适地成长，远离尘嚣。

夏天的早晨，麦考马克会叫上他的小伙伴弗雷德·亚当斯一起去芝卡明，亚当斯的父母在密歇根湖边麦考马克家附近有座房子。麦考马克的球比亚当斯打得好多了。但麦考马克发明出一些新规则，比如让亚当斯多打几杆，或者让他在离洞区更近的地方发球，一切都是为了让比赛尽可能更有竞争性。打完高尔夫球，麦考马克会召集其他邻居举行"麦考马克奥运会"，进行一系列比赛，像游泳、网球、乒乓球等任何他能想到可以改进书面规则、找到成功方法的运动。在他的鼓动下，他和朋友们一直勤勉跟进，第二天早晨他又回到高尔夫场地。这一切努力最终让他拿到了芝加哥预科学校的锦标赛冠军，并且加入了弗吉尼亚州威廉玛丽学院的高尔夫球队。

当奈德·麦考马克关注儿子的体育天赋时，格蕾丝·麦考马克痴迷于计划、结构、守时、金钱，并开始影响她的儿子。格蕾丝抓住一切机会告诉儿子，金钱在人的一生中有多么重要。他不能被钱所困，但是钱很重要——钱可以开启机会的大门，带来舒适的生活。

周日做完运动后，格蕾丝和奈德把儿子送到祖父母家吃午饭。格蕾丝会给8岁的马克25美分，这样他就可以打车回家。20美分是车费，其余5美分是司机的小费。几周后，马克发现如果在离家约500米的地方下车，车费就会减到 15 美分。接下来的一周，他让司机把他放在离家约 500 米的地方，然后自己走回去，这样他就可以把多出的 5 美分装进自己的口袋。很快，司机的小费他也不给了，每个周日下午，他的兜里都会多出 10 美分。

格蕾丝·麦考马克也非常注重管理和守时。在晚上睡觉前，她会布置好第二天的早餐桌。马克上大学后，格蕾丝会写信给他，告诉他，她周日下午 3 点会给他打电话，然后他宿舍的电话会在那个时间准时响起。

这些功课都有了回报。比如，霍华德·卡茨从 1974 年到 1983 年帮助麦考马克管理他的电视公司 TWI——国际管理集团（IMG）的体育赛事制片公司。他说，有一次他的老板为他们俩安排了一顿早餐，7 点 25 分在比弗利山庄酒店吃饭。卡茨 7 点 20 分到了，发现麦考马克已经在酒店大堂读着报纸等他。他看了看卡茨说："你来早了 5 分钟。"卡茨回应说他想确保不迟到。麦考马克说他计划再读 5 分钟报纸。事实上他也这么做了，他看到 7 点 25 分，然后才去和卡茨吃早饭。

卡茨现在是国家橄榄球联盟的高级执行官，他说："时间是伟大且无法战胜的敌人，但马克战胜了时间，他用黄色便笺本和 15 寸卡片做到了。"这些便笺本和卡片上列着他如何度过每一分钟的清单，从他醒来一直到他去睡觉，有时候提前 3—6 个月就填好了，就像他妈妈会提前准备在伦敦和巴黎的假期一样。

"他生命中的每一秒都是提前计划好的。"运营 IMG 亚洲业务的英国人彼得·史密斯曾说道，"不管你在哪里，他都会告诉你'我会在你那边下午 4 点给你打电话'，有可能那个时间是他那边的早晨 4 点钟。毫无疑问的是，你的电话会准时响起，你最好安排好你的清单，因为你清楚他一定会有自己的清单。我们也从来不闲聊。他会说：'有什么新鲜事吗？'这是把话题转移到'我们的各项工作如何如何'上面的信号。效率之高，令人发指。再牛的将军也带不出这么高效的部队。"

麦考马克看上去确实像个将军。他身高 6.3 英尺，浅色眼睛深邃，二三十岁时留着圆寸头，浓密的有点微红的金色头发直到他人生的最后几年都保养得很好。他的声调低沉，身着在萨维尔街买的西装。他还成功养成了中西部谦逊的品格，这让他在纽约银行家、西海岸电视制片商、欧洲皇室以及来自美国中心地带或是法国阿尔卑斯山的陌生球星之间无缝切换，游刃有余。

至于 IMG 的商务活动，麦考马克会让高管们直接飞去奥兰多湾丘俱乐部——阿诺德·帕尔默曾在那里住过。高管们到来时，高尔夫球和网球户外赛已经按照"美国 VS 世界"的规格安排妥当。麦考马克组建起球队，这样他可以一直跟最棒的球员比赛。他还安排工作人员提供草莓和奶油，就像在英国温布尔登时那样。他为 20 人安排晚餐，在每个座位前放好桌签。如果他的朋友、同事或家人们两年间连续跟他一起做过什么事，就会自动变成未来也必须遵守的传统。麦考马克家的圣诞节也按照固定的流程进行，送礼物、吃大餐、午后看电影，提出其他建议只会让大家身处险境。

1950 年的春天，麦考马克正在读大学，他开车从马里兰州首府安纳波利斯前往北卡罗来纳州首府罗利市去参加威廉玛丽学院与维克森林大学的高尔夫球比赛。麦考马克一早就出发去球场热身。他远远地看到一个名叫阿诺德·帕尔默的孩子在高尔夫练习场重重地击打铁杆，他从没见到过谁能做成这样。球赛开始后，帕尔默打败了麦考马克的一个队友。麦考马克忙着打自己的比赛，没看到。但是帕尔默猛击球杆的画面给他留下了深刻印象。

麦考马克再见到帕尔默已是 5 年之后。这次是在佐治亚州奥古斯塔市举办的大师赛。1955 年加入军法署的麦考马克住在城市另一边的哥登堡。他作为观众前去观看比赛，追着帕尔默一直到果岭[1]，闲聊起他们还是对手的时光。这是帕尔默第二次参加大师赛，所取得的成绩是高于标准杆数 13 杆，最终与别人并列第 10 名，并通过自己的努力拿到了 696 美元的奖励。麦考马克见了帕尔默的妻子温妮，从走廊里拿了一个高尔夫球，就回哥登堡完成他的军事任务去了。

麦考马克退役后跟妻子南希定居于克利夫兰，在阿特哈登律师事务所找到了工作，本可以就此度过一生。高尔夫仍旧是麦考马克酷爱的运动，甚至是他消除竞争压力的发泄方式。1958 年春天，麦考马克获得了在塔尔萨市举办的美国公开赛的参赛资格，并且取得了业余组第 55 名的成绩。那年夏末，他打了 36 洞 149 杆，获得了全美高尔夫业余组锦标赛资格。他已经多次获得这种比赛的资格了。在 1958 年的业余赛上，他在第 3 局输给了加拿大业余组锦标赛的亚军。那家伙打得不好，但是有个特别棒的推杆，10 个果岭都从 5 英尺外一杆进洞。

麦考马克知道他没有优秀到可以靠打高尔夫球赛为生。20 世纪 50 年代，职业高尔夫球手终于超过了作为业余球手的绅士、银行家和律师。20 世纪上半叶，这些业余球手非常棒，赢得了很多大型锦标赛，但现在终结了。对麦考马克来说这无所谓，因为反正打高尔夫球赛也挣不到多少钱。更何况他想出了另一个赚钱的方法：洗衣。是的，1958 年春天，在阿诺德·帕尔默赢得他的第一个重要的高尔夫锦标赛的紧要关头，马克·麦考马克断言他在亚特兰大开的 Washateria（自助洗衣店）连锁店会是条出路。虽然实际上就是自助式洗衣店，但是"Washateria"这个词让这个业务听上去不一样。

1958 年 3 月，麦考马克开了第一家自助洗衣店。这个店几乎没有准

---

1 果岭：高尔夫运动中的一个术语，指球洞所在的草坪。

入限制，只需要5000美元就能运营起来。两个月后，他又买了另一家店一半的股权，至此，他成了两个合资企业的合伙人，拥有50%的股权。这两个企业是他曾经的战友威廉·博纳姆律师在管理，他只需要付定金买设备——20台洗衣机、6个烘干机、1个热水器、1套预制管道装置以及电表，还有办理公用事业保险、营业执照，安装设备，付首月租金，做起步广告，办理一些小保险。从数据来看，这个店首月收入60美元左右，收支平衡，第二个月及第三个月税前利润保持在150美元左右，之后便快速增长。

麦考马克和他的伙伴想通了企业的真正魔力：有一种纳税伎俩叫作"双倍余额递减法"。他向自己的一个战友阿尔·马尔伯里滔滔不绝地解释这个方法，就好像他发现了石油。他让洗衣机折旧贬值，从会计的角度看洗衣房是在亏本经营，因此他们享受到了减税政策，获得了很大一笔收入。这个纳税技巧让年轻的麦考马克扬扬得意。

然而，1958年后，尽管洗衣店带来了很多惊喜，麦考马克开始想除了当律师和开自助洗衣店，生命中应当有更多东西。他有两大爱好：打高尔夫球和赚钱。他需要找到某种方式把它们结合起来。他想，也许可以像为委托方做代理一样为职业高尔夫球员做代理。

在麦考马克之前的时代，通过为运动员做代理来谋生是非常愚蠢的想法。比如，巴比·鲁斯邀请了一个波士顿药剂师代表他去谈薪水。多年来，律师莫里斯·恩格尔伯格为乔·迪马吉奥做代理，但扬基快船队的财富大多是他从棒球队退休了才获得的。拳击手有经纪人，这是这项运动所必需的，因为没有组织联盟或者联合会制定的拳击比赛。拳击手需要经纪人来安排他们进行比赛。经纪人要和推广商合作，他们提供奖金，安排赛事，就像节目的制作人。职业篮球赛10年前才开始有所发展。职业曲棍球只有6支球队。职业网球赛几乎不存在，只有几个球员随意打巡回赛，前提是只要能卖出去票。所谓的开放时代——职业球员可以参加大满贯比赛——10年后才会到来。如果运动员都只是勉强度日，那么从他们的收入中抽取一小部分也不会显得有利可图。

这个境况麦考马克越想越困惑。职业运动员有独特技能，而且被人崇拜，为什么他们不能挣到更多的钱？职业高尔夫球手们坐破烂的汽车，花数月的时间去打比赛，就为了一周能赚几千美元。大部分职业球手的奖金微不足道，只够支付日常开支。偶尔会有个产品代言，例如一个香烟广告，可以赚到几百美元和几箱香烟。难道他们不应该得到更多吗？麦考马克这么想。是的，他们当然应该得到更多，他也知道他们为什么没有得到更多——大多数职业高尔夫球手没有律师、经纪人或代理人。这是一个大好机会，比这些年看到阿诺德·帕尔默奇迹般地进球的画面更令他兴奋。

据说这一切都始于一个简单的握手：马克·麦考马克和他的第一个明星客户阿诺德·帕尔默通过握手就达成了代理协议，此后一切按部就班。不过，事实不完全如此。

1959年1月31日，麦考马克向俄亥俄州提交了国家体育管理公司的企业章程。公司宣称的业务涵盖了人们能想象到的所有商业行为，包括为体育名人做代理，购买、出售、出租各个阶层和类型的不动产或其他财产。董事会有4名成员：麦考马克及其妻子、泰勒及其妻子。公司共有28股，每股价值50美元。泰勒和麦考马克各投入了700美元让生意起步，他们平分了这些股票。

3月中旬，麦考马克求着费城的IBM高管迪克·赛福特赞助表演赛，并花钱邀请顶级球员代言一款IBM的机器。1个月以后，他让赛福特公司从赞助的所有表演赛门票收入中拿提成。他找到了老战友阿尔·马尔伯里——他当时还在军队服役，没啥钱，也没什么理由赞助高尔夫球表演赛。麦考马克告诉马尔伯里，他可以把票价定为2—3美元，在比赛期间充当赌注经纪人。他跟诊所砍价，让他代理的球员看90—180分钟的医生只需付200—400美元。他告诉潜在的顾客，可以看到顶级女球员路易丝·萨格斯、芭芭拉·罗梅克、贝弗莉·汉森，只需300美元就可以聘请这些球员在工作日打表演赛，周末的话需要500美元。他不厌其烦地向人们解释，如果请职业高尔夫球员打一场表演赛，上高尔夫球课，或者代言一款产品，哪怕与高尔夫球或高尔夫球装备无关，俱乐部或顾客都能获得什么利润。

到了9月，球员们开始怀疑他们付给麦考马克的钱不值得。芭芭拉·罗梅克和道格·福特想要退出。1959年年初，国家体育管理公司在银行里有1400美元存款，最终提取了1646.24美元现金。同时，公司账上还有一笔1650美元的法律开销——如果不是麦考马克兼任律师的话，这笔开销可能更大。如果阿特哈登律师事务所要他支付他管理自己公司付出的时间所产生的费用，那这个公司可能连原始资本都没了。事实证明这是一门赔钱的生意。

即使是阿诺德·帕尔默，也有所动摇。帕尔默很不情愿地跟麦考马克续签了合同。"我不是在找代理人，我有我太太给我打理一切。"帕尔默说。事实上，在为帕尔默争取最大利益方面，他太太做得很差。但帕尔默所知道的是，这个他曾在大学里当过对手的绅士麦考马克，承诺给他安排表演赛，让他赚取相当数量的外快，但这一切从未发生。而麦考马克在说服帕尔默续签表演赛合同后，继续极力劝说他接受自己代理他所有的市场工作和代言业务，成为他的商务经纪人。

"从1958年到1959年，我们一直在谈，"帕尔默说，"他告诉我他为所有签了约的球员创造出来的各种业务。他和那个在卡尔林啤酒公司做公关的伙计一起签了利特勒、福特等八九个球员。他问了一遍又一遍，我都说不行。我有我太太帮我打理生意，我自己能做好自己的事情，不用找经纪人。"

帕尔默在位于拉特罗布的家庭工作室里辛勤工作，把球杆打磨成他想要的样子。温妮·帕尔默坐在屋里，处理邮件，或者接听响个不停的电话。帕尔默知道他已经是巡回赛上最受欢迎的高尔夫球手了，他感到他很快就会成为最棒的球手。他觉得麦考马克的商业计划有个内在缺陷。帕尔默的高尔夫球比赛成绩在稳定上升。1957年，他赢了4场锦标赛，拿到了29511美元，第15次进入前10名。1958年，他赢得了他的第一个大师赛荣誉，总共拿到了44531美元，第16次进入前10名。1959年，他的成绩稍稍下滑，只赢了3场巡回赛，拿到35211美元奖金，但是第17次进入前10名。奖金下滑主要是由于他没有卫冕大师赛冠军，没拿到大师赛的11250美元奖金。他还在最大的画廊前表演过，吸引来了一大群被称为"阿尼后援军"的粉丝，这些人超爱他"握紧球杆，用力猛挥"的打法。帕尔默很少遇到他觉得他打不进的球，无论他的球需要划过多少树顶或者跨过多少水塘到达果岭。他长长地吸了口烟，把烟蒂扔到草地上，然后来个制胜一击。他可以把球打到1英里远，似乎每次都可以打到平坦的球道上。他总是信心满满地让球到达果岭，然后击球入洞，显得无所畏惧。

帕尔默知道他可以比巡回赛上的其他人赚更多的钱。如果麦考马克同时代理他和其他一些不那么知名的高尔夫球手，他肯定会掉价。"我要独家代理我的人，"帕尔默说，"我不想被比来比去，和其他人一起讨价还价。"尽管帕尔默工作日表演赛的报价是750美元，周末或假日的报价1000美元，但是他拿到手的只有350—500美元。更糟糕的是，1年下来麦考马克只跟他预约了几场表演赛。

1959年秋天，麦考马克又一次向帕尔默建议由他代理更多的业务。

"我说过如果你想做这个,那么解除和其他所有球员的合约,为我独家代理。"帕尔默回忆道,"他说他会考虑一下再回复我。"

对麦考马克来说,这个决定无须思考。如果要赌某个球员成为超级巨星,非帕尔默莫属。但是,还有他在1958年美国公开赛上遇到的风头正劲的南非球员格雷·普雷尔。尽管麦考马克早期遇到挫折,但是他已经以全球化的角度思考了这个问题,他认为高尔夫会成为一项真正的全球运动,而普雷尔的名字几乎在全球能打高尔夫球的地方都有分量,他的前途也无可限量。

麦考马克和理查德·泰勒的合伙人协议是另一个问题。他们没有预见到拥有世界上最好的市场优势和很多其他成果的顶级球员只想和国家体育管理公司的一个合伙人合作,而不想和另一个合作。这个分歧需要解决,而麦考马克似乎要做出看起来不仗义的事情。

麦考马克恰逢好运,就在他苦苦思索如何告诉帕尔默时,女子职业高尔夫球协会(LPGA)邀约泰勒担任锦标赛顾问,他想接受这个邀请。麦考马克送上了他的祝福,精心编写了解除合作协议。不过,泰勒跟公司仍有一些合作,比如预约球员。麦考马克代理球员的税务、投资、商务决策、财产规划和合同谈判等业务。由于帕尔默想要解除他之前跟国家体育管理公司的合同,让麦考马克代理他的所有商务事宜,麦考马克允许泰勒继续为帕尔默预约表演赛直到1961年。

正如麦考马克与泰勒谈判的一样,他与帕尔默保持着开放的沟通方式,他表明自己想找到方式进行合作。年底时,麦考马克打电话给帕尔默,告诉帕尔默他已经做好决定。"他说他已经放弃了其他人,准备好了只为我服务。"帕尔默说。(事实上,这话不全是实话)"我说太棒啦!他说他会起草一份合同。我说:'不用了。'他说:'我是个律师,这就是我的本职工作。我的生意就是签合同。'我说:'我不管律师干什么,你只

第一章 发明体育的人 | 023

需要告诉我你准备为我做什么，我会告诉你我准备为你做什么，然后我们握个手，开始做我们达成的事情。'"

由此诞生了帕尔默和麦考马克握手成交的传说。这个故事很甜蜜，但很大程度上是杜撰的。后来麦考马克和帕尔默还是签了一份数千页的法律合同来确认他们的商务合作，包括一条关于帕尔默国际管理集团（IMG）的重大利害的规定。但麦考马克让这个握手成交的传说延续了下来。麦考马克这样的经理人知道这个传说正好能传达他们两个主角的天性，一个是朴实但打起球来像斗士一样的高尔夫球手；另一个是具有开拓性的创业者，比起数量他更重视质量，宁愿成就一位巨星而非一系列无名之辈，看中最棒最有毅力的球员和制度的内在价值。麦考马克被帕尔默吸引，就像被温布尔登、皇家古老高尔夫俱乐部（R&A）、国际奥林匹克委员会或世界杯吸引一样。他知道优异将为他带来更多非常好的机会。

1960年的春天，马克·麦考马克有足够理由相信他的事业开始急转回暖。他刚刚与自己梦想的球员签订代理合同，这个独一无二的天才球员处于事业的巅峰，他拥有无与伦比的技艺、与生俱来的魅力和不可限量的潜力。从来没有运动员经纪人可以通过商务合作挣到钱，这很容易理解。麦考马克与家喻户晓的番茄酱生产商亨氏签订了合约，只需给大师赛冠军阿诺德·帕尔默支付500美元，就可以随时随地使用帕尔默的名字代言他们的品牌。阿诺德在《生活》杂志上的广告里解释道："我想我每年离家在外要吃好几百顿饭，所以自然而然学会了如何评价吃饭的地方。我判断的标志之一就是亨氏番茄酱。如果我在餐桌上看到了熟悉的亨氏番茄酱瓶子，我会觉得这家的食物、服务等一切都很好。"当麦考马克和帕尔默谈起他们的合约时，他根本记不起他什么时候签的名、持续多久或者是否有什么限制。

然而，与帕尔默的合作给麦考马克带来了各种赚钱的方式。他从帕尔默的合约中抽取 10% 的佣金，也可以作为投资者和执行者参与帕尔默带来的各种业务，他的脑海里和黄色便笺本上记满了各种想法：教学影片、运动装、连锁干洗店等。他甚至打听帕尔默挥杆动作的版权问题。舞蹈家可以对自己精心编排的动作拥有版权，为什么帕尔默不能对世界上最著名的体育动作之一拥有版权呢？

接下来的 10 年对帕尔默来说，开端有点艰难。赛季的前 4 场锦标赛里他只拿到了第 7 名。一个月下来他拿到了为数不少的 2500 美元。这不算糟糕，但对帕尔默来说不够，他在拉特罗布的家里还有太太和两个小女儿，而这也不是麦考马克希望他取得的成就。但是帕尔默没有想过通过打比赛发家致富。他打比赛是因为他热爱高尔夫，这是他唯一特别擅长的事情，似乎也是让家庭安稳的最可靠方式，这也是他最关心的。帕尔默家里挂了一幅德怀特·戴维·艾森豪威尔总统的画像，他仰慕艾森豪威尔保守的简朴和英雄式的奉献。帕尔默的战场在高尔夫球场，如果他能践行艾森豪威尔的风格，他会很开心。

那个曲折的第一个月后，帕尔默来到棕榈泉首次参加该市的沙漠经典赛（这个赛事最终变成了鲍勃·霍普沙漠经典赛），比赛共有 5 局锦标赛，在这个旅游城市最精美的场地上进行。一般情况下大家都喜欢像帕尔默这样的年轻人，《体育画报》说那个星期"来自宾夕法尼亚州拉特罗布的男孩受到广泛支持，如果价钱合适，他可能会一天打完 5 局比赛"。帕尔默开局打了 67 杆，第 2 轮略有失误，打了 73 杆，接下来的两轮分别打了 67 杆和 66 杆。最后一轮，他在巡回赛老将约翰尼·帕尔默之后打球。这个被"广泛支持"的男孩在第 2 穴、第 7 穴、第 9 穴都拿到了小鸟球[1]，在后 9 穴也拿到了 3 个小鸟球，由此通过 3 杆赢得了首次经典赛。

---

[1] 小鸟球：一种高尔夫球基本术语，是指击球杆数低于标准杆数 1 杆。

这次胜利他赢得了 1.2 万美元的奖金,是他职业生涯的第 16 次胜利。

接下来,帕尔默去了亚利桑那州,在两个锦标赛中拿到了第 12 名和第 5 名的成绩,但是在大峡谷州只有一局超过了标准杆。他打得不错,但也得向打得更好的球手脱帽致敬,再继续前进。接下来是一场所有高尔夫球手梦寐以求的胜利。在得克萨斯州圣安东尼奥市的萨姆·休斯敦堡高尔夫俱乐部,帕尔默在前 3 轮中打出了 69 杆、65 杆、67 杆的好成绩,尽管在星期天打了 75 杆,但还是以 2 次击球赢得比赛。"毁灭之战"仍在继续,一周之后,他在巴吞鲁日市以 7 杆获胜,以 69 杆、68 杆结束比赛。下一场比赛在彭萨科拉。在那里,他最后 10 洞打出了 6 个小鸟球,包括第 72 洞,一杆击败道格·桑德斯。自 1952 年以来,还没有哪个高尔夫球手能连赢 3 场比赛。帕尔默在圣彼得堡又两次进入前 5 名,德索托公开赛把他作为最热门和胜算最大的高尔夫球手送进了大师赛。

他没有让大家失望。1960 年的大师赛是帕尔默和这项赛事的转折点——即便大部分球迷只能通过回放看比赛,但电视转播还是让整个国家为之着迷。帕尔默比肯·温特利早一杆进入最后一轮,剩下 3 洞时,他设法平静下来。温特利已经在俱乐部市内,只能干等。第 16 洞时,帕尔默的鸟推撞倒了标指旗旗杆(当时的比赛还没有规定推杆之前必须移除标指旗)。打第 17 洞时,帕尔默近距离击球,球停在离洞 20 英尺的地方。鸟推后球在接近球洞时慢了下来,然后不知从哪儿来的力量,顺利滚进洞里,帕尔默在果岭上开心地手舞足蹈,他的粉丝团也欢呼雀跃。他跟温特利打成了平手。到第 18 洞,帕尔默的近距离击球停在离洞 4 英寸的地方。粉丝团"阿尼后援军"沿着球道一路跟着他,当他顺利击球入洞反败为胜并且第 2 次穿上"绿夹克[1]"时,粉丝团简直陷入狂喜状态。

1　绿夹克:高尔夫大师赛中卓越、成就、传统和胜利的标志。

再一次获胜就不单是运气了。

麦考马克观看了整场比赛，简直不敢相信他的好运。他签约的这个球手不仅魅力非凡，深受大众喜爱，而且正在成为超级英雄。麦考马克当时孤注一掷，放弃其他球员只为帕尔默服务，想到他有可能受伤，错失剩下的比赛，然而事实正相反，就像是穷尽一生积蓄买了一座精致小区的房子，然后发现房子竟然建在了石油井上。

随着他们的合作逐步稳固，为帕尔默工作很快成为麦考马克职业生涯的重心。他每天都会打电话给帕尔默聊新的提议，电话从来不停，邀约源源不断。帕尔默建立的帝国似乎永无止境。

这时候，麦考马克看到了阿诺德·帕尔默与芝加哥威尔胜运动用品公司签订的合同。

第二章

解放

chapter
two

1954年8月28日，美国业余赛决赛这天的开端对阿诺德·帕尔默来说糟糕透了。那是周六，帕尔默刚好被美国海岸警卫队开除整整7个月。离职前他已在警卫队任职3年了。

离职后帕尔默的高尔夫球打得不错，但是不太稳定，没有达到可以凭借打高尔夫球职业赛为生的水平。24岁的他靠卖漆为生，离职业高尔夫球员的世界十分遥远。

然而那年盛夏，帕尔默的高尔夫球技有点起色了。在芝加哥附近奥桑特乡村俱乐部的全美公开赛上，帕尔默是最佳业余球员。1954年8月28日，帕尔默取得了自维克森林赛以来的最大成功。这次成功使他迈向更高的台阶，8月底他去了美国业余赛底特律乡村俱乐部，其中有许多闻名世界的高尔夫球界大咖，如杰克·尼克劳、泰格·伍兹。帕尔默在前5轮的比洞赛[1]中没费多少力气就轻松获胜。后来在四分之一的决赛中，帕尔默在中场时落后于现任加拿大业余赛冠军唐·切瑞，然后他以雷霆之势取得胜利。他的父母从拉特罗布驾车而来，观看他跟艾德·迈斯特的半决赛，迈斯特是耶鲁高尔夫球队的前任队长。在36洞后，帕尔默和迈斯特比分持平。比赛进入加时赛阶段。在第37洞时，迈斯特错失了一个5英尺击球入洞获胜的机会。接着，在第38洞又错失了一个16英尺击球入洞的机会。然后，在510码5杆的39洞，迈斯特在发球时遇到树丛阻挡，而帕尔默选出平坦球道，第2发球轻松着陆。

这场胜利为帕尔默赢来了8月28日跟鲍勃·斯维尼的最终对决。43岁的斯维尼是美国社会名流，英国业余赛前冠军，在所有方面均完胜帕尔默。斯维尼是一位贵族，也是国际上出了名的花花公子。1937年，斯维尼赢得英国业余赛冠军。在美国业余赛取胜对他的人生轨迹产生不了任何影响。他可以享受这种漫不经心的奢侈，事实上他也这么做了。斯维尼打出了3洞小鸟球，而且领先3洞，然后一位女士迈着华尔兹舞步进入了球道，在斯维尼的唇边留下一个香吻。这是帕尔默见过的最美丽优雅的女人。帕尔默可不想这样开场。他不仅仅输掉了球，也很迷惘。在对抗赛中，没有什么比对手打出3洞小鸟球还领先3洞更糟糕的事情了。

后来帕尔默调整了自己的心态，他决定忽略对手，他觉得在许多方面自己根本与对手无法匹敌。相反，他将精力集中在高尔夫球场上。之前他征服过球场，这次他也能征服。虽然这是对抗赛，但就像大多数高尔夫球赛一样，真正的对手是高尔夫球场，而不是斯维尼。他并不需要击败斯维尼，而是要好好打一轮高尔夫球——或许是两轮，因为决赛有

---

[1] 比洞赛：高尔夫球赛的一种赛制，是指参赛选手两人一组，进行一对一对抗，在每一洞根据杆数决出胜负，最后根据选手赢得的球洞数决定名次。

36 洞对抗赛。

在第 10 洞时帕尔默跟斯维尼打成平手。最后，帕尔默在第 32 洞获得了决定性的领先地位。在第 33 洞，他又以 2 杆领先。尽管在最后一洞时，优势降为领先 1 杆，但是帕尔默向球道中场发起进攻。斯维尼的右偏球却落在了牛毛草中。当两位选手开始下一次挥杆时，斯维尼悄悄走到帕尔默的身旁，直截了当地对他说："祝贺你，你赢了。"这样，阿诺德·帕尔默就成了美国业余高尔夫球赛的冠军。

在接下来一周的时间里，帕尔默的生活发生了翻天覆地的变化。他不再是一个无所顾忌的做着梦的不断冒险的油漆推销员。帕尔默不可小觑！美国业余赛是美国顶级运动装备制造商的首要探测地盘。威尔胜公司的领头代表普拉格·奥斯本整个比赛周都在观察帕尔默，他说服了威尔胜公司的董事长弗雷德·鲍曼，说帕尔默会成为一个了不起的人。在两周的时间里，帕尔默接到一份合同，奥斯本搭着帕尔默的肩膀，告诉他在哪里签字。1954 年 9 月的第三周，帕尔默签了字，终于成为一个职业高尔夫球手。他无比珍惜这份合同。这份合同让他可以参加巡回赛，这是他一直想做的事情。

对于帕尔默和任何顶尖高尔夫球手来说，和装备商的合作代表了业余球手最辉煌的时刻之一。显而易见的是，高尔夫球手与他的俱乐部的关系十分重要。对于帕尔默来说，威尔胜的合同不仅意味着可以向像奥斯本这样的球手代表要根高尔夫球杆、几十筐高尔夫球、新球包。对他而言，这是成就的象征。威尔胜保证付给帕尔默大约 5000 美元，用于支付他巡回赛的费用。公司提供天使投资这样的服务，会集了奥斯本这样的高尔夫球手精英。他是职业高尔夫球分会的执行董事，他资助像帕尔默这样 24 岁的乡村男孩，让他们过上了梦寐以求的生活，并以高尔夫球为生。

第二章 解放 | 033

尽管有上述条件，但毫无疑问的是，阿诺德·帕尔默与威尔胜最初签订的合同是同水准球手里最糟糕的一份。然而帕尔默自己对这份合同很珍惜。1960年春天，麦考马克向帕尔默解释这份合同是如何剥削他时，帕尔默盯着麦考马克，以为他在胡言乱语。帕尔默解释道，他们是威尔胜里很优秀很重要的人。当时，威尔胜在体育界是响当当的。帕尔默第一次取得业余赛冠军时它就在那里。1958年第一次大师赛、1960年第二次业余赛摘冠时，威尔胜也一直在。他们会一直在那里为他服务。他们保证过会以阿诺德·帕尔默的名义做正确的事情，他们也一定会这么做。帕尔默不管麦考马克有什么疯狂的想法，他根本不信威尔胜会利用他这个来自拉特罗布的男孩。

从根本上来讲，威尔胜不算是体育用品公司。它的前身是叫作"苏兹贝格&桑梓"的肉类加工厂，总部在纽约，已日趋衰落。1916年，一位肉类行业主管在试图扭转公司局面的银行家的示意下接手此工厂。这位主管名叫托马斯·E.威尔胜，他有丰富的行业经验。威尔胜将公司的总部迁往芝加哥，并使得公司在日益繁荣的肉类加工和熟食制品业中占据主导地位。动物的其余部分都制成食品后，剩下了内脏和肠类，威尔胜寻找办法充分利用它们。他想到利用动物的皮生产体育用品，扩展公司的业务。不久后，威尔胜就成了足球、篮球和棒球手套的领先制造商之一。缓冲垫和其他的保护类设备也随后发展起来。网球拍和高尔夫俱乐部更是不在话下。而后，他意识到，如果职业高尔夫球员的名字印在高尔夫球杆上，会大大有利于高尔夫球杆的销售。尤其是跟高尔夫球员建立合伙关系后，合作费用会非常低。截至20世纪50年代，威尔胜与顶级高尔夫球员建立了良好关系，并将他们当作"职业员工"。

这场交易究竟有多廉价呢？这里是帕尔默跟威尔胜签订的为期3年的原始合同的相关内容。合同签订于他1954年的新手秀之前：

帕尔默每年将获得2000美元的旅行费与5000美元的薪水，但该款项实质上是销售帕尔默签名球杆而产生的使用费的预付款。帕尔默将会收到前20万美元销售额的2.5%和其余销售额的1.5%。若使用费未达到5000美元，差额记在帕尔默第二年的预付款里。若帕尔默赢得美国公开赛，他会收到2000美元的红利。若他赢得美国职业高尔夫锦标赛，奖励1500美元。若他赢得英国公开赛、大师赛或西部公开赛，有1000美元的奖金。毋庸置疑，帕尔默在比赛中取得成功定会有利于威尔胜，促进运动设备销量，其价值远远超过他从威尔胜那里获得的奖金。帕尔默每年从威尔胜那里赚到1万美元。

阿诺德·帕尔默和温妮·帕尔默没有仔细阅读合同细则。他们根本懒得去读。帕尔默按照奥斯本说的签了字，然后在1955年的加拿大公开赛上作为新秀赢得比赛，9场比赛中帕尔默都进入了前10名，总共获得奖金8974美元。1956年，他赢得了4场比赛，11场比赛中都进入了前10名，获得奖金21490美元。1957年，他赢得了4场比赛，15场比赛中都进入了前10名，获得奖金29511美元，这使得帕尔默一跃成为PGA巡回赛的前5名揽金球手。此时，威尔胜意识到他们手里有个冉冉升起的新星，他们在1957年9月25日给帕尔默寄了一封信，告诉他公司将行使期权，与他续约3年。为了使合同看起来更诱人，他们将保证金金额提高到6500美元，这没有什么风险，因为是特许使用费的预支费用。

对于帕尔默而言，生活再美好不过了，他的球也打得很棒。第二年，他拿到了大师赛冠军，获得奖金44531美元，这让他跃居财富榜首位。1959年，他没有获得大荣誉，收入只有35211美元，但是他赢了3场比赛，在17场比赛中进入了前10名，这足以使他在财富榜上排在前5名内。1960年的春天，奇迹出现了，他赢得了3场巡回赛，再次拿下大师赛冠军。接下来的几周里，帕尔默成为体育界的抢手货，人人都想结识他。他雇用了一位野心勃勃的律师来打理自己的产业，这位律师来自克利夫兰。

在想要跟帕尔默攀关系的人中，包括来自田纳西州的杰克·哈金斯。哈金斯自己有一个高尔夫设备公司，决意跟帕尔默一起成立一个风投项目。哈金斯曾听说帕尔默跟威尔胜的合同第二年就要过期。帕尔默起了兴趣，他找到麦考马克，3个人决定在4月底巡回赛休斯敦站见个面。

哈金斯在巡回赛里有"吹牛大王"的美誉。他就是职业运动里经常出现的角色之一：闯入职业运动员生活的平庸商人，用他自己的钱、关系和虚张声势的勇气作为敲门砖——尽管没人清楚他的钱是从哪里来的。麦考马克之前将哈金斯描述为："学东西学得快，常说大话，令人起疑的推动者……在拉斯维加斯赌桌上叱咤风云，下注5万美元，主控掷骰子，脾气暴躁，表现得像个大亨。虽然没有人明说，但是他留给大家的印象是，如果你要跟哈金斯见面，最好别带钱包。"

不过，麦考马克特别喜欢他，帕尔默也是。部分原因是哈金斯知道威尔胜不光彩的秘密：他们生产的球杆让帕尔默不爽。这些球杆的质量很差，销量却很大，但不是适合高端消费者的高溢价产品，帕尔默对此很不满意。哈金斯想要帕尔默来设计一条球杆生产线，让他生产符合自己高标准的球杆。帕尔默很喜欢这个主意，让麦考马克跟哈金斯去起草合同。数周内他们设计出合同的框架，保证帕尔默每年赚到15万美元，还能让他当上福斯特福莱特高尔夫设备公司的执行官，持有公司股份。同时，哈金斯同意，若帕尔默获得大师赛冠军，奖励5000美元；若帕尔默获得美国公开赛冠军，奖励2000美元。与威尔胜的合同相比，哈金斯的合同特许使用费提高了10倍。这跟麦考马克是不是好的谈判者没有多大关系，因为他跟哈金斯都明白帕尔默的价值，也了解以他的名义成立一个高尔夫球杆品牌会带来多少收益。

在跟哈金斯商讨时,麦考马克在威尔胜公司那里软磨硬泡,要来了一份1957年帕尔默与该公司续约合同的复印件,这样他就可以仔细审查这份合同了(帕尔默手里没有合同,这并不令人惊奇)。5月12日,威尔胜方面将合同送过来,麦考马克准备在接下来的10天里在克利夫兰工作室里苦苦钻研这份文件,因为当他看到封面时他的眼睛都要瞪出来了。封面上说:"正如合同规定,双方都能理解,我们有权在续约合同期满时续约1年、2年甚至3年。"

帕尔默第一次续约合同时28岁。这个年纪,大多数高尔夫球员达到了人生巅峰,并一直保持到三十几岁,到那时他们的实力就会慢慢衰落。帕尔默与威尔胜在1957年签订的合同包括第一份合同的所有条款,有效期至1963年年底,刚好是他34岁生日的后一天。

在评估威尔胜合同之前,麦考马克问了帕尔默一个小问题:1954年签订威尔胜合同之前,有没有请律师看过这份合同?1957年续约时有没有请过律师?帕尔默告诉麦考马克,他没有请过律师。这不足为奇,但是帕尔默向麦考马克保证,这不是个问题,他也不用为此担心。威尔胜的好伙计们告诉过他,如果合同里有任何让他不喜欢、不满意的地方,他可以直接去威尔胜谈,他们会高度重视,并尽力解决,所以帕尔默认为这并不算什么问题。

但是麦考马克了解得更多,把阿诺德·帕尔默变成一位吸金的超级巨星就更难了。运动设备合同是麦考马克的核心投资。帕尔默需要一桩好生意,来配得上世界顶级球手,麦考马克赌上了自己的名声,相信有能力可以把帕尔默变成史无前例的体育大佬。麦考马克需要帕尔默从他这个首要赞助人手里拿到一份最好的合同,证明自己的价值,向其他顶尖运动员展示自己完全可以翻身。从金钱方面来说,任何行业的最高薪水都决定了这个行业的市场收入地位。20世纪70年代自由代理兴起后，职业棒球联盟运动员获得了一定经验。不仅在棒球赛中表现好的选手大赚了一笔，那些球打得还不错甚至水平一般的选手的收入也大幅提高了。如果帕尔默能拿到与他的水平相称的薪资合同，那盖瑞·普莱耶和杰克·尼克劳斯的薪水会随之提高。此外，如果麦考马克没能为帕尔默争取到一份公平的合同，肯定会放出这样的信息：像帕尔默这样魅力无穷又受人爱戴的世界顶级高尔夫球冠军都无法从赞助商那里拿到相当的薪水，那么没有人可以获得高额收入。

麦考马克和帕尔默此前告诉了威尔胜公司哈金斯的想法。现在麦考马克得以帕尔默的名义起草一封信，向哈金斯解释只有到1964年才能与福斯特福莱特洽谈风险项目。不过，他还是可以挽回一些事情。5月25日，他寄给帕尔默一封信，解释说：虽然威尔胜可以续约，但他们应该抓住机会让公司遵守约定，建议他们为明星客户做出更多改变，特别是如果他们还想在本次合约到期前与帕尔默续约的话。这是他唯一的补救办法。显而易见，威尔胜将继续用合约捆绑帕尔默3年，但现在帕尔默有了律师来审查合约，对威尔胜公司来说，这恐怕是最后一次跟帕尔默续约了。

麦考马克要求将帕尔默的特许使用费增加至最高金额，这样每年年初他收到的款项就不仅是预付金了。如果由于某种原因造成销量下降，帕尔默不必承担损失。麦考马克想让威尔胜生产三种球杆，这样，帕尔默可以受益于溢价产品，同时不会丧失大众市场的吸引力。他想争取迟来的份额，特别是帕尔默横扫巡回赛的那些年的收入。这样可以躲避高额纳税压力，获得高收入，也可保证帕尔默在未能赢得许多比赛时依然有较高收入。获胜赛事奖金应该在下一年支付——也为了最小化税务负担。如果在合同里威尔胜有年度退出条款，那么帕尔默也应该有。帕尔默也能够在不提及威尔胜的情况下代言另一款产品。说"我是帕尔默·阿诺德，跟威尔胜合作，但是我个人喜欢佩恩索亚品牌"没多大意义。麦考马克也希望帕尔默有权在澳大利亚这样的地方推销高尔夫球杆，因为威尔胜从未在这里推广业务。最后，麦考马克要求，如果帕尔默去世，威尔胜应在合约有效期内继续支付费用，作为帕尔默的遗产。麦考马克还想要帕尔默保存他使用的高尔夫球和球杆。把这一切比喻成托马斯·杰斐逊宣布美国脱离英国取得独立地位，虽然不完全确切，但也有一定道理。而这一切才刚刚开始。

这对帕尔默而言十分合理，他让麦考马克安排自己跟威尔胜公司见面。帕尔默确信一切将在那里谈妥，因为那些人曾向他保证过。

5月，帕尔默参加了拉斯维加斯的乡村俱乐部的冠军赛，获得第5名，以自己的努力赢得1650美元。然后麦考马克、阿诺德·帕尔默和温妮·帕尔默前往伊利诺伊州格罗夫河附近的威尔胜总部，跟威尔胜的董事长比尔·霍姆斯会面。麦考马克跟帕尔默一同进了霍姆斯的办公室，温妮·帕尔默则被安排待在另一个房间。与会的有威尔胜的副董事哈利·科尔伯恩和乔·乌尔夫，乌尔夫也在职业球手分部，是帕尔默与公司的主要联系人。最初是弗雷德·鲍曼和普拉格·奥斯本二人与帕尔默签的合约，但他们已经离开公司很久了。

当这一群人坐下时，谈话很快变得尴尬起来。霍姆斯拿出一份麦考马克写给邓洛普的信，信中表明帕尔默在英国公开赛上用了他们的球，试图向帕尔默展现麦考马克是怎样背着所有人毁坏这段与威尔胜的好人们建立美好的长期合作关系的。帕尔默哈哈大笑，表示自己知道这封信。他们在一个威尔胜执行官的建议下联系了邓洛普。然后乔·乌尔夫开始讲述威尔胜的俱乐部产业比哈金斯的福斯特福莱特不知道要好多少倍。这很荒唐。帕尔默在拉特罗布自家的商店里研制高尔夫球杆。几乎没有人比帕尔默更了解高尔夫球杆的构造。此外，阿诺德将为哈金斯设计他的溢价球杆产品线，福斯特福莱特此前可没有做过这个。

麦考马克听了近两小时，然后他直入正题。他询问了威尔胜方面是否可以考虑跟帕尔默解约。答案当然是否定的。帕尔默在1959年获得了1.1万美元的名义使用费，这意味着设备上如果有帕尔默的名字，总销量几乎可以达到56万美元。1960年，销量提高了35%。帕尔默可以净赚大约1.3万美元。1961年，他会成为世界最有名的体育明星之一。威尔胜销售带有阿诺德·帕尔默名字的高尔夫设备将会获得126万美元，还有大约5万打高尔夫球所获得的奖金，其边际利润巨大。而帕尔默的份额是2.15万美元。只有傻子才会让帕尔默解约。

没过多久，大家散会去吃午饭。他们邀请温妮加入，在附近的餐馆里愉快地聊天。后来他们回到威尔胜的办公室继续讨论。下午过去一半时，比尔·霍姆斯意识到自己前途未卜。用现有合同，帕尔默还可以勉强跟威尔胜公司合作3年，但毫无疑问，帕尔默在1964年就会离开公司。那时，帕尔默更有名、更有价值。霍姆斯恍然大悟，建议放弃现有条约，并签订长期条约，延期10年，一直到帕尔默40岁。这样可以满足麦考马克的要求，帕尔默也可以设计高尔夫球杆，威尔胜可以继续靠着世界顶级高尔夫球手赚钱。每个人都会很开心，尤其是阿诺德·帕尔默。

这天结束后大家散会。有一瞬间，帕尔默觉得他可以得到一直在寻求的安稳。更令人高兴的是，他将要证明麦考马克是错的。他告诉麦考马克，威尔胜会处理他的任何不满意见，现在是这样，以后也一直会这样。麦考马克对他表示怀疑，但在公司总部时，他们遵守了承诺。

人人都在微笑着握手。麦考马克和帕尔默离开威尔胜总部，去履行他们的职业义务。帕尔默开始最后的自我调整，为丹佛附近樱桃山的美国公开赛做准备。麦考马克开始起草一份跟威尔胜的合约。在这个过程中，他第一次碰到这样乱七八糟的生意，从中收获良多。

一如他在大师赛的表现，帕尔默以最戏剧化的方式取得了樱桃山的美国公开赛的胜利。一开始他的表现并不理想。第 1 局他打出了 72 杆，第 2 局他打出了 71 杆。当时美国公开赛一天总共 4 局，还有第 3 局、第 4 局。周六的比赛开始时，帕尔默还落后于迈克·索沙克 8 杆，而索沙克已经在美国公开赛的球场中打出 68 杆和 67 杆。18 洞后，帕尔默追上了 1 杆。他以并列第 15 名进入最后一局。他清楚必须得非常冷静，才有赢的可能。

帕尔默的最后一局堪称高尔夫球历史上的精彩之笔。他前 7 洞里打出了 6 洞小鸟球，其中第 2 洞从 9 英尺开外直接切球入洞。第 7 洞结束后，帕尔默虽然没有再打出小鸟球，但发挥得十分稳定，后 9 洞抵挡住了来自 47 岁的本·霍根和 20 岁的美国职业赛冠军杰克·尼克劳斯的攻击。帕尔默已经在大满贯的路上，即将获得体育界的喝彩。在人人都容易被击败的比赛中，他几乎无懈可击。比赛开始之前，帕尔默和肯·温特利、芬斯特沃德已经登上了《体育画报》的封面，被称为"高尔夫界的年轻雄狮"。数月后，他会以不同的头条单独登上封面，比如"年度运动员"。

让马克·麦考马克备感欣慰的是，帕尔默在比赛中获得胜利，升级为超级巨星。这也让比尔·霍姆斯及其下属确信，他们的确应该遵守格鲁夫河会议的承诺，试图尽可能地与帕尔默续约。1960 年的夏天，麦考马克和威尔胜高层的交流出现了明显的好转。合约当事人通过了真正看起来合理的条约草案——甚至在事后来看也的确很合理。

合同以一个几页长的前言开始："帕尔默的特殊技能和天赋使得他对公司来说十分宝贵，无可取代……"这个合同的期限为 10 年，其中包含威尔胜公司的一个计划：他们提议推迟付给帕尔默薪水，并用一部分钱以帕尔默的名义购买一份 30 万美元的人身保险。若帕尔默死亡，公司将会得到购买保险时所付的钱，帕尔默的遗嘱受益人将会得到剩下的钱。帕尔默有权于 5 年后终止合约。他还会收到 6500 美元的薪金，还有所有产品 2% 的名义使用费，额外的收入延迟到 1980 年发放。

在接下来的几个月里，这份合同变得更加诱人。他们就人身保险的金额又进行了一些协商，在 35 万—75 万美元之间浮动。如果帕尔默取得美国公开赛的胜利，他将会获得 6500 美元。在其他三大比赛中取得胜利，奖励 3500 美元。帕尔默在每次比赛中获得第 1 名，就可以拿到 500 美元；赢得沃尔登奖（PGA 巡回赛年度最佳球员奖），可获得 500 美元；参加莱德杯比赛，将获得 500 美元。另外，25000 美元以上的特许使用费税将延迟发放，暂时作为威尔胜的股份。帕尔默也有权在不提及威尔胜的情况下代言其他产品。他们甚至讨论过，要让帕尔默成为威尔胜公司收入最高的人。

唯一的症结在于人身保险计划的细节。威尔胜公司该付多少钱？帕尔默该付多少钱？对于双方来说，都不算大数额。威尔胜公司 10 年里要付的金额合计 8000 美元，帕尔默则是 2200 美元。而合同在敲定过程中不断出现的细节，麦考马克无法理解，因为保险计划似乎对双方都有利。对帕尔默的好处显而易见，他能够获得免税保险，而这些钱将会作为担保资产存于威尔胜的账户上。如果发放这些福利，那也会免税。虽然威尔胜对于溢价商品的损失不负责任，但是这份保险计划使得帕尔默以较小的花费获得了很大的利益。

8 月，双方又一次在芝加哥的保德信大楼上会面。专制独裁的威尔胜集团母公司主席詹姆斯·D. 库尼法官参加了这次会议。他带来了更多善意的承诺，但是并没有具体的推进措施。对于给一位职业高尔夫球手购买一份免税且具有递延收益的保险的计划，库尼的态度并不明朗，当时公司里没人有这种保险。麦考马克建议库尼可以将保险计划和递延补偿金的覆盖范围扩展至所有的"合格员工",但是获得这种保险的资格是取得美国公开赛和大师赛的胜利。库尼并不认为这是个有用的建议,但是他承诺会尽力做好一切,让帕尔默满意,与世界顶级高尔夫球手维持关系。

帕尔默像同时代许多高尔夫手和其他运动员一样,将会了解到这些承诺的真实价值。

威尔胜方面的第一个问题来自9月23日查尔斯·黑尔的一封信。黑尔是威尔胜的副董事,主管帕尔默,他向帕尔默解释道,公司计划选择以现有合同为基础与他续约。黑尔解释道,按照规定,合同还有37天就要过期。而有关新合约的讨论依然在进行,所以公司不得不采取这个措施。黑尔在信中写道:"马克曾说他了解这个情况……"黑尔还说,他希望10月中旬双方能会面。黑尔草草地写了一封信,寄给麦考马克,说威尔胜要采取措施,"基于现有合约"再续约3年。

在克利夫兰的麦考马克就开始担心了。乐观地看,威尔胜是在拖延此事;悲观地看,他已经被拖住了。3周过去了,合约依然没有谈成,麦考马克非常沮丧,最终他寄给黑尔一份新的现行合约的修正条款。他解释道,薪金递延收益的计划十分简单,许多大公司都与顶尖的管理层人员签订了这样的合约。除此之外,合同里没什么新的东西。他写道:"威尔胜公司方面该开始做自己应该做的事了,因为帕尔默这边已经开始行动了。"

麦考马克建议他们10月17日在纽约吃晚餐时详细讨论长期合约的细节问题,以便在合约过期前签好合同,完成工作。如果他没能迅速签订合约,11月1日就要按旧合约的条款来续约。他向他的明星客户帕尔默承诺过,要帮助他签订一份崭新的长期合约。

麦考马克不能让续约继续生效。这场战役不仅仅关系到帕尔默,也事关一个年轻的律师在一个行业里的拼搏之路，而这个行业里已经存在管理方面的巨头。麦考马克试图建立自己的业务，提高名声，这样他就不用只对帕尔默进行风险投资。麦考马克跟帕尔默之间的关系是他手里的王牌。每个经纪人都明白，没有什么比作为最大的客户的经纪人对客户更具吸引力。但麦考马克得证明他可以为帕尔默做一些重要的、与众不同的事，体现自己的能力，并证明运动员应获更高待遇这一观点。他极需要威尔胜的合同。

麦考马克恳求查尔斯·黑尔和他的同事不要再拖后腿。一周半后，威尔胜的法律总顾问路易斯·辛普森写信告诉麦考马克，他需要更多的时间来审阅合同，因此11月1日无法安排会议讨论合同细节。辛普森没有说他需要多长时间，也没有说他到底需要审阅什么。如此轻蔑地对待本应是公司重要的客户的行为，令人震惊。然而，第二天，辛普森直接写信给帕尔默，批评麦考马克拖拖拉拉。辛普森告诉帕尔默，麦考马克花了四个半月的时间提出威尔胜合约的反对案。很显然，这个指责十分虚伪，因为他们整个夏天一直在交流对于合同的想法和观念。

11月3日，威尔胜公司的乔·乌尔夫寄给帕尔默3250美元的支票，说这是和帕尔默签订的未来3年的合约中规定的第一笔款项，而他们遵守的是基于旧有条款的合约。他们声称，9月威尔胜曾告知麦考马克他们计划这样续约，而合约已在11月1日生效。按照规定，帕尔默一年可以分别两次收到6500美元的名义使用费。他们将支票直接寄给了帕尔默。这是威尔胜公司第一次把麦考马克排除在整个过程之外，麦考马克非常不悦。

这是完全不道德的举动，但把责任都归咎于威尔胜的这伙人也不太合理。帕尔默有律师之前，事情对他们来说相当顺利。一直到1963年，维系他们跟帕尔默的关系，只需在合同的封面上加上一段话。现在，他们需要给帕尔默寄支票。由于帕尔默没有在续约合同上签字，让他接收第一笔款项就等于逼他同意续签 3 年。实际上他们并不需要他的承认，因为 1957 年帕尔默已经在这件事上放弃了话语权，但是如果他接受这张支票，就意味着他接受了 3 年的续约。

值得庆幸的是，麦考马克跟帕尔默说过，他与威尔胜每一次打交道，一定要告诉他，让他参与其中，而帕尔默也听从了他的建议。即便帕尔默认为，在这次事件中，麦考马克像偏执狂一样，不懂人与人之间的关系，也不明白承诺与握手的意义。但是，帕尔默还是没有接受支票，他把支票寄给了麦考马克。11 月 22 日，麦考马克又把支票寄给了威尔胜，并附上警告：

先生们：

随函附上威尔胜体育设备公司付给阿诺德·帕尔默的编号为 17068 的支票，价值 3250 美元。

依据阿诺德·帕尔默先生与威尔胜的库尼法官在 8 月的商议，你们在寄给阿诺德的附有支票的信中提到的合约无法生效，将被新合约所取代。我已告知阿诺德·帕尔默先生，接受、兑换或保留此支票的行为是对原始合约的认可和复原。而该原始合约会在 1963 年 11 月 30 日失效。

您真诚的

马克·H. 麦考马克

当天，麦考马克也给查尔斯·黑尔寄去了一张票据。黑尔一直背着麦考马克在亚利桑那州与帕尔默见面，并转告他威尔胜公司是多么想跟帕尔默签订合约。麦考马克想让帕尔默知道他在亚拉巴马州见过黑尔，了解了他们商议的所有事。麦考马克亮出了自己的底线。作为回击，黑尔指责麦克马克诬陷威尔胜的首席执行官。黑尔写道："库尼法官与帕尔默会面时我就在现场，根本不知道有人提议终止公司和帕尔默现有的合约。我们应该了解到，现有合约会持续有效，一直到二者同意更改之前。"

双方的关系变得越来越糟糕，麦考马克决定跟帕尔默 12 月初在纽约见面。此时，这座城市正被寒流袭击着，暴风雪覆盖了整个城市，使得机场陷入瘫痪。二人在广场酒店的橡树屋里见面，屋外寒风刺骨，屋内十分舒适，光线昏暗，是大人物讨论重要事情的必备之地。

威尔胜公司对帕尔默的想法非常清楚。在公司看来，帕尔默只不过是个员工罢了。麦考马克告诉帕尔默，在以后与威尔胜签约的日子里，作为一名员工，他会得到丰厚的补偿。但是，帕尔默也可以在接下来的 20 年里放弃与威尔胜签约。威尔胜提供的合同，可以让帕尔默一年净赚 75000 美元，这无疑是一笔不错的收入，但是如果他能等 3 年，3 年以后就有机会比史尼德、霍根和纳尔逊赚更多的钱。那时，帕尔默就可以自由地跟哈金斯福斯特福莱特公司签约了。威尔胜公司并不像哈金斯福斯特福莱特这种年轻的公司那么需要帕尔默，而帕尔默在哈金斯可以获得远比"员工"更高的地位——他可以是公司合伙人之一。当然，这也存在着风险。哈金斯无法像大集团那样提供 20 年期限的有价证券。有些风险值得去承担，比如这样的风险。

如此难得的机会，这天晚上，帕尔默不得不认真思考他的商业前景。他们喝完了酒，裹紧衣服，穿过街道前往萨沃伊广场，去维克商人饭店赴宴。这个饭店和提基酒吧一样，在纽约的社交界很受欢迎。饭店的天花板上吊着蛤壳状的灯、印第安战棍、木刻面具、日式捕鱼木筏，还点缀着木质棕榈叶。饭店里提供南洋食品（比如广式鸡、孟加拉虾饼）和当时颇具异域风情的迈代鸡尾酒。

他们刚坐下，麦考马克就开始畅谈，他希望帕尔默能看到未来的另一种可能。帕尔默不应该只满足于能让家人坐上飞机这样的舒适生活，或许有一天他可以富到买下飞机，他的儿子女儿、孙子孙女都不必再工作，而他永远不用再想着要赚更多的钱。

帕尔默听了麦考马克的话。他了解局势，他的赛事、训练和代言安排得十分紧密，在这个难得的安静的夜晚，他和麦考马克终于可以有机会彻底想想事情，他有充足的时间。如果按照威尔胜的路子走，再过10年或20年都不可能有这样的机会，到时会出现像他一样优秀的新一代高尔夫球手，建立一个帝国的机会就会消失。但是，即使麦考马克描绘的蓝图很诱人，帕尔默仍然不能踏出这一步。他告诉麦考马克，"本质上来说，我是个保守的人"。威尔胜的人权力很大，而且对他也不赖。他不需要私人飞机或专属帝国。像其他高尔夫球手一样，他很清楚成功是转瞬即逝的。下一次比赛他就有可能走下坡路，再也不能回到巅峰状态。易普症[1]只是一晚上没睡好觉的事。坐在具有波利尼西亚风格的维克商人饭店，帕尔默告诉了麦考马克他对未来的想法：继续跟威尔胜合作。他们可以不再经受这一切考验，帕尔默也可以继续专心打球。

如果只是这么简单，那就好了。

接下来的两个月威尔胜跟麦考马克的关系忽冷忽热。普拉格·奥斯本重新露面，表示如果帕尔默在大师赛前一周在佐治亚州的一家商店露面，他可以多给帕尔默钱；如果他在其他的活动上露面，比如梅肯高尔夫球会，发言费是300美元。奥斯本告诉帕尔默，"我在尽我所能帮助你"。

之后，他们的关系又再度恶化。麦克斯·凯瑟的纽约体育专栏上刊登了帕尔默拒绝了与福斯特福莱特的一笔价值35万美元的合约，只为与威尔胜公司签订长期合约，以获得公司股权。黑尔暴跳如雷。他指责麦

---

[1] 易普症：这是一种运动障碍性疾病，患者会产生无意识的肌肉收缩。当然，这并非一般认为的临场焦虑症。

考马克泄露消息，让威尔胜的其他高尔夫球手知道帕尔默将得到股权，而他们没有。麦考马克否认是自己泄露了消息，并说帕尔默也没有泄露消息，尽管他补充道他从未保证过自己不会评价合约中的条款。接着，威尔胜方面提了更多有关保险计划的问题，而这些问题，麦考马克认为对于帕尔默来说十分重要。

1月标志着新的一年开始了，也迎来了最后一次机会。麦考马克试图跟威尔胜公司的法律总顾问辛普森从最简单的问题谈起。帕尔默想要在特许使用费达到1万美元后，将其中的5000美元延迟支付，其中的30万美元买一份保险——而不久前谈的保险费用是75万美元。不过，威尔胜不会因为这笔钱被延迟支付而蒙受损失，他们甚至能将其投资于保险而获利。这看起来并不复杂。

辛普森在1月17日写信给麦考马克，说最新合约草稿不能阻止原有合约在未来数周内继续生效。因为麦考马克此时正在度假，库尼法官也不在，他们应该在2月6日众人回来之前解决所有问题。在最后一刻，辛普森补充了一条：10年后，双方都有权终止合约。但是如果是帕尔默一方终止，威尔胜公司将一次性支付帕尔默的延迟收入。

就这样，他们又谈回到1957年的那个合约。如果帕尔默在一年收到所有的延迟收入，他要上缴巨额税款。他选择终止合约根本没有意义，因为代价非常大。威尔胜公司可以在没有被罚款的情况下全身而退。如果帕尔默退出合约，则需要向政府缴税数千美元。而递延收入和分散付款的意义就在于能避免这样的损失。但是目前这样做，完全丧失了延迟收入的原有意义。麦考马克周旋了7个月，依然一无所获。

1961年2月7日，是马克·麦考马克职业生涯中最糟糕但又最美好的一天。这天早上，他位于克利夫兰的办公室的电话响了起来，是路易斯·辛普森打来的。他给麦考马克带来了一个坏消息。虽然威尔胜运动用品公司的辛普森、查尔斯·黑尔、乔·乌尔夫等人都很喜欢帕尔默，希望达成这笔交易，但库尼只说了一个"不"字。库尼否决了延迟收入、保费分担计划以及其他员工无法享有的特殊待遇。如果这意味着会失去帕尔默，他也无所谓，因为威尔胜公司还有史尼德、米德尔考夫等很多其他让他们引以为傲的职业高尔夫球手。如果帕尔默不想成为其中之一，那么威尔胜公司就与其一刀两断——不过，当然是在帕尔默完成余下 3 年的高尔夫球杆代言之后。

麦考马克后来写道，他听到这通电话后哭笑不得。不管是否愿意，阿诺德·帕尔默之后将会打造属于自己的百万美元的商业帝国。麦考马克给查尔斯·黑尔匆匆写了一个便条，向他保证，这会是威尔胜公司做出的最愚蠢、代价最大的决定。

现在，轮到马克·麦考马克沾沾自喜了——他洞悉了威尔胜公司合伙人的本性。他们曾经向帕尔默保证，愿意做任何事来取悦他。麦考马克从来没把这话当回事，现在他才体会到了这句话的价值。他知道，他将放弃这个自己被奴役的契约，另寻出路。麦考马克在憧憬着未来体育的前景。如果帕尔默这样的运动员可以掌握自己的命运，那就不只是 2% 的特许使用费问题了，比赛结束之后还可获得设备。麦考马克没有争取到与威尔胜公司的协议——那种与大公司签订的能够颠覆此类交易市场的惊天动地的协议。不过，这份协议与他面前的机会相比，已经不值一提了。他现在有 3 年时间可以使阿诺德·帕尔默高尔夫球公司发展起来。这是他自己的事业，将不会再被独裁者轻视。

麦考马克虽然谈判失败了，却收获颇丰，虽然他并没有这样打算。绕了一圈后，他们得到了最初追求的——自由——尽管还需要 3 年的时间才能正式实现。但是想一想，在历史上最强的球员的一生中，3 年算什么？帕尔默只要保持健康就可以了。麦考马克在几周后才将这个消息透露给帕尔默。他告诉帕尔默，谈判失败了。他解释道，帕尔默都将属于威尔胜公司，直到1963年10月31日。

威尔胜和帕尔默的关系在1961年后期恶化了。先是威尔胜抱怨帕尔默迟迟不同意在一篇文章上署名，那是市场主管为他精心准备的文章——给年轻高尔夫球手的建议，计划刊登在青年商会的高尔夫球手册上。接着，威尔胜公司拒绝赞助帕尔默前往日本参加表演赛。后来，威尔胜命令帕尔默为高尔夫球手册拍摄一组照片，但是不想给麦考马克提供照片副本。4月，麦考马克收到一份报告，说威尔胜公司的高尔夫球和高尔夫球杆销售量比1960年多了一倍。7月，帕尔默的妻子收到一份账单，要求支付帕尔默使用的一组高尔夫球杆的费用。

1962年，由于职业高尔夫球巡回赛正在进行，帕尔默急切地想结束双方的互相责难。他直接写信给库尼，态度非常诚恳，想唤起库尼的理智。他提出了一个惊人的建议：

我现在准备退还威尔胜体育用品公司支付给我的每一分名义使用费和奖金。如果您愿意，我将从您那里买回所有的带有我名字的库存球杆。我也愿意让威尔胜公司继续生产和销售带有我名字的高尔夫球杆和高尔夫球，直到现今签订的合同失效。我还愿意支付任何您认为合理的损失费，即1963年专业版高尔夫球杆的生产和销售对威尔胜高尔夫球杆的销售造成的损失。

期待您的回复。

您真挚的

阿诺德·帕尔默

麦考马克预计，经过协商后，这一提议将花费帕尔默大约50万美元。答复是什么？没有答复。理由又一次很简单：带有帕尔默名字的商品的销售从 1959 年的 558324 美元增长到 1962 年的 1395872 美元，而帕尔默的分成只有 23538 美元。1962 年，帕尔默赢得了大师赛和英国高尔夫球公开赛，在美国高尔夫球公开赛上获得季军。1963 年，是带有帕尔默名字的商品销售最火爆的一年，帕尔默仍将获得 26 万美元销售额的 2.5% 和其余销售额的 1.5%。

随着帕尔默不断获胜，乔·沃尔夫持续支付给帕尔默 500 美元的奖金支票，直到 1963 年万圣节前夕，帕尔默与威尔胜终止了持续了 9 年的合作关系。乔·沃尔夫后悔无法一直支付下去。1966 年，阿诺德·帕尔默高尔夫公司生产的 10 万支高质量的球杆都是由帕尔默设计和同意生产的。

让阿诺德·帕尔默脱离威尔胜公司，拥有掌握自己的名字、价值及与之相关的一切的能力，是麦考马克在以后的职业生涯中，与所有标杆性运动员和合同制运动员合作的模板。这不仅仅关乎钱的问题。麦考马克在玩一个新游戏，目标是自由。自由将会带来更多的财富——不只为运动员，也为每一个参与其中的人。

麦考马克告诉阿诺德·帕尔默，他不单单是高尔夫球手和运动员，而已经成为卓越的象征，一个需要打理和保护的品牌。麦考马克写道："迪奥是有某种寓意的，蒂芙尼、劳斯莱斯同样也是这样。品牌能树立起一个形象，而这个形象能带来销路。"阿诺德·帕尔默的形象也能带来销路，而且盖瑞·普莱耶、杰克·尼克劳斯、杰基·斯图尔特、简·克劳德·基利最终也会如此。

有时候这些运动员不得不提醒麦考马克，他们才是明星，而不是他。1967 年，麦考马克为了争取基利，跑到法国和这位滑雪传奇共进午餐。因为基利将在 1968 年包揽冬奥会阿尔卑斯山地滑雪赛的所有金牌。基利点了一瓶酒。麦考马克告诫他，一个世界级的运动员怎么能在午餐时喝酒呢？基利笑了一下，看着麦考马克问道："你难道希望我像美国人一样喝牛奶，然后滑雪吗？"

麦考马克和帕尔默的关系越来越亲近，但到底是谁成就了谁，他们有不同的意见。尽管麦考马克佩服帕尔默的技术，但他认为要不是因为自己，帕尔默只是那个时代最伟大的高尔夫球员，而不能成为包括私人飞机、房地产开发、高尔夫球场设计业务等在内的商业帝国的统治者。之后，帕尔默得到了 IMG 公司 10% 的股份。2004 年，当麦考马克将 IMG 卖给融资收购巨头泰德·福斯特曼时，帕尔默持有的股份有机会套现 7500 万美元。帕尔默则认为，要不是自己在高尔夫球场取得的成就以及承担了作为冠军的责任，麦考马克根本不可能成功。当然，他们都是有道理的。没有彼此，他们都不会有现在的成就。他们一个有气魄，认为世上没有他打不进去的球；另一个有扭转乾坤实现个人抱负的信心，并且他确实也做到了。

第三章

超级明星

chapter
three

1965年年初，麦考马克临时决定在去参加英国公开锦标赛的途中短暂停留。他取消了直接前往位于英国西海岸南波特市的皇家伯克戴尔球场的计划，而是在伦敦停留，以便前往温布尔登参加最神圣的网球大满贯赛事——该赛事每年由全英草地网球和棒球俱乐部举办。麦考马克对这样的豪华赛事已不再陌生，他已经在奥古斯塔国家球场待了很长一段时间。然而麦考马克还是急不可待地冲进了全英俱乐部的大门。

　　温布尔登球场中点缀着绿色的常青藤，白色网球服和奶油草莓装饰灿烂夺目。观看球赛的绅士们身着运动外套和领带，球迷们很有礼貌地鼓掌，且在比赛期间始终保持安静。中心球场特别舒适。热爱传统的麦考马克深深地被这里的一切吸引了。毫无疑问，对他来说，这次的赛事即便不是迄今为止最好的体育赛事，至少是最棒的网球赛事。麦考马克在7月2日观看了罗伊·爱默生在未失一盘的情况下打败弗雷德·斯托利的比赛，然后他开始了前往南波特的艰苦跋涉。一路上他尝试把自己的注意力转移到高尔夫球和阿诺德·帕尔默身上，以及他最近刚刚签约的杰克·尼克劳斯和格雷·普雷尔身上——他们是麦考马克在征得罗伊·爱默生同意后正式带入这个圈子的。但是，他还是会止不住地想着温布尔登。

在南波特，某天早上，麦考马克参加了一次会议，他和英国体育用品公司史莱辛格的主席——外号为"蜂鸣器"的雷金纳德·爱德华·霍克·哈丁汉姆坐在一起。麦考马克已经为了普雷尔和尼尔劳斯跟哈丁汉姆谈过合同的事儿。麦考马克清楚他本应该和哈丁汉姆谈论的是高尔夫球及与之有关的生意上的事，可他还是不由自主地问起了温布尔登，比如它的历史，他们是如何经营的，是谁在操控它。最后哈丁汉姆开始厌倦这些话题了，他对麦考马克说："如果你真的对这些感到好奇，你应该去找我的朋友大卫·赫尔曼，他是全英俱乐部的主席。"这正是麦考马克期望的。哈丁汉姆答应帮他们安排见面——这对麦考马克来说简直太棒了，他知道他将得到想要的一切，一步步接近全英俱乐部。

麦考马克当时在体育界已有名气，他留下的形象是克利夫兰将高尔夫商业化的傲慢的美国律师。他不是那种不需要凭借关系就能打入英国最神圣的机构之一的人。幸运的是，"蜂鸣器"哈丁汉姆给他提供了这层关系。

尽管有了哈丁汉姆的帮助，麦考马克还是为这次见面等了 18 个月。1967 的冬天，麦考马克终于等到了他的"听众"——大卫·赫尔曼和全英俱乐部部长梅杰·大卫·米尔斯。这次迟来的会面实际上给麦考马克带来了好处。这给了他额外的 18 个月，让他去发展自己羽翼未丰的电影和电视事业。他已经在大力推广他的"三巨头"高尔夫球节目了，这是一场由帕尔默、尼克劳斯和普雷尔主演的在风景如画之地进行决战的好戏。其实制作那些节目很不容易。拍摄设备过于笨重、昂贵，并难以移动。拍摄一局高尔夫球比赛，并把它做成电视节目，意味着演员需要花6—8小时完成18次进洞的比赛，然后还要花数周甚至数月把它编辑成一个两小时长的节目。但是当这个过程完成之后，麦考马克就有一部作品，可以卖到美国、英国、日本、澳大利亚以及其他任何一个有高尔夫球迷的地方，而且作为企业合伙人的他同时可以得到来自集团销售额的利润分成。

当麦考马克坐下来会见大卫和米尔斯时，关于温布尔登网球公开赛的报道只有基本的电视报道。俱乐部的运营者没有真正想过如何把这项赛事扩展到英国以外去。作为训练有素的律师，麦考马克是不会开口去问自己不知道答案的问题的，因此，这回麦考马克找到了突破口。

"你们有温布尔登今年近况的影片吗？"麦考马克问道，因为他知道他们当然不会有。"可真该有啊！"麦考马克建议道，"真应该有一部记录这个星球上最伟大的网球锦标赛的影片集锦！"大卫和米尔斯都觉得这是一个非常不错的想法，但是这将会产生一个问题：做这样一部电影太昂贵了，谁来为这部影片埋单呢？当然，麦考马克早就准备好了答案。他刚刚成立了他的体育赛事与影视制作公司——环球体育影业有限公司，如果能把影片卖向全世界来收回成本的话，他非常乐意接手锦标赛的拍摄工作。大卫觉得这是一个很妥当的安排。随后话题就转移到国际媒体对于锦标赛的权利上面去了。当时，最有名的国际电视台给出的价格是大概7.5万美元。麦考马克告诉他们这是个很微薄的收入，建议他们把价格抬高一些。没有人会和金钱作对，大卫和米尔斯没有反对。他们给了麦考马克一个证明自己的机会，但同时有一个条件：在第一份合同里他得不到一分钱。这对麦考马克来说是完全可以接受的，因为这场交易的价值要远高于7.5万美元。这就像攀上了一个神秘组织。

1968 年 5 月 20 日，麦考马克就温布尔登赛事的电影版权和全英俱乐部签了第一份合同，这意味着国际管理集团将成为全英俱乐部的长期代理。环球体育影业有限公司和其子公司在销售额达到 5 万美元时将获得 15 个点的分成，销售额达到 10 万美元时将得到 20 个点的分成，销售额超过 10 万美元后将得到 25 个点的分成。环球体育公司将以约 1.6 万美元的成本完成电影制作。直到 1971 年，当麦考马克拿到了威尔金森刀具公司 5000 美元的广告合同后，他的合资公司才开始盈利。之后，麦考马克搞定了一个他盼望已久的交易，他拿下了温布尔登赛事的全球电视转播权。环球体育影业有限公司在销售额达到 30 万美元时将获得 10 个点的分成，销售额达到 60 万美元时将获得 15 个点的分成，销售额超过 60 万美元时将获得 20 个点的分成。1 年后，意外之财砸到麦考马克的头上，他帮助美国广播公司策划了一个为期 6 年的项目，获利 520 万美元，公司还支付了 15 万美元用于制作 1 小时的影片集锦。温布尔登和环球体育公司的业绩蒸蒸日上。

麦考马克与温布尔登做交易有着很多目的。20 世纪 60 年代中期，他就明白了要想实现自己的目标，除了找到一群希望依附于温布尔登的公司，他还需要做更多其他的事情。他在创造一个新的世界，起码是一个新的产业和工作环境，能使运动员和其他人才获得自由和成功，也包括他自己。高尔夫球员和网球运动员在这些大城市里需要更多可以展示自己的锦标赛，因此，麦考马克为他们创造了很多机会。这些运动员需要在顶级锦标赛中得到更多的奖金和更高的出场率，以此来推动自己的事业发展。他们还需要一个官方的排名系统，这样可以让观众或可能聘请他们的公司知道谁是最优秀的。运动员需要在一对一的比赛中激烈竞争，来取得优异成绩。最重要的是，他们需要在电视节目上完美地展现自己的运动天赋。麦考马克打算满足这些运动员的需求，并且要为他们做得更多。就像他看到的一样，他没有别的选择。

麦考马克开始与全英俱乐部合作前，已经创立了阿诺德·帕尔默高尔夫球公司，并且打算把它作为他的产业中新的模块来发展——如果可以这样说的话。不过，麦考马克注意到了一个和体育不沾边的人——卢·沃瑟曼，他也是克利夫兰人。

沃瑟曼最初也和麦考马克一样，做大明星们的代理人，包括罗纳德·里根、吉米·斯图尔特和贝蒂·戴维斯等。他带领他们从强大的好莱坞电影公司中解放出来。这场运动把他推到了好莱坞金字塔的顶端。但到1962年，他49岁时，他在好莱坞漫长的经历让他意识到制片人是好莱坞最风光的人。所以他完成了准备了4年的计划，买下了环球电影公司，并把它和自己的美国音乐公司合并。转眼间，沃瑟曼的生意遍布每个角落，他成了掌控棋盘的人。他可以把他的客户安排到最有利可图的工作和角色中去，并从他们的薪水中抽取提成，同时他拥有整个产业本身。沃瑟曼变成了好莱坞的王牌，他的计划之所以成功，是因为他知道演员是一部电影里最重要的人物。任何其他的职位都可以在观众没有发觉的情况下进行替换，但是一旦演员被更换，所有人都会发觉。相对来说，制作电影可能不是沃瑟曼所擅长的，但他要比任何人都了解其中最为重要的部分。

麦考马克尝试着把沃瑟曼的模式运用到体育中。当然，他不能买下温布尔登或者美国职业棒球大联盟，但是他明白体育圈的关键是把最好的运动员放到最重要的和娱乐性最强的赛事中去，然后让这些赛事尽量盛大，能够盈利。为了做到这一点，他需要运用电视把整件事变得像一部好莱坞电影，使运营体育的人认为体育是为他们的利益而存在的。对麦考马克来说，体育产业存在的根本目的是使天赋非凡的运动员维持生计，并且这群男人（还有一小部分女人）能得到全世界亿万粉丝的羡慕与钦佩。他们是这个商业的核心，他们如果表现不佳，是因为没有得到最大的利益，而障碍可能来自顽固的体育用品企业主席，或是古板的不懂如何做影片集锦的网球俱乐部主席，或是不喜欢谈论当下流行的国际广播协议的高尔夫球俱乐部总裁。麦考马克已经做好了充足准备，如果有人不相信他，或者没有看到他运作这个模式的方式，他就去证明那人是错的。

问题是麦考马克通过阿诺德·帕尔默是赚不到什么大钱的，这些小打小闹只占他业务的10%、20%甚至25%。他打算去寻找那另外的75%业务。为了达到这个目的，他需要深入温布尔登这样久负盛名的赛事中，甚至可能要去关注那些不如温布尔登那么有声望但是有利可图的赛事。这不仅仅是钱的事，也是为了保护自己。万一他不能再为阿诺德·帕尔默、杰克·尼克劳斯和格雷·普雷尔这些选手代言，这个可以作为他的后路。而这三个选手在7年内赢得了15—28场主要的锦标赛（大师赛、美国网球公开赛、英国网球公开赛和美国职业高尔夫球锦标赛）。神奇的是，没有一个人背部受伤、膝盖撕裂或得易普症。拥有所谓的三巨头甚至是网球明星罗德·拉沃尔很不错，但是拥有他们参与的整个赛事或至少拥有他们的电视转播权就完全不一样了。麦考马克经常跟任何愿意听他说话的人说："在温布尔登，那谁没有把腿摔断，那谁扭伤了脚踝，那谁没有通过药检，那谁6局全输掉了。"

一份对陈旧的职业高尔夫球巡回赛日程的粗略研究引起了麦考马克的思考。巡回赛的落点在封闭的菲尼克斯、圣安东尼奥和彭萨科拉这样的地方，为什么不是伦敦？麦考马克思考着这个问题。1964年，他决定创立世界比洞锦标赛，并向托尼·温特沃斯俱乐部的英国上流社会介绍了美国的体育界现状。只有顶尖选手才有资格参加比洞锦标赛。他的这种肉搏战的形式在比赛现场可以激发顶尖选手的潜力：帕尔默对战尼克劳斯、尼克劳斯对战卡斯珀、卡斯珀对战普雷尔。他相信客户和体育迷们也希望有更多这样的大场面，于是他创立了"高尔夫三巨头"。他把三巨头和他们的电视比赛录像带去了非洲和远东地区，向那些怀疑他的同事和朋友证明体育可以像其他少数生意一样变成全球化的、跨国界的事业。

说服了温布尔登雇用他之后，麦考马克把他的目光放到了苏格兰圣安德鲁斯的皇家古典高尔夫球俱乐部上，以便给公开锦标赛相同的待遇。然而最大的障碍是一个叫基斯·麦肯齐的俱乐部部长。他之前在壳牌公司做了20年的总经理，然后在1968年接任皇家古典高尔夫球俱乐部的部长职位，当时麦考马克刚好开始在温布尔登工作。麦肯齐表现出典型的容易动怒的英国老军人的势利形象，他是不会让傲慢的美国人入侵他的地盘的。麦考马克感受到了压力。1968年，全美高尔夫球公开赛的冠军已经可以获得价值3万美元的报酬了，在今天相当于大约20万美元。然而公开锦标赛的冠军只能获得3000英镑的报酬，在今天相当于大约7.6万美元。奖金上的差距直接影响了公开锦标赛的收入。整个比赛仅吸引到3.2万名观众，这比观看一天全美公开赛的观众还要少。皇家古典俱乐部虽然很不情愿，但是他们明白不能任由自己和那些满是头皮屑的行政人员保持现状，公司迫切需要得到帮助。

国际管理集团对温布尔登赛事的电视转播给皇家古典俱乐部上了一课。1968年，温布尔登赛事提供2.6万英镑的总奖金，1972年达到5万英镑，1975年又提升到11.4万英镑。3年后，总奖金已经达到27.9万英镑。然而，电视转播只是全英俱乐部全部业务的冰山一角。麦考马克开始劝说全英俱乐部把所有时下观众喜闻乐见的主要体育赛事都加进来。他借鉴了美国职业高尔夫球巡回赛常见的赞助方式，加入了很多广告，包括中央球场记分牌上标志性的劳力士广告语。和很多富有的体育迷一样，旅行时他住在高档酒店，他不太考虑低档酒店，他也不喜欢球场里常见的球迷体验。所以，他在赛事中为来宾准备了商务接待场所和豪华娱乐餐饮。他知道统一的可识别的标志会让温布尔登这样的大赛事受益，就像蒂芙尼、阿诺德·帕尔默这样的大牌一样。他劝说全英俱乐部制作了一个紫绿条纹相间的球拍符号，并在所有和网球相关的物品上使用，比如盘子、球拍、鞋子、包、球、防汗带、袜子，甚至是香水。他把所有的东西打包起来一起卖掉，就像把皮姆的鸡尾酒和草莓、奶油一起出售一样。这个标志不再仅仅作为一个网球锦标赛的标志，而是代表传统和卓越的标志。

慢慢地，麦肯齐受到了麦考马克的影响，让麦考马克为锦标赛做了一部可以卖到世界各地的锦标赛影片。1975年，国际管理集团成为皇家古典俱乐部的全球电视转播权代表。对麦考马克来说，为全英俱乐部、皇家古典俱乐部以及不断成长的联赛或联盟工作代表着真正的进步。这给了他买不来的名誉和一笔可观的收入。这笔意外之财也扩充了国际管理集团的资金，而主办方可以把奖金提供给参赛选手——他们中的很多人都是麦考马克的客户。运动员赢得越多的比赛，他就可以拿到越多的奖金。而且随着运动员薪水的增长，麦考马克获得的10%的客户奖金和20%的市场收入也会增长。就奖金分配而言，麦考马克的所得仍不丰厚。无论他的客户是阿诺德·帕尔默还是全英俱乐部，他始终都是为了佣金而工作。他清楚自己不能最终留在金字塔顶端，这个位置是留给运动员们的。但是最终他可能拥有整个金字塔，或者至少是其中的一部分。在石油业务上，如果你不能拥有石油本身，那么拥有输油管是第二选择，而对于体育界来说，输油管就是电视转播权。

1969年的一天午后，来自美国广播公司的年轻体育用品制造商巴利·弗兰克和他的朋友兼同事迪克·巴顿整整沟通了一天。弗兰克和巴顿是一对不可思议的搭档。

弗兰克身材矮小,挺个大肚子,脸庞绯红。他20世纪50年代毕业于常春藤联盟大学的商学系,之后在福特公司旗下的智威汤逊广告公司工作过。福特公司是体育界最大的广告商之一,给哥伦比亚广播公司、全美橄榄球联盟比赛和麦考马克的"三巨头"高尔夫球节目做过广告。1963年,弗兰克建议在10月把全美橄榄球联盟比赛放到周五晚上。当福特公司宣布它的新模式时,当时的场面达到了如今苹果新品发布会现场一样的效果。这个想法受到了鲁恩·阿里齐的青睐,他是美国广播公司体育频道的创新制片人。彼得·罗兹尔,这个接任全美橄榄球联盟理事的年轻又有野心的营销奇才,同样也很喜欢这个点子。美国全国体育协会的执行总裁沃尔特·拜尔斯也注意到了这一点。拜尔斯看到了这个想法的前景。全美橄榄球联盟将会成为周五晚上的热门,随后他们的10月特别比赛将会从5场扩大到13场,在这之后全美橄榄球联盟会尝试在周六晚上启动另一个系列赛。拜尔斯联系了全国的主要高中联赛领导,提议他们给国会议员打电话推动立法,禁止周五晚上在任何离高中15英里以内的地方举行职业橄榄球赛,以此来保护高中橄榄球赛。然而,几天之后全美橄榄球联盟的周五计划胎死腹中。不过,弗兰克在1965年得到了在美国广播公司工作的机会。

而巴顿作为前奥运会花样滑冰冠军,在奥林匹克运动会和世界锦标赛转播期间成了一个广受欢迎的直言不讳的赛事分析师。他也在业余时间表演冰上节目。

在弗兰克的桌子上有一本生活杂志,打开的那一页上写的是关于芭蕾舞者爱德华·维莱拉的故事,故事标题叫"世界上最好的运动员——爱德华·维莱拉是个舞蹈家,但你不得不把他和雅泽姆斯基、纳马斯、默罕默德·阿里并列在一起"。

巴顿把杂志推到弗兰克面前，自言自语道："也许这儿有好戏？"

弗兰克耸耸肩，说："可能吧。"

这场对话没有进一步展开，这个想法被丢到一边去了。

自从离开克利夫兰以来，麦考马克开始带着敬畏来看待巴利·弗兰克和鲁恩·阿里齐的工作。20世纪60年代，阿里齐把他自己变成了体育电视转播界的传奇。他把电影摄制组送到全世界去拍摄田径比赛、响尾蛇狩猎锦标赛等其他各种各样的体育比赛，并且把它们制作成非常受欢迎的美国广播公司的《体育大世界》。他花了近百万美元让人们在客厅里观看奥林匹克赛事直播，甚至给温布尔登赛事提供了转播服务。

阿里齐坐在控制室里，盯着二十几个播着体操、摔跤和标枪赛事的监视器，他知道是时候转到体操节目上去了，因为有一个14岁的罗马尼亚选手将做最后一个跳跃动作。阿里齐会用耳机通知广播员，广播员说：体操运动员的母亲正处于生命危险中，然后这个运动员决定把之后的比赛日程推掉，改成看望母亲，而她的朋友正在不知名的村子里照顾着她的母亲。这样，这最后一跳不再是一个普通的动作，而变成了一个通过对生命的肯定来面对死亡的故事。这就是世界体育秀所宣扬的主题："体育竞赛里的戏剧人生"。

阿里齐几乎凭一己之力把美国广播公司变成了一个朝气蓬勃的网络。20世纪60年代中期，美国广播公司在电视界只是最小的角色。它的子公司大约只有哥伦比亚广播公司和美国全国广播公司的一半大。哥伦比亚广播公司统治着新闻界，美国全国广播公司统治着娱乐界。自从有了阿里齐，美国广播公司创造了直播比赛的市场，大部分时候每周只有10小时的节目，却创造了巨大的网络利润。

像麦考马克一样，阿里齐是体育界里极少数相信并不是所有人都是美国团队运动观众的人。他的诀窍是，告诉这些观众选手是谁，无论是在奥林匹克运动会上还是在跳木桶比赛上，这样他们才能切身体会到空翻或者在冰上滑行的苦难。阿里齐用同样的方法把赛车赛事变得触手可及，他把开轮式赛车搬上了电视屏幕。这是个既危险又刺激的运动，但观众也需要了解输赢背后的故事。如果你变得很有故事，就会赢得观众。

弗兰克很快变成了阿里齐在美国广播公司体育板块的左膀右臂。1968年，在墨西哥城奥林匹克运动会上，他和阿里齐一起坐在控制室里，帮助他把世界体育秀变成了一部史诗巨作。尽管他们偶尔会报道卡茨基尔山度假村的一场冰上跳木桶比赛。麦考马克看到这一切，意识到他需要为自己和客户做些美国广播公司为冰上跳木桶选手所做的事情。把阿里齐挖过来是不可能的，所以他雇用了弗兰克。

弗兰克加入了环球体育影业有限公司（国际管理集团的电视部门），开始大展身手。他给美国橄榄球联盟的执行总裁彼得·罗兹尔和美国棒球大联盟的理事长鲍伊·库恩打电话，告诉他们整个集团还没有为他们创造应得的利益。弗兰克向他们保证，如果允许他来代理他们的公司，他们会得到更多的利益。美国橄榄球联盟同意了，随后美国棒球大联盟也这样做了，而全国运动汽车竞赛协会、国际滑冰联盟也都加入了进来。不久以后，弗兰克就有了一个以20个主要联盟成员组成的名册。很快地，支付给股东的费用开始增加，因为弗兰克对整个集团从体育界赚了多少钱有第一手消息。

1972年的一天，弗兰克和一位汽车零部件公司的市场代表共进午餐，这个市场代表告诉弗兰克，公司希望深度与体育界合作，从而吸引那些可能购买公司产品的成年男性。他希望和世界上最知名的比赛里的运动员做场活动，但他并不知道他们想要什么样的活动。基本上，他不了解体育本身，他的任务只是为公司找名人来吸引目标客户。

弗兰克立即想到了 3 年前和巴顿的一次对话，是关于一场决定谁是世界上最伟大的运动员的比赛。他回到办公室后立刻给巴顿打了个电话，想与巴顿签一个五五分成的合约——其实这原本是他的点子。弗兰克为这个节目提出了一个策划，大意是邀请超级体育明星参与一系列活动，名字就叫《超级明星》。国际管理集团可以为他们的费用埋单，并且给冠军很大一笔现金作为奖励。

麦考马克觉得这个想法简直太棒了，他已经是一些大牌体育明星的代理了。现在，他可以把他们展示给传统之外的球迷：球迷可以看到罗德·拉沃尔在短跑中对阵强尼·班区，且国际管理集团可以立即付款。这简直完美极了，特别是国际管理集团将要拥有这个节目，这同样可以验证麦考马克认为明星运动员应位于金字塔顶端的看法。如果他们可以在一场和他们的体育传统项目完全不相关的竞赛中表现出和超级明星一样的水准，那么他们将能充分证明自己在任何一个联盟或国际体育联合会中的统治地位。

基于这个观念，弗兰克一个个地给集团里的广播员打电话，但还是没人相信如此非传统的东西会有市场，甚至两位美国广播公司的初级管理人员也不相信。最终，弗兰克赶上了阿里齐在纽约马马罗内克的翼脚球场的高尔夫球比赛。阿里齐和美国广播公司刚失去了全美篮球协会的转播权，他们需要采取应对措施，显而易见的办法就是去代理另一个冬季体育运动会。但阿里齐不太同意这样做。最后，弗兰克说服了他，觉得关于《超级明星》的想法值得一试。

1973 年 2 月的一个星期天下午，当电话铃声响起时，霍华德·卡茨正坐在纽约美国广播公司控制室的办公桌前。他 23 岁，是一个助理制片人，接电话是他的工作。电话是另一个助理制片人打来的。他们在佛罗里达的片场急需帮手。因为《超级明星》这个节目开始变得比任何人想得都要复杂。卡茨来自新泽西州，是个善良顺从的犹太男孩。第二天，他坐上了飞往萨拉索塔的飞机，尽管他不知道自己要去干吗。

就连弗兰克也不清楚，整个项目已经在不知不觉中开始了。在佛罗里达，一个名叫罗通达的社区开发商搭建了7个高尔夫球比赛场地，他支付了5万美元用来拍摄，认为这个节目是一个很好的广告，能帮他做宣传。弗兰克有运动员——强尼·班区、强尼·尤尼塔斯、乔·弗雷泽、简·克劳德·基利和奥林匹克撑竿跳选手鲍勃·西哥伦。每个人参加节目的目的都不相同。对一部分人来说，就是因为好玩。对班区和尤尼塔斯来说，4万美元的奖金已经是很大一笔钱了。简·克劳德·基利则希望自己能在美国出名。竞争者们将会参与一系列的体育项目，包括100米短跑、800米短跑、举重、自行车赛、保龄球赛、网球赛和游泳。卡茨在接下来的几天里埋头苦干：搬摄像机、捡网球、协助裁判工作。他们迅速地解决问题，每个人都废寝忘食地工作，直到乔·弗雷泽告诉弗兰克和制片人他在水里待得有些不舒服了才停止——他差点在50码游泳比赛中淹死。当比赛结束时，西哥伦赢得了撑竿跳比赛冠军。比赛中并没有出现特别出色的人。西哥伦，这个方下巴的美男子注定只能成为一个非知名的电视演员。强尼·班区则不能在众多的奥林匹克般的比赛中处之泰然。

当《超级明星》播出之后，那些所谓的体育界智慧人士都很厌恶它。他们是头发斑白的专栏作家或者资历很深的联赛高管，他们把这个节目看作是体育竞赛的笑柄，并给它贴上了"垃圾体育"的标签。然而，体育迷们的态度截然相反，观众们对这档节目欣喜若狂。当美国广播公司用《超级明星》来对抗全美篮球协会时，它用收视率秒杀了全美篮球协会。这意味着一件事，麦考马克和弗兰克、卡茨不得不再做一档节目。

第二年，卡茨从环球体育影业有限公司调到了美国广播公司，为弗兰克运营《超级明星》节目，并且使它拥有了专营权。麦考马克把他放到了克利夫兰国际管理集团的体育部门，让他用高额奖金作为噱头来招聘运动员。当时最优秀的运动员每年的收入为10多万美元。彼得·罗斯、雷吉·杰克逊和林恩·斯旺也加入了进来。他们身处美国顶级明星之列。滑水冠军韦恩·葛姆迪奇也想加入，因为他没赚到什么钱。《超级明星》可以给他带来像样的生活——并且它也确实做到了。其他一些人是为了可以免费去佛罗里达和夏威夷，或者为了加深观众们对他们的卓越球技的印象。足球运动员小凯尔·罗特在1974年到1977年间3次赢得冠军。这引起了一场对抗：美国传统棒球运动员一直认为足球运动员是无能的人，而如今一个弱者在电视节目上打了他们的脸。

"事情很快变得很明确，尽管这个节目的本质是很有趣的，但几乎所有的运动员一开始就展开了竞争。"卡茨说道。最重要的是，《超级明星》一如既往地占据着收视率榜首。两年后，弗兰克和卡茨觉得是时候扩张业务了。他们已经有一个英国版本的节目，并且已经有一点特许经营的味道了。《超级明星》还是应该继续前进，但是也该有些副产品出现了，比如超级团队。这个节目让最新的世界职业棒球大赛和美国橄榄球超级杯大赛的队员组成了球队互相竞争。

卡茨决定把这场竞赛放到2月初的夏威夷举行，即在春季训练之前、美国橄榄球联盟赛结束之后。每个队都找到10个人后，加上担当裁判的前东南联盟委员乔·戴伊、弗兰克，租了一架波音747飞往全国，去接运动员和他们的老婆或女朋友，接着去接雷吉·杰克逊的母亲，并最终到达火奴鲁鲁。在飞机上，弗兰克给每位运动员300美元，用于支付酒店杂费。他从走廊下来时，看到运动员的眼睛发亮，死死地盯着那个1.2万美元的账单。这是一扇打开这些男人心扉的窗户。他们大多数人都很朴素，这样的金额让他们大为诧异。

卡茨之前从来没有做过这样一场竞赛。他完全没有当过职业运动员或教练。但是，像很多其他美国战后出现的中产阶级犹太小孩一样，卡茨去过夏令营，玩过叫作"颜色战争"的游戏，他拼命竞争，仿佛他的自由取决于这场游戏。在夏威夷，卡茨依据之前的经历设计了一系列的跑步、游泳、跨障碍接力赛、双人自行车赛，在邻近夏威夷威基基海滩的希尔顿村庄附近的潟湖进行夏威夷独木舟比赛，当然还包括一场激烈的争辩赛。取代那些壮实的孩子参与比赛的，是来自世界职业棒球大赛和美国橄榄球超级杯大赛的队员们。"在这里并没有什么规则，我们可以自由发挥。"卡茨说道。

虽然可能没有任何规则，但卡茨迅速意识到美国橄榄球超级杯大赛的防守队员和正在发育的"云雀之声"夏令营的犹太男孩的身体有着巨大的差距。在接下来的比赛里，卡茨让体格相当的运动员一起竞争。预赛的情况并不是很好。他们为双人自行车赛购买了自行车，但运动员们太强壮，把脚踏板弄坏了。卡茨想举行划船比赛，他买了划艇，但预赛运动员把船桨的铰链弄坏了。一位名叫布莱恩·奥德菲尔德的铅球运动员弄坏了 5 套铰链。他们打折出售门票，认为大量观众会赶来观看这个国家最著名的运动员们在赛场上角逐，但他们失败了，在双人自行车赛和障碍赛中运动员像傻瓜一样出丑了。最终，他们仅仅售出了 1500 张门票。

已经没有回头路可以走了，打造这个节目已经花了 33.15 万美元，且他们对每位运动员承诺支付 3400 美元。即使他们输掉了之前所有的比赛，但是接下来只要赢得一场比赛，就可以获得 1.53 万美元的奖励。麦考马克甚至说服了一名来自《体育画报》的受人尊敬的记者，全程报道了这个小小的赛事。4 个团队的队长分别是奥克兰运动家队的萨尔·班多、匹兹堡钢人队的雷·曼斯菲尔德、维京人队的米克·廷格尔霍夫、洛杉矶道奇队的史蒂夫·加维和吉米·韦恩。他们落地后第二天早上开始了集训。比赛将于第二天开始。

双人自行车赛进行得很顺利，奥克兰运动家队和匹兹堡钢人队处于领先地位。但随后，奥克兰运动家队的比利·诺斯在接力赛中与雷吉·杰克逊交接时搞砸了，不过他还是以10码的优势赢得了比赛。诺斯责怪雷吉·杰克逊太快离开交接区域。最终，维京人队在抗议之后赢得了接力赛。运动员们的表现正是卡茨想象的那样，他们总是非常努力，无论是美国橄榄球超级杯大赛还是一场飞镖比赛，只要现金和优越感铺在他们前进的道路上，运动员们就很卖力。

洛杉矶道奇队和匹兹堡钢人队进行障碍接力赛。维京人队参加游泳接力赛，之后以两次进球赢得了足球赛。洛杉矶道奇队在游泳方面以3∶1的比分领先于奥克兰运动家队。

第二天的赛事在威基基海滩举行。奥克兰运动家队以15∶13的比分赢得了排球赛。在独木舟比赛中，道奇队的努力得到了回报，他们打败了奥克兰运动家队；而维京人队，多亏有着莫洛凯岛—瓦胡岛独木舟比赛经验的夏威夷队队长小布卢·马夸再次力挽狂澜，赢得了比赛。这意味着胜负就要看拔河比赛的结果了。

听到海滩上的喧嚣，一群人好奇地加入了进来。这并不是肯塔基赛马会，也不是玫瑰杯美式足球赛，人们穿着吊带衫和短裤，没有任何标志或联盟，也没有历史性的奖杯，但这是伟大的运动员可以创造出来的极具魅力的演出——一场在4英尺×12英尺的水池上拉绳的战役。一面红旗标记着绳子的中点，只要使劲把绳子拉近你这边的水池，就能赢得4.4万美元，外加一个5万美元的特等奖。钢人队的6位队员总体重1333斤，平均年龄28岁。维京人队的队员的总体重是1268斤，平均年龄30岁。一开始，钢人队以巨大优势领先于维京人，只要再拉过30英寸就可以获得胜利。但在随后的4分钟里，维京人缓慢地把绳子拉了回来。弗朗哥·哈里斯用力拉着他能抓住的所有东西扭转局势，差不多把脸埋到了沙子里去。

作为旁观者，卡茨是带着恐怖的感觉看拔河比赛的。他明白这可能永远不会结束，这些运动员太强壮、太执着，这个僵局可能会一直持续下去。他并没有料到会发生这样的事，所以没有制定任何规则，甚至觉得双方的集体意志如此强大，以至于没有一方愿意放弃。随后他发现，无论钢人多么努力地去抵抗，他们还是看不到任何希望。在接近16分钟时，维京人队最后一次拖拽，把绳子拉过了自己这方，钢人队完全被拉进了沙子中。

维京人在庆祝，摄影机的镜头移动着，展示出他们巨大的湿漉漉的沾满沙子的身体。刚开始记者职业的O.J.辛普森接到任务，他手握麦克风，俯下身想要和弗朗哥·哈里斯说上两句话。哈里斯的脸贴在沙滩上，沙子粘在他的脸颊上，并盖住了整整半个头。看来他说话有点困难，不过他还是说道："我要在这儿待上一段时间。"维京人队的戴夫·奥斯本说拔河比赛要比两场足球赛消耗的体力多。"过了1个小时我才能脱掉我的手套。"奥斯本说道，"这是我在我的运动生涯中获得的最棒的经历和胜利。这次比赢比任何足球比赛或是其他比赛都要棒。我们在这里打败了钢人队。电视机前观看这场拔河赛的观众，即使忘了谁参加了1975年的美国橄榄球超级杯大赛，也不会忘记今天的这场胜利。"

麦考马克尝试说服职业高尔夫巡回赛的顶级选手们应取得更多的胜利。麦考马克始终坚信运动员就像好莱坞的明星一样无比重要。《超级明星》和《超级团队》并没有什么别的东西了。在海滩上，世界上最伟大的运动员一起参加拔河比赛，赢得了大奖。只要有了正确的角色，这场竞赛就变得和奥古斯塔国家球场的后9穴一样具有戏剧性，而专营权一定是属于麦考马克的。

《超级明星》持续播出了 17 年。大约有 65% 的电视节目在第一个赛季播出后就被取消了。《超级明星》不仅仅是长久存在的，而且多产，它拥有着更宝贵的品质。《超级明星》和《超级团队》催生了女运动员版的《超级明星》、《全球最强壮的男人》和美国橄榄球联盟的掰手腕比赛（汤姆·康登赢得了比赛，随后成为国际管理集团的代理商）。在另一个叫《适者生存》的节目中，世界顶尖的户外运动者们进行攀爬、绕绳下降、俯冲下山和躲避空中障碍物比赛（想象在激流中穿过绳桥）。他们进行山地车比赛，在水面结冰的桥上搏斗，然后参加游泳和皮筏艇比赛。他们在激流中游 200 码后上船逆流往回划。一个管理员警告他们激流中的漩涡很危险，会把他们吸入水底。一个前海军陆战队队员被卷进了一个漩涡，在水下待了 90 秒。这对弗兰克来说像是一辈子那么长。"我当时确信他死定了，并且我们也大难临头了，"他这样说道，"还好最终他冒了出来。"

　　弗兰克和卡茨也尝试为传统体育运动组织赛事。20 世纪 70 年代，唐·奥尔麦耶还是一位年轻的制片人，他先是在美国广播公司工作，后来又到了全国广播公司，如今变成了弗兰克的高尔夫球合作伙伴。和其他业余高尔夫球手一样，他们喜欢为了钱而打比赛。如果有 4 名高尔夫球选手的话，他们会分组，玩双人团队比赛。如果只有 2 个人，他们就只会来场单打比赛。如果有 3 个人的话，就会进行逐洞比赛，每个洞的赢家都会得到一定数量的金钱奖励，如果打平，该洞的钱就会转移到下一个洞，直到有人把钱赢走。

　　1982 年，奥尔麦耶离开了全国广播公司，成为独立制片人。他想为世界上顶级高尔夫球员组织一个逐洞比赛。他把这个想法告诉了国际管理集团。他们并没有采纳，他们觉得观众想要看传统和历史性的比赛。后来，奥尔麦耶给弗兰克和麦考马克打了电话。弗兰克只思考了 4 秒，就迫不及待地接受了这个点子。锦上添花的是，他们拥有天才球员——国际管理集团的高尔夫球手们。对弗兰克来说，"三巨头"可以带来巨大的盈利，帕尔默、尼克劳斯、普雷尔和汤姆·沃森签约了第一年的比赛。在这种明星效应的前提下，弗兰克知道他们中会有个赢家，尽管国际管理集团对此并不感兴趣。所以，奥尔麦耶和国际管理集团从全国广播公司购买了额外的电视节目时间，并为此承担百分之百的风险。他们知道广告商是怎样想的。在其他的高尔夫锦标赛中，每一位选手都不得不和其他155名选手共享这个舞台，而逐洞比赛只有一个组，但要在电视上播4小时，这可是播电视节目的黄金时间。

逐洞比赛在感恩节举行，刚好和橄榄球比赛的日常安排错开了一点。和国际管理集团的很多其他赛事一样，这次的比赛很简单。人们可以理解为，他们为了5万美元去打一个洞，就像是去参加一场短跑比赛、障碍比赛或是拔河赛一样。这样的比赛没有奖杯，也没有冠军称号。成为逐洞比赛的冠军没有任何意义，他们只是为了钱参加比赛。而观众也热爱这个节目，他们爱看一杆价值10万美元的比赛。选手们喜爱赶超别人的感觉，而最糟糕的却是被逐洞比赛拒之门外。

媒体高管们一直对麦考马克说这个世界太多样，无法拓展全球化的业务。但他还是能和温布尔登、皇家古典俱乐部这样的客户合作，在全世界销售他们的转播权，然后制作逐洞比赛和《超级明星》这样的竞赛节目。在环球体育影业有限公司旗下，麦考马克发展出了酷似全球化集团的企业。美国体育界从业人士认为水上运动和传统美国团队运动才能盈利。足球？谁会在乎足球？麦考马克就会在乎，就像他的母亲提前6个月就计划在去欧洲的飞机上要吃什么。"麦考马克比所有人都清楚外面的世界是个很大很有趣的市场。"弗兰克说道。

发展的道路并非一帆风顺，一个由一名现役运动员、一名退休运动员和一名明星运动员组成的三人对抗赛反应平平。但随着每一次成功，麦考马克式的力量变得越来越强大。他渐渐意识到，体育是一个围绕着明星展开的电视节目，它的主要目的是娱乐观众，并让运动员衣食无忧。巴里·弗兰克的垃圾体育比赛永远不会取代温布尔登赛事、英国公开赛、奥林匹克运动会或美国橄榄球超级杯大赛，但可以与它们并存。这些大型赛事要兴盛的话，至少在电视上看起来要更像《超级明星》中的比赛。毫无疑问，它们需要那些世界顶级运动员，否则就会完蛋。

在麦考马克和帕尔默的国际管理集团冒险之旅进行了 40 年后，公司可以为 200 多个国家中的 240 名体育运动员每年制作并发行长达 6000 小时的节目。它在全世界范围内播放那些伟大的运动员的影像，展现他们的功勋和失败，把他们从凡人变为传奇人物。麦考马克从来都不懂电视技术，并且没有一点兴趣去学习它。但是随着年龄的增长和技术的发展，麦考马克越来越坚信：要想生存，国际管理集团必须拥有电视转播权。让电信公司去争夺新闻报道权吧。无论最后是谁赢了，仍然需要剪辑板球赛、足球赛、高尔夫锦标赛和篮球赛的影像，并需要获得转播权。

苏格兰人阿拉斯泰尔·约翰斯顿，从 1969 年开始进入国际管理集团实习，后来成为麦考马克最为信任的助理。1980 年 6 月，他走上了麦考马克 15 年前走过的路。他从克利夫兰出发，飞越了大西洋来到伦敦，直接前往全英俱乐部，去查看国际管理集团的业务。约翰斯顿在各处转悠，他从全英俱乐部的大事年表里瞥见很多公司的名称，比如劳力士的标志就在中心球场旁边。现在，国际管理集团已经出售了与这些公司合作的业务。在不观看比赛时，他和同事或朋友在酒店套房见面。这个酒店也是国际管理集团建造的，现在也卖掉了。约翰斯顿观看了电视里的大部分内容，国际管理集团已经将其卖到全世界，这给他们带来了巨大利润。他观看了上届冠军比约恩·博格在 5 局决胜局中击败约翰·麦肯罗的激动人心的比赛。比约恩·博格在第 4 局中以 18∶16 的成绩险胜，并把比赛拖入决胜局。博格最终赢得了温布尔登赛事五连冠。作为国际管理集团的顶级客户，他赚了很多钱。为了避免瑞典繁重的个人所得税，他搬去了摩洛哥。

温布尔登赛事结束后，约翰斯顿动身前往莫里菲尔德的英国公开赛现场。在爱丁堡福斯湾旁这个充满历史感的高尔夫球场上漫步，勾起了约翰斯顿一些熟悉的感觉。带着国际管理集团标志的东西和迎宾篷，已经被卖掉了，还有那些广播也卖出去了。再过几分钟，他就能看见一位来自国际管理集团的高尔夫球选手。他早就料到竞争最终会到来。在大多数人明白什么是体育营销之前，他和他的公司就已经将体育营销业务做到极致了。"仿佛我们在掌控着一切。"他说道。

不久之后，议论不可避免地开始了：国际管理集团实在是太强大了，它是一个持续控制、腐蚀着体育界的大利益集团。在国际管理集团帮助管理运营的赛事中，它的高尔夫球手和网球运动员可以优先选择开球时间和场地分配。这个消息并不是空穴来风。国际管理集团的客户更喜欢他们自己拥有的赛事，像世界比洞锦标赛。1994 年，一个国际管理集团并不出名的客户——布拉德·法克森被邀请参加比洞锦标赛。然而塞维耶罗·巴列斯特罗斯和其他不是国际管理集团客户的欧洲巨星都没有接到邀请。李·维斯特伍德在 1999 年批评国际管理集团创造了官方的世界高尔夫球排名系统。他参加了 34 场锦标赛中的 11 场，其中在欧洲的很多由国际管理集团控制的比赛几乎没有怎么参与，然而维斯特伍德发现他在世界排名中只是第 6 位。他仍然坚信排名系统被幕后操控着，这不利于不太可能成为国际管理集团客户的欧洲选手。

国际管理集团为泰格·伍兹和通用汽车进行了一个长达数年的交易谈判，最终支付伍兹每年大约 700 万美元的费用。作为世界顶尖的高尔夫球选手，伍兹似乎总是出现在通用汽车赞助的赛事中。尽管他每年的锦标赛数量被限制在 18—20 场。伍兹曾一度发声，要减少参加美巡赛的次数，而去参加更有挑战性的赛事，这包含 4 场主要的锦标赛、1 场国际锦标赛和那些国际管理集团很乐意为他安排的赛事。体育世界不断涌进评论家，国际管理集团被他们当成了嘲笑对象——"我是贪婪的化身""不可思议的幕后操纵者""国际货币掠夺者"，甚至"我监管着上帝"。

麦考马克立即进行了反驳，他争论说数十年来他很清楚自己的使命：为他的客户服务——如果这对他们和自己的生意有利的话。面对这些所谓的嘲讽，他表示自己是清白的。他认为，体育是娱乐大众并使最优秀的运动员成为世界首富的渠道。他的能力让他做成了世界比洞锦标赛，也因此，国际管理集团出租了高尔夫球场，掌控了门槛，得到了赞助商，制作了电视节目，卖掉了迎宾篷。麦考马克甚至在广播中解说赛事，并出版了一本关于赛事的书。对他来说，这些赛事意味着绝对的骄傲、巨额利润和无尽的善行。"但对我们来说，并不会有比洞形式的比赛。"他说道，"这到底对英国的高尔夫球运动是好还是坏呢？"

缺乏敏感是麦考马克的一个缺陷。只要稍微细想一下，麦考马克并不是一个完美的人。他有时极其虚伪和矛盾。他寡廉鲜耻，在书中吹嘘他的功绩，比如"这些东西是你在哈佛商学院都学不到的"。他任命纪录片导演斯图尔特·宾斯为环球体育影业有限公司特殊项目的总监，来为他拍摄关于他的纪录片。在面谈过程中，他公开声明根本不需要吹嘘自己的成就。那个给体育界带来了商业主义，并把很多传统的古板组织（全英俱乐部和圣安德鲁斯的皇家古典高尔夫球俱乐部）拉下马的人，居然开始谈论体育商业化所带来的危险，并提出警告。他甚至声称自己是传统主义者。

麦考马克始终是名流。在温布尔登期间，他在伦敦城区的房子变成了参观的景点。1967年为麦考马克代写帕尔默传记的传奇体育记者丹·詹金斯说他有一晚和麦考马克喝酒，一抬头发现他被肖恩·康纳利、保罗·麦卡特尼和著名喜剧演员奇里·特·卡娜娃包围着。另一天，当他和麦考马克坐在一起时，麦考马克把他介绍给了一个高大英俊的瑞典人，这个人正是诺贝尔文学奖提名委员会的主席。然而，麦考马克否认了所有关于他攀高结贵的指控。对麦考马克来说，他度过的最特别的夜晚是和他的第二任妻子——网球选手贝琪·内格尔森（国际管理集团的客户）在家共进晚餐和看电影。他忘了是在哪个家了——俄亥俄州、纽约、佛罗里达、伦敦还是加州棕榈泉？

麦考马克对他的日常生活谨小慎微，他记录每天的睡眠、休息、工作、旅途飞行和与家人在一起的时间，甚至记录每天做了多少个仰卧起坐。1984年，他和第一任妻子南希离婚之后，他把这段失败的婚姻归因为他只用了38%的时间来陪家人。他说这是由精密计算得来的数字。最终，他的儿子托德意识到，他和家人在一起的日子，只是一个记录在日常记事本上，每天检查是否完成了的项目而已。随着时间的推移，麦考马克不愿再在他的家人身上花时间，除非是计划好的事情。

"他总需要有些活动，有某种形式的活动。"奈德·麦考马克说道，"他没有信心可以和人随性交往。他不喜欢沉默，而且在交流中总要产生一些成果才行。"

2003年1月，在看医生的过程中，麦考马克突发心脏病，陷入了昏迷，之后他永远也没有醒过来。4个月后，他去世了，享年72岁。在之前的这45年里，麦考马克从一个害羞、无所事事、目光涣散、经常咬指甲的小伙子变成了一位温文尔雅、经历过人生佳境的绅士。在纽约举行的麦考马克的追悼会上，《时代》杂志前主编雷·凯夫把麦考马克称作自己最好的朋友，他喜欢麦考马克和他的公司。然而，后来凯夫承认他实际上不认识麦考马克，因为麦考马克根本没在他控制的事业范围以外的地方出现过。麦考马克的茶余饭后总是充满了"阿加西回来了""卡普里亚蒂结束了"这样的对话。话题不会跑出这个范围，都是些关于玛格丽特·撒切尔、帕特·莱利和伊扎克·帕尔曼一遍遍讲述在世界最好的餐厅里享用昂贵的红酒的故事。

在他去世前两年，也就是2001年，国际管理集团记录在案的收入有16亿美元。整个集团雇用了来自33个国家的85家办事处的3000多名员工，并且拥有超过1000名客户。这些客户不限于体育界，其中不乏撒切尔夫人、皮尔曼、普拉西多·多明戈和诺贝尔奖基金会等这样的对象。麦考马克涉足全英俱乐部近50年后，国际管理集团仍然在向温布尔登销售全球媒体权利，还有额外的每天52分钟的集锦节目、26分钟的下集预告以及52分钟的官方比赛电影。它的档案中有很多传奇运动员的系列电影，比如比约恩·博格、比利·简·金；还有其他很多经典比赛，比如，从1980年的博格、麦肯罗到2002年的威廉斯姐妹。交叉的网球拍的标志成为世界上最古老的主要网球赛事的标志符号。从1968年到1994年，国际管理集团的利润大约从5.5万美元提高到了4300万美元。皇家古典俱乐部公开赛的直播时间在美国达到了34小时，并且年收入超过5000万美元，其中娱乐与体育节目就达到了2500万美元。皇家古典俱乐部旗下的运动员时下共享高达630万美元的奖金。

除了这些数字之外，他还给世界上最好的运动员、企业、球队老板和那些从运动员身上赚钱的联盟上了一课——那些联盟因为运动员教育水平有限而占他们的便宜，或者因为他们能打比赛维持生活而心满意足。这些运动员——帕尔默、尼克劳斯、基利、比约恩·博格和皮卡伯·斯特里特，不仅仅是劳动力，更代表着体育的本质，应当被赋予能力。所以，通过赋予他们能力，麦考马克改变了现代体育。

这种改变却带来了一定的负面效果。不久之后，我们将会看到，同样的权利运动把运动员推到了体育金字塔的最顶端，同时也造就了一大批妄自尊大的运动员。也因此，团队成员饱受其苦。太多时候，金钱取代荣誉，成了体现运动员价值的东西。而已过最佳年龄的选手哀诉着自己不被尊敬，因为他们的团队不愿再为他们不断下降的水平支付 2000 多万美元的年薪。而赛季和锦标赛已经因为工人斗争而失败了。

另一种选择是什么？阿诺德·帕尔默和几乎所有 1970 年前出道的运动员都能告诉你：与那些拥有垄断所有权的人以及那些独裁的、以自我为中心的管理特许经营锦标赛和职业比赛的运动联盟领导一起，进行大棚种植式的合作，直到有人最终站出来反对体育不应该这样为止。

在麦考马克去世时，体育界没有人能阻止他投入体育的这种力量。这种力量传播到了整个行业，就像后来自由企业的传播一样。这种力量改变了体育界的模式，就像欧内斯特·海明威描述的那些面临崩溃的人一样：一开始非常缓慢，然后突然爆发。

第四章

皮里克事件

chapter
four

1973年6月2日下午，尼古拉·皮里克职业生涯中最盛大的比赛的前一天，这位来自南斯拉夫的瘦高的左撇子运动员决定躺在巴黎酒店客房的床上小憩一会儿。第二天，他将会和来自罗马尼亚的伊利耶·纳斯塔斯来场较量。尼古拉·皮里克外号"讨厌鬼"，他为比赛做好了一切准备。34岁的他正在打第一个大满贯决赛，他急需休息。

　　尼古拉·皮里克可能在网球界以外不知名，但是他在网球界是最重要的人物。他是传统的欧洲难缠的选手，在泥土球场上让对手难以抵抗，但在别的场地上又很容易被击败。他偶尔能进入8强，在20世纪60年代末期至70年代初期甚至挺进了大满贯赛事的4强，但随后他总遇到速度比他快、击球比他强硬、发挥更稳定或者大赛经验更丰富的选手。

　　他在圈子里逐渐形成了一个自称无所不知、偶尔不知廉耻的失败者形象。他几乎不会去和击败过他的选手打招呼，他声称没有人能比他打

第四章　皮里克事件　｜　083

得更好。如果他输了比赛，他就会说"要不是连打了两天比赛比较累了，我是不会输的"诸如此类的话。他总是以天气及场地状况、不公平的边界球、暗淡的灯光、网球和球拍线的质量等一切可能会妨碍他获胜的因素为理由发牢骚。然而，皮里克算是锦标赛中最不屈不挠的选手了，他是优雅的防守型选手，往往会摆动着大脑袋来一记大力发球。在单打、双打中，他以自己的方式来打球。当你和他的名字同时出现在赛程表上时，这就意味着你将会度过一个漫长而痛苦的下午，这会是你整个锦标赛赛程中最艰难的消耗战和技术战。

多年以后，他出现在锦标赛里，1973 年出席了法国公开赛。作为非种子选手，皮里克能进入四分之一决赛已经很幸运了，而另外 4 位种子选手在第 4 轮之后全都出局了。他没有遇到任何对手。在四分之一决赛和半决赛中和他对阵的只是两个不那么出名的意大利选手——保罗·贝托鲁奇和阿德里亚诺·潘纳塔。皮里克已经赢得了 7 场比赛中的 6 场，从而提前进入了决赛，对阵排名第 8 的种子选手普拉达。皮里克在一个所有人都会退役的年龄决定去参加他的第一个大满贯单打锦标赛。

当他在酒店床上打盹儿时，门外传来一阵敲击声。温布尔登的主办方全英俱乐部发来电报，赛事将会在该月下旬开始。在电报中，该赛事的管理机构国际草地网球联合会通知俱乐部领导，说皮里克和南斯拉夫网球联合会失去了良好的关系。在国际草地网球联合会颁布的条例中，未能和他们国家网球联合会保持良好关系的球员将被禁止参加大满贯赛事，包括澳大利亚、法国、美国公开赛以及温布尔登赛事。尽管皮里克已经计划大约 24 小时后在罗兰·加洛斯球场进行大满贯决赛。法国方面决定无视南斯拉夫把皮里克列入黑名单的通知。在英国，规定就是规定，它需要被执行。

皮里克一遍遍读着电报，难以置信地摇了摇头。这绝不是皮里克希望在他的职业生涯中最盛大的比赛前一天发生的事。他知道他上了南斯拉夫的黑名单,他也知道自己根本不会去那里,而且什么都得不到。

麻烦在当年开春时就产生了。参与了12年的戴维斯杯比赛后,皮里克成了南斯拉夫网球赛事中最成功的国际选手。他从不会放弃任何机会,虽然他在铁托统治下的南斯拉夫没有什么机会。那年4月,在为戴维斯杯比赛服务了12年之后,皮里克决定不去参加和新西兰队的对抗赛——这场比赛用戴维斯杯的术语来说,叫作"系列赛"。一场系列赛包括4场单打比赛和1场双打比赛。一方必须赢得3场比赛,才能取得胜利。最好的选手们会在周五晚上参加1场单打比赛,周六参加双打比赛,然后周日参加另外1场单打比赛。他想去加拿大参加一场职业双打锦标赛。这是很简单的数学道理。皮里克最初作为一名双打选手,有机会去加拿大打比赛挣钱。然而戴维斯杯比赛几乎没有任何奖金,再加上比赛是在主场举行,很少有新西兰人知道什么是网球。他的团队可以简单地晃晃球拍就能赢得比赛。

"他们不需要我也能获胜,"皮里克这么想他的南斯拉夫队友,"可是比赛结果是我们以2∶3的比分输了。他们责怪我的缺席,所有人都说如果皮里克在的话,南斯拉夫就能拿下比赛冠军。"

南斯拉夫的网球联合会无比愤怒,他们暂停了皮里克当年剩下的所有比赛。皮里克无视停赛,决定远离南斯拉夫。他前往巴黎,开始参加法国公开赛。法国和南斯拉夫或者苏联阵营没有任何联系,他们决定无视禁令。皮里克设想没有人会在意巴尔干半岛的任性决策,而就他目前所知的确如此,直到酒店服务员带来了那份电报。

在输掉和新西兰队在萨格勒布的比赛之后的几周里,南斯拉夫网球队的老板给国际草地网球联合会的主席艾伦·海曼打了电话,海曼随后又给全英俱乐部的大卫·赫尔曼打了电话。对艾伦·海曼和大卫·赫尔曼来说，皮里克这种金钱至上而置传统与爱国主义精神于不顾的决定威胁到了体育的正直性和基本精神——艾伦·海曼和大卫·赫尔曼相信这是大满贯赛事和戴维斯杯的根本宗旨。从 1968 年开始，网球进入公开赛时代，并且允许职业运动员参与神圣的大满贯比赛。一瞬间，大批俗气的美国推广员和代理跃跃欲试，想去接管这个神圣的比赛，掷出大笔金钱来劝说运动员为了金钱去参加比赛，而非为了荣耀和国家去参加比赛。对海曼和大卫来说，该适可而止了。这是大卫和麦考马克达成交易的一个原因，但当那些运动员变得过于追求物质时，一切就太难挽回了。是时候对这些重商主义者和骄傲自负的运动员采取行动了。他们创立了职业网球联合会，并且做好了组织日程安排工作，增加奖金额度，创造了标准化的工作环境。

过去的半个世纪里，国际草地网球联合会判决维持赛事的职业选手无法参与锦标赛。1968 年后，当所谓的公开赛时代到来后，职业选手被允许参加大满贯赛事，他们迅速意识到，如果想要在体育事业上有话语权，就必须达成一个统一战线。所以，他们成立了职业网球联合会，这是一个为了奖金额度和工作环境，能与国际草地网球联合会和锦标赛主办方进行谈判的联盟。1973 年，一些职业选手开始思考他们是否真的需要国际草地网球联合会和它那"傲慢"的比赛。

皮里克尝试着不去想那份电报的事。次日，他输给了纳斯塔斯，然后动身前往意大利参加公开赛。在那里，他告诉国际男子职业网球协会主席克里夫·德里斯戴尔关于全英俱乐部对他禁赛的事。德里斯戴尔是个易怒的人，他告诉皮里克这都是权力在作祟。由于运动员日益强大，国际草地网球联合会的地位受到了很大威胁，运动员们跳过他们去参加比赛，导致他们错失了很多赚钱的机会。因此，他们准备进行回击。现在胜利的天平开始偏向运动员这边，德里斯戴尔非常清楚接下来该如何做。

德里斯戴尔嗅到了这是一个表明立场且可能帮他建立球员团体的机会。他起草了一份请愿书,来抵制温布尔登,并且开始收集运动员的联名支持。"这很简单,"他说道,"如果皮里克不能参赛,我们所有人也都会罢工。"

几天之后,德里斯戴尔几乎收集到了全世界前50名的球员签名。最终这份联名信摆在了加利福尼亚人斯坦·史密斯的面前,他在温布尔登卫冕成功。他同样也面对着职业生涯里最痛苦的抉择:放下高高在上的皇冠,和他的队友们一起坚持真理;或者背弃同伴,继续稳坐他那所有人都渴望拥有的王座。成为温布尔登的冠军意味着进入了网球界的皇室,这是所有选手都期望拥有的,特别是斯坦·史密斯。

在20世纪60年代末期和70年代早期,无数大学生和运动员留着长发,以抗议越南战争,或是一起举起拳头支持黑人权利运动。斯坦·史密斯很同情他们的举动,但他并未参与其中。他永远表现得像一个来自帕萨迪纳市的老好人。然而作为温布尔登的冠军,斯坦·史密斯将成为揭竿而起的球员的焦点,即使他看起来最不可能是这场起义中的前锋。如果这个冠军愿意退位的话,那么这场小小的起义说不定还有点机会。如果他坚持稳坐他的宝座的话,那么这场起义将会土崩瓦解。"我现在正处在我职业生涯的巅峰时期,"斯坦·史密斯说道,"我赢得了温布尔登的赛事,并且我几乎赢得了自1973年打比赛以来所有的赛事。"

在斯坦·史密斯和皮里克之前,网球选手就已经经历了面对痛苦抉择的历史了。网球明星第一次尝试对自己的体育事业有所改观的事件发生在第二次世界大战不久之后。出身于铁路工人家庭的杰克·克拉玛通过努力成为世界上最好的选手,他说服了少数同伴一起从体育赛事中赚些真金白银,尽管他们知道为了钱而打比赛可能会导致他们不再被允许参加大满贯和戴维斯杯的比赛。随后，潘乔·冈萨雷斯、潘乔·塞古拉、鲍比·里格斯、托尼·查贝特和其他一些选手加入了进来。克拉玛和他的同伴在全国巡回演出，去各种地方参加比赛。选手们用一道门槛把他们分成自己和发起者两类人，虽然很多时候发起者就是克拉玛他自己。他们从各种锦标赛和挑战赛中赚取数百美元的奖金。这些巡回表演赛延迟了他们进入庸俗的靠工资养家的生活——最有可能是在当地俱乐部教别人打球。他们的口头禅是"是比赛就打"。1949 年，克拉玛决定在一场展会上和冈萨雷斯打比赛，这是两位冠军在全国举办的系列赛中的一场。然而就在比赛开始前几小时，冈萨雷斯告诉克拉玛他的脚踝严重扭伤，几乎不能行走，可能无法参加接下来的比赛了。克拉玛明白如果没有比赛的话就赚不到钱。深受人们尊敬的网球评论员巴德·柯林斯在他的评论中写道："克拉玛凝视着他年轻的对手，说：'这场比赛已经不能停止了。'"接下来，比赛如期举行。在第一次巡回表演赛中，他们打了不下 100 场比赛，经验丰富的克拉玛以 96：27 的成绩碾压了冈萨雷斯。

1963 年，职业网球选手的生活没有提高很多。这年，澳大利亚的传奇人物罗德·拉沃尔，作为 20 世纪最伟大的冠军，在他赢得第一个大满贯之后转而成为职业选手。罗德·拉沃尔是网球界历史上第一个赢得大满贯的选手——他赢得了澳大利亚网球公开赛、法国网球公开赛和温布尔登赛事的冠军。也是 1963 年，他在美国网球公开赛中胜出。他是自唐·巴奇 1938 年完成此壮举后的第二人。之后他成为职业选手，基本上远离了他本以为要打一辈子的锦标赛。他没有太多的选择。他十几岁就离开学校，没有任何能力做其他任何技能类的工作，也不能继续以非职业选手的身份打比赛。网球是他唯一的特长。

20 世纪 60 年代早期，罗德·拉沃尔所处的网球界和其他体育运动一样，是非常糟糕的行业。1968 年公开赛时代到来后情况有所好转，然而除了顶尖的两三个选手外，其他选手的薪资水平、旅行和工作条件都非常糟糕，甚至有时会有生命危险。掌控着体育界的大佬们坚持传统，扼杀了创新意识。

毫不夸张地说，所有体育界有权势的人物都不想改变现状，没有人比那些在网球界摸爬滚打的人更能体会到竞争的激烈了。这个说法有一个背景：美国职业棒球大联盟和国际橄榄球联盟的领导维持他们对球员的统治地位。然而这些霸主最终的目的只是为了金钱——虽然没有今天赚得这么多，并且他们不想和任何人分享自己的利益。

1968年前的网坛，领导们用一种奇特的方法来维持自己的控制地位。从根本上讲，他们让网坛缺乏资金。管理层没有资金的话，运动员也拿不到一分钱。国际草地网球联合会和各国的体育管理机构掌控着在何时何地举办网球赛的权力，并且他们认为不能靠打比赛谋生。

罗德·拉沃尔的人生就像一个粉丝稀少但忠诚的独立摇滚乐队一样。1963年的美国职业网球锦标赛中，罗德·拉沃尔在森林山球场败给了肯恩·罗斯维尔。决赛结束之后，组织者解释说："由于糟糕的上座率，再加上推销商濒临破产，这场比赛已经没有任何东西能给你们了，包括奖金。"

1964年，美国八城职业网球巡回赛期间，肯恩·罗斯维尔以8800美元的奖金名列第1名，罗德·拉沃尔以6900美元的奖金名列第2名，这差不多等于阿诺德·帕尔默随便打场高尔夫球赛所得奖金的一半。比赛条件非常艰苦，罗德·拉沃尔和他的同伴在没有供热的仓库里比赛，或是在有屋顶结构的礼堂里比赛，导致他们不得不从椽子上打出挑高球。1965年，几位职业选手前往喀土穆，他们依照地图摸索前进，为了1000美元的奖金从手持机关枪的士兵中穿过，然而这点钱他们还需要平分。比赛一直进行到空中密布着虫子才结束。他们去玻利维亚的首都拉巴斯打比赛，那里的海拔是 3657 米，网球在球拍上回弹就像是落在蹦床上一样，血液从他们的鼻孔里流出来，然而冠军的奖金只有 600 美元。

这一切问题的根源是对职业选手长久以来的偏见。高尔夫球可能有过各种问题。20 世纪 50 年代的体育界存在强烈的反职业选手的心态。之前，那些在银行或汽车专卖行混日子的人每周在高尔夫球场和没有奖金的锦标赛上消耗几个下午，而他们的生活质量却比那些忙于打比赛挣钱的人好得多。职业选手不能使用俱乐部的更衣室，不得不在停车场里更换衣服。这听起来很糟，那些业余爱好者被迫接受锦标赛提供的各种非现金补贴。后来成为职业男子网球协会主席的克里夫·德里斯戴尔在 1965 年打进了温布尔登网球公开赛的半决赛，他的报酬竟然是一张两双莉莉怀特鞋的兑换券。这有点太可笑了！

继温布尔登网球公开赛之后，夏季业余巡回赛开始了，在一些高级俱乐部中举行，比如位于新泽西的橙色草坪俱乐部以及位于南安普顿、纽约、纽波特、罗得岛州的其他俱乐部。最终，选手们参加了在森林山球场举行的美国公开赛。但职业选手不可以参与，他们不得不去拉巴斯，为一块 600 美元的手表打比赛。

通过让选手食不果腹地工作来维护统治权力的战略延续了近 100 年，但终于崩溃了。因为这套体系依赖于三个错误的认知，而 20 世纪 60 年代到 80 年代体育界的大佬们总是这么看待优秀球员：

一、他们是愚蠢的，并且从小就被训练得服从权威，不管是教练、锦标赛的领导还是体育运动委员。

二、他们从不关注他们身边的世界，甚至是体育界。

三、只要和金钱有关，他们总是考虑自身利益，而罔顾体育界福祉或其他运动员。

那些优秀的运动员可能没有受过教育，但他们不是哑巴，也并不无知。20世纪60年代，没有优秀的网球运动员不去关注马克·麦考马克是如何颠覆乡村俱乐部，把阿诺德·帕尔默、杰克·尼克劳斯和格雷·普雷尔变得富有的。想知道随便一个运动员头一份合同或运动鞋广告赚了多少钱？问问其他运动员就知道了。没有人比他们更清楚自己同行的收入。1968年，为何最伟大的网球手罗德·拉沃尔来到克利夫兰和国际管理集团合作？有一个很简单的解释，罗德·拉沃尔非常清楚麦考马克为阿诺德·帕尔默和高尔夫球带来了什么。罗德·拉沃尔在网球界的地位就像阿诺德·帕尔默在高尔夫球界的地位一样。当时，他和邓禄普有一份一年能赚1.3万美元的合同，但他并没有任何特别使用权；他和马萨诸塞州鞋业公司有一份价值1000美元的合同，但该公司几乎没有生产任何打着他的品牌的鞋。另外，他还有一份和一家总部在南非的服装公司的握手协议，他们应该支付给他2.5%的版税——然而两年里他只收到过一次款项。如果网球也能被组织起来的话，罗德·拉沃尔相信他也能走上和帕尔默一样的路。

唐纳德·戴尔对此也深信不疑。和麦考马克在高尔夫球界一样，唐纳德·戴尔在大学阶段和青年时期是一位顶尖的业余网球选手。唐纳德·戴尔1938年出生，在马里兰州的贝塞斯达长大。他的父亲是一位效力于美国海军的律师。他的母亲是个网球爱好者，她让唐纳德·戴尔在镇上著名的埃奇莫尔俱乐部学习打网球。唐纳德·戴尔的进步非常快，15岁就成了全国冠军。他在耶鲁网球队效力。他打进了全国大学体育协会的决赛，并在1961年到1963年为美国队的戴维斯杯比赛效力。他一度进入了全国前10名——虽然他质疑过自己是否真的这么优秀，因为排名本来就非常混乱。

像麦考马克一样，唐纳德·戴尔进入法学院学习，并且在20世纪60年代初偶尔参加一些锦标赛。他知道自己不会成为大明星，他只想从比赛中获得非常简单的东西：他希望可以告诉别人他是个网球选手，而别人不会把他当成从未出名的业余选手。他和其他选手一样，可能在打比赛时偷偷收取 500 美元出场费。唐纳德·戴尔住在华盛顿，成了罗伯特·肯尼迪和他家人的挚友及私人网球专家。在肯尼迪和家人外出时，唐纳德·戴尔偶尔会住在肯尼迪位于核桃山的家里，看他的孩子们打球。但是当他跟别人说他是网球运动员时，还是有人斜着眼睛看他。唐纳德·戴尔知道唯一的解决办法就是让国际网球界向职业运动员打开大门，允许他们参加世界上最具含金量的锦标赛。

1967 年，在和麦考马克达成交易之后，温布尔登的主席大卫·赫尔曼决定采取一个激进的措施。他邀请了网球界职业选手的 8 强（罗德·拉沃尔、弗雷德·斯托利、安德烈斯·吉梅诺、丹尼斯·罗尔斯顿、肯恩·罗斯维尔、布奇·巴克霍尔兹、刘易斯·霍德和潘乔·冈萨雷斯）和全英俱乐部的业余选手一起打场锦标赛。职业选手们迫不及待地来到这个体育的精神家园。温布尔登始终都在为比赛定基调，如果这个事实能改变的话，那么一切都能改变。而选手们对这场比赛非常期待，踏入全英俱乐部草坪无异于走进天堂。

温布尔登的业内人士张开双臂欢迎这些已经离开许久的职业选手归来，为他们的比赛搭建看台。这些人高声尖叫着，很久没有这样痛快了。而罗德·拉沃尔和他的同伴们跳着舞穿过草地。使体育职业化的势头似乎在不断地增长，但是这可能会发展成什么样呢？那些网球界的贵族是怎么想的？他们是否会把权利让渡给运动员？并没有人知道。不管怎样，这是个好时代。1967 年过去了，转眼间进入 1968 年，非常多的网球天才将转变为职业选手。

而前网球冠军斯坦·史密斯一直觉得自己遇到了理想的时机和好运。斯坦·史密斯 1946 年出生在南加州。他所处的时代是一个人口大规模增长的时代。在他生命中的前 25 年里，加利福尼亚的人口从 800 万增长到了 2000 万。人口增长让斯坦·史密斯成长在一个体育人才不断涌现的环境中。斯坦·史密斯是个特别的运动员，他的体形高大，高 2.1 米，重达 180 斤。他的父亲是帕萨迪纳城市学院的体育教练。斯坦·史密斯是他们家的老三，他有两个哥哥，他在与他们的竞争中长大。

斯坦·史密斯 10 岁时第一次拿起网球拍。12 岁时有了第一个新网球拍，那是一个威尔逊·杰克·克雷默型球拍。他接受了一些训练，展示了明显的天赋。他在初高中时也参加田径比赛，打篮球、橄榄球和棒球。他当时热爱篮球胜过任何东西，非常崇拜埃尔金·贝勒和杰里·韦斯特。那时，网球已经成为他最擅长的运动项目。如果斯坦·史密斯没有生活在这样的环境中，之后的这一切则很难实现。

斯坦·史密斯 15 岁时，一个当地的网球经销商——帕萨迪纳网球的老板，雇用了潘乔·塞古拉来当地的球场授课。塞古拉是 20 世纪四五十年代世界顶尖的网球选手之一，他 1962 年退役后成为贝弗利山网球俱乐部的职业负责人。塞古拉的工作时间是从周六早上 8 点到中午 12 点。一些较为优秀的选手，像斯坦·史密斯，能够单独和他一起练习 20 分钟。塞古拉的身高接近 1.9 米，他双手正手击球和一手半反手击球的动作很奇怪，但他健步如飞，凌空击球干净利落，并且在比赛中比任何人都能保持清醒的头脑。步入老年后，他以能够解析任何层次的网球比赛而闻名。

1971 年美国公开赛期间，在斯坦·史密斯到达球场对阵捷克人扬·科德斯的决赛前，塞古拉在更衣室旁边遇到了他，给了他一些明确的指导。斯坦·史密斯说道："他告诉我，要在对手第 2 个发球局来回跑动，并用反手击球威胁他，用上旋发球打他的正手，并在他第 1 次截击之后以高挑球回应他。"扬·科德斯有一个喜欢接近球网的习惯。他以调高球来得到赛点，再继续赢得比赛。当另一个天才吉米·康纳斯在 1978

年的美国公开赛决赛中对阵比约恩·博格时，塞古拉也对他产生了重要影响。康纳斯是一个典型的底线开球选手。塞古拉指点他在和博格的比赛中应该改变这一点，并且在他的落地球击打上加大力道、提高速度。结果是康纳斯一盘未失，把博格打得落花流水。

如果塞古拉晚一点到达帕萨迪纳市的话，或者斯坦·史密斯在十六七岁而不是15岁时遇到塞古拉的话，很难想象斯坦·史密斯会成为一位世界级的网球运动员。但是塞古拉和斯坦·史密斯还是在他们的时代相遇了。10年之后，恐怕就没有人能到15岁才开始进军网球界，并打进顶尖的职业比赛。但1962年的网球界还处于初生状态，以业余赛事为主，而且斯坦·史密斯的进步非常迅速。

斯坦·史密斯不去打篮球的时候，要么在阿尔塔迪纳的一个小俱乐部里打网球，要么在洛杉矶网球俱乐部打球——该俱乐部是西海岸的体育中心，这让斯坦·史密斯觉得很方便。杰克·克拉玛，这个曾出现在斯坦·史密斯的球拍上的男人就在那里打球。卫冕成功的唐·巴奇和潘乔·冈萨雷斯也在那里打球。罗德·拉沃尔偶尔会在那里练习。戴维斯杯团队的领导、俱乐部主要的运营者佩里·琼斯给斯坦·史密斯提供了适合的场地，介绍了队友，包括南加州大学网球队的队员，当时他们在那里训练。这是一支非常可怕的球队，未来的职业选手，如丹尼斯·罗尔斯顿、亚历克斯·奥尔梅多和拉斐尔·奥苏纳都在队里。

斯坦·史密斯15岁第一次参加正规的青少年网球赛时，注意到其他选手在面临巨大压力时变得沮丧和灰心，但他没有。"我从不畏惧。"他说。那一年他在加利福尼亚赢得了两场有分量的锦标赛。这不是仅凭斯坦·史密斯的运动精神和心理战术就能做到的。1964年，在密歇根州卡拉马祖全国青少年锦标赛上，斯坦·史密斯在第16轮拿下一个赛点。他以一个很弱的击球回应了对手强硬的首发球。随后对手强有力地截击打回，然而球落到了球网的上沿，没有过网，斯坦·史密斯因此赢得了比赛。随后，他又在四分之一决赛中幸存了下来，尽管在第3节时他不得不坐下来休息。最后，斯坦·史密斯进入决赛中，对阵名叫比利·哈瑞斯的强敌——他在青少年锦标赛中从未输过一场比赛。早在年初的一场红土锦标赛中，哈瑞斯曾以6∶0和6∶1的成绩碾压斯坦·史密斯。对斯坦·史密斯来说，幸运的是卡拉马祖球场被改成了硬地球场。哈瑞斯可能会在红土球场打败斯坦·史密斯，但在这种硬地球场上就没么容易了。最终，斯坦·史密斯赢了比赛，并成为冠军。

斯坦·史密斯拼命想去南加州大学读书，最终他获得了奖学金，在那里度过了4年。世界上优秀的职业选手，像罗德·拉沃尔、肯恩·罗斯维尔和罗伊·爱默生，都是从各个地方奖金只有几百美元的小型巡回锦标赛开始打起的，而斯坦·史密斯却在和全国最优秀的年轻选手对抗中不断完善自己，比如他未来在戴维斯杯中的队友、来自加州大学洛杉矶分校的查理斯·帕萨雷。斯坦·史密斯1968年毕业，这对于一个大学冠军来说是绝佳年份，因为这正是进入公开赛时代的年份，从这一年起，职业选手被允许以比赛谋生的同时可以参加戴维斯杯和其他4个大满贯锦标赛。斯坦·史密斯和鲍勃·鲁茨获得了这一年的美国公开赛的双打冠军，他俩平分了4200美元的奖金，这是他们在公开赛时代之前不可能获得的。这场胜利给了他种子基金，支持他度过了作为职业选手的第一个月。

斯坦·史密斯的好运才刚刚开始，尽管他在越南战争打得最激烈的时候辍学，但他直到1970年战争快打完时才应征入伍。接下来的1年里，他大部分时间在拜访医院、联系诊所，同时代表军队做着其他和网球相关的事。

斯坦·史密斯入伍前，唐纳德·戴尔把他选进了戴维斯杯的团队，这是一个包括阿瑟·阿什在内的空前强大的团队。斯坦·史密斯加入后，在第一次比赛中，他们大胜澳大利亚队。1969年，斯坦·史密斯赢得了作为职业选手的第一个锦标赛单打冠军。1970年，他赢得了另外三个冠军，包括在东京大师赛中战胜了32岁的老将罗德·拉沃尔。1971年，在温布尔登的决赛中，斯坦·史密斯和约翰·纽康姆在第5局的对阵中败下阵来，错过了他的第一个大满贯。但是两个月之后他打进了美国公开赛的决赛，并在森林山球场夺冠。在那儿，他遇到了捷克的高手扬·科德斯，他在决赛第四盘打败了扬·科德斯。在来年的温布尔登中，斯坦·史密斯经过5轮苦战，在决赛中战胜了纳斯塔斯，获得冠军。

斯坦·史密斯在职业生涯早期经历的唯一厄运——如果能称它为厄运的话，是他不得不经历网球公开赛时代早期的坎坷。没有固定的比赛日程，没有经过验证的标准化的选手排名系统，没人留意选手们的需求——通过转播把比赛放到电视上，鼓励更多投资，确保运动员获得适当的训练机会，并在他们三十几岁之前的职业生涯中得到足够的奖金。

选手们开始了非常艰难的长途跋涉，全年都在无休止地往返于世界各地参加比赛。

看看他们中最伟大的选手罗德·拉沃尔就能知道，1969年推广商给他的保证金是9万美元，加上奖金和别的费用，总金额达到了12.4万美元（差不多相当于今天的80万美元，但这包含了他所有的旅行费用）。再看看他在1969年取得的成绩，这个赛季他获得了第二个大满贯，并赢得了4场锦标赛的冠军。罗德·拉沃尔毫无争议地成为历史上最伟大的网球运动员。

来看看他这一年的行程：

参加新南威尔士州公开赛，去布里斯班参加澳大利亚公开赛，去奥克兰参加新西兰公开赛，去费城光谱球场参加室内公开赛，去佛罗里达州参加奥兰多和迈阿密的职业锦标赛。在南加州的家中待 5 天。之后，沿着海岸线去奥克兰、波特兰和西雅图参加小型职业锦标赛。去洛杉矶参加职业锦标赛。去夏威夷待 9 天，之后前往纽约参加麦迪逊花园球场公开赛。飞往约翰内斯堡，参加南非公开赛。在家里待几天，之后便前往阿纳海姆参加职业锦标赛。之后，飞往东京参加职业锦标赛。在家里待几天，之后去纽约参加麦迪逊花园球场职业锦标赛。前往伦敦参加英国广播公司电视台比赛，然后跨过英吉利海峡，参加阿姆斯特丹的职业锦标赛。到巴黎参加法国公开赛。飞往布里斯托，参加西英格兰公开赛。在伦敦住 3 个礼拜，然后参加女王俱乐部公开赛。在温布尔登待两周，之后前往波士顿参加美国职业锦标赛。回到家里待几天，之后又前往圣路易斯、宾厄姆顿、纽约、沃思堡市和巴尔的摩参加职业锦标赛。到纽约参加在森林山球场举行的大满贯。回到家中庆祝孩子的诞生，之后又前往洛杉矶参加西南太平洋公开赛。前往拉斯维加斯参加霍华德·休斯公开赛。在家里休息了几天，之后飞往欧洲，参加在科隆和汉堡举行的职业锦标赛。在家里只换了件衬衫，就再次前往欧洲（因为商务，在波士顿和纽约短暂停留），参加在巴塞罗那、伦敦、斯德哥尔摩、巴塞尔和马德里举行的锦标赛。一个赛季，259 天的行程，接近 20 万英里……

如果你想设计一套让人精疲力竭、伤痛缠身、全年几乎无休的体系的话，那么公开赛时代第一年的职业网球赛可能是最好的选择。1972 年 5 月，当罗德·拉沃尔和他的澳大利亚同事肯恩·罗斯维尔在世界网球冠军赛的决赛中摆好架势准备大干一场时，有大约 2130 万的观众在电视机前观看比赛，想知道到底谁能赢得这 10 万美元的头奖。罗德·拉沃尔和肯恩·罗斯维尔的这场比赛要比 NBA 和全美曲棍球联赛的季后赛更引人瞩目。

这是属于网球的胜利时刻——比赛把这项运动带入了繁荣时代。然而，丹麦人艾伦·海曼领导的国际草地网球联合会把它看成是一个巨大的威胁，而非福音。如果世界巡回锦标赛和它的权贵们成为这项运动的核心，墨尔本、巴黎、伦敦和森林山的网球将面临什么命运？对网球界的统治阶级来说，这是一场零和博弈。国际草地网球联合会需要找个方法来站住脚。

而这时就是斯坦·史密斯的厄运来临的时刻。

1973年6月，斯坦·史密斯在英格兰参加比赛，表现得十分出色，比之前的美国职业选手表现得更好。5个月内他赢得了11场锦标赛中的7场，毋庸置疑，是世界上最好的选手。他作为一个幸运儿，来到温布尔登捍卫自己的冠军宝座。随后，德里斯戴尔给他看了请愿书。这是个可怕的决定，但斯坦·史密斯知道他该做什么。

运动员们需要掌控自己的日程安排。他们意识到大满贯赛事占用了他们两周的时间，并且每年戴维斯杯的淘汰赛不得不穿插到其他世界锦标赛的间隙中去。但是他们希望在除此之外的日程安排上有话语权，并且可以支配自己的日常生活，甚至有决定权。没有人会为了去看意大利网球联合会的主席而为意大利网球公开赛的门票埋单，他们是为了运动员而去的。所以，难道运动员们不应该在去罗马之前就拥有锦标赛什么时候举办、奖金怎么分配、所有参与者所能得到的最起码的待遇的决定权吗？这些要求并不过分。

在选手们前往英格兰北部准备参加为温布尔登网球公开赛热身的女王俱乐部锦标赛时，唐纳德·戴尔和杰克·克拉玛也飞往了伦敦。唐纳德·戴尔是斯坦·史密斯、阿什等几个顶尖选手的代表。杰克·克拉玛则担任国际男子职业网球协会的总监。斯坦·史密斯全身心地投入比赛中，但他还是和唐纳德·戴尔保持着日常接触，每天跟进可能公开化的联合抵制。唐纳德·戴尔解释了自己的双重战略：他和国际男子网球协会已经代表皮里克在英国法院提起了诉讼，同时和国际草地网球联合会保持着开放性关系，寻求挽救锦标赛的机会。

然而，国际草地网球联合会的董事会并不打算让步。简而言之，他们不觉得有这个必要。英国法官迅速抛出了这个烫手山芋。所有的英国媒体都在嘲笑这些名不见经传的选手居然有勇气来挑战他们喜爱的锦标赛。媒体引导着公众舆论。国际草地网球联合会的掌权者在盯着国际男子网球协会，认为它充其量不过是一个松散的组织。海曼和其他董事会成员，比如来自澳大利亚的韦恩里德，相信关键时刻选手们会屈服，乖乖回去打比赛。随着僵局出现，大卫·赫尔曼遇到了巴德·柯林斯，这位资深的美国评论员在20世纪50年代曾是很有竞争力的业余选手。大卫·赫尔曼问巴德·柯林斯："我们是正确的，对吗？"巴德·柯林斯说道："不，你们不是。"他试图解释，大卫挥手作罢。巴德·柯林斯说大卫根本听不进去。

在更衣室里，皮里克的支持者们非常坚定地站在统一战线上。德里斯戴尔、阿什、肯恩·罗斯维尔、约翰·纽康姆、罗伊·爱默生和罗德·拉沃尔全都坚定不移地支持皮里克。随着时间的流逝，比赛临近，唐纳德·戴尔、克拉玛和赫尔曼及国际草地网球联合会的律师团在韦斯特伯里酒店进行谈判，看是否有转机，但结果并不理想。赫尔曼仍然坚信选手们不会真的拒绝比赛。如果锦标赛没有什么好担忧的，他就没有太多的积极性来谈这个协议了。斯坦·史密斯和唐纳德·戴尔不断地进行核实，他们也保持着怀疑态度。他们确信锦标赛的主办方没有愚蠢到在他们没有参与的情况下举办锦标赛。

比赛的前一天，唐纳德·戴尔向赫尔曼提出了建议。国际草地网球联合会取消了禁赛，并且允许皮里克参加温布尔登的公开赛。而皮里克出于对锦标赛和联合会的尊重,取消了他的抗议。所有选手可能会因为皮里克和保守的联合会而错过整场锦标赛,这让皮里克感到愧疚。有了这个协议,所有人就能挽回面子。这些球员拥有何时何地举行锦标赛的决定权,但皮里克必须离开,俱乐部不必因为认输而觉得尴尬。海曼告诉唐纳德·戴尔,这听起来像个好主意。随后唐纳德·戴尔在酒店里给皮里克打了个电话,告诉他这个建议,皮里克也接受了这个计划。然而,海曼又警告唐纳德·戴尔不要对此事抱有太大希望。唐纳德·戴尔跟斯坦·史密斯说国际草地网球联合会可能会食言。"这件事已不再只关乎皮里克了。"斯坦·史密斯说道。

第二天早上,唐纳德·戴尔打电话通知海曼,皮里克已经同意了。海曼结巴地跟唐纳德·戴尔解释说,他还需要和国际草地网球联合会的董事会讨论这项提议。唐纳德·戴尔知道这场交易算是完蛋了。事实上,这早就在唐纳德·戴尔的意料之中了,海曼从来就没有把这项提议递交给董事会,而是等着运动员们自己做出让步,好把这个计划扼杀在摇篮之中。晚上,斯坦·史密斯前往韦斯特伯里酒店会见唐纳德·戴尔和克拉玛。他坐在那儿,时间慢慢消逝,他不停地想这件事本应该能解决。"结果不应该如此。"他说道。

在开赛的那一天,选手们只有一个选择:离开。事实上,他们的确陆陆续续地离开了。斯坦·史密斯、阿什、罗德·拉沃尔、肯恩·罗斯维尔、罗伊·爱默生、约翰·纽康姆等排名前8的选手都收拾行李离开了。最终只有5位一流选手留了下来。英格兰的罗杰·泰勒迫于巨大的公众压力而开始打比赛。罗马尼亚的选手伊利耶·纳斯塔斯、捷克斯洛伐克的选手扬·科德斯和苏联的选手亚历克斯·梅特雷维里声称东方集团国家的政府要求他们一起对抗这场联合抵制运动。如果他们违抗命令,那么他们的职业生涯可能就到此结束了。一个名叫吉米·康纳斯的美国年轻选手——他后来以抓着他的档部诅咒他的对手和官员且两次控告国际男子职业网球协会而出名——在他的漂亮简历中增加了"拒不参加罢工"这一条。皮里克不相信那些职业选手,尤其是那些铁幕政权下的选手打比赛的借口,因为他曾经也在那样的环境中生活过。"他们打比赛是想要参加温布尔登网球公开赛,而且他们觉得这是他们的机会。"皮里克这样说道。

的确如此。大卫·赫尔曼和全英俱乐部组织了锦标赛。他们给所有能联系到的像样点的大学和业余选手打电话,像斯坦福大学的桑迪·梅耶尔,还有一大堆不知名的选手——比如美国人迪克·R.博恩施泰特、智利人平托·布拉沃(他本没有资格进入全英俱乐部)。"我想他们找了些曾被我打得落花流水的选手。"巴德·柯林斯说。尽管他自己也是个二流的业余选手,但他的话并非完全不对。

扬·科德斯将在决赛中对阵亚历克斯·梅特雷维里,两位"红土专家"从来没有如此接近过锦标赛的冠军奖杯,也有可能以后再也没有这样的机会了。扬·科德斯以 6∶1、9∶8、6∶3 的成绩胜出,他高高举起奖杯,非常激动。从此,他成了大满贯历史上"最荒谬"的冠军。而至于球迷,他们非常支持俱乐部(和国家),把球场围得水泄不通。

国际草地网球联合会和全英俱乐部的确举办了一场没有大人物参与的锦标赛,但他们的胜利是暂时的。球员稀缺的比赛把国际草地网球联合会和大满贯赛事的领导吓得够呛。网球大咖们不得不臣服,否则选手们会再次抵制——如果有必要的话。大满贯和戴维斯杯对于选手们的需求要远大于选手们对它们的需求。的确有成千上万的人买票观看人才殆尽的网球比赛,以此来表明自己的态度。但在其他地方并不会这么好运,没有电视台会为了这些三流选手而支付高额的转播费用。任何一个有大脑的体育界领导都知道电视媒体掌控着体育的命脉。电视台的钱只会和体育明星挂钩,而不是那些尘土飞扬的俱乐部。没有了体育明星、观众和投资,大满贯就如同一潭死水。他们只剩下一条路可以走:谈判。

温布尔登锦标赛之后的几周里,运动员和国际草地网球联合会一起修订了一系列的规则,以防止这样的抵制再次发生。皮里克的禁赛被解除了,他被允许参加美国公开赛,并且所有对他参加当年大满贯的威胁都消失了。选手们可以随时随地参加他们想要参加的锦标赛,而不用担心被惩罚。选手们也得到了由个人锦标赛和国际草地网球联合会的代表重新组建的国际男子职业网球协会中的 3 个席位,确保了他们在日程安排、工作条件等一切事情上都有话语权。此外,国际草地网球联合会也和拉马尔·亨特达成了一项关于全年赛事分配的协议。世界巡回锦标赛将支配全年的头 4 个月,而后来成为众所周知的"大奖赛"——一系列更为传统的锦标赛,其积分制度决定了当年剩余比赛的总奖金数。在有了一套每位运动员清晰的比赛日程安排和说明后,哥伦比亚广播公司和全国广播公司将长期致力于赛事转播。几乎在一夜之间,网球被彻底改变了。"它终于翻身了。"唐纳德·戴尔说道。

网球也开始蓬勃发展。用一个单一事件解释一个巨大的宏观现象是危险的。运动员获得自由和赢得重要地位给网球带来的变革,过去 50 年在体育界非常突出。尤其是在美国,美国在近 20 年里输出了大量的顶尖选手和资金,推动着体育运动向前发展。

可以为任何奖金而自由参赛的体制把网球变成了高赌注的、受人瞩目的体育项目,完美地宣传了网球自身。吉米·康纳斯在拉斯维加斯对阵罗德·拉沃尔和约翰·纽康姆的系列赛中的总奖金高达 35 万美元,并且这场比赛被宣传为"赢者通吃"。(实际上并不是赢者通吃,这让主办方惹上了司法麻烦,但这是另一回事。)这些都是取悦大众和在电视台宣传的极佳材料。1970年，在澳大利亚的肯恩·罗斯维尔和玛格丽特·考特赢得冠军的美国公开赛上，有12.3万名观众前往森林山的西区网球俱乐部观看了11场锦标赛。1978年，当美国的吉米·康纳斯和克里斯·埃弗特胜出时，有大约27.5万人在现场观看了法拉盛草地公园的国家网球中心进行的21场赛事，此外有超过1500万人观看了电视转播。有了这些数字，企业赞助商和电视台前赴后继地填补着美国和各地网球协会的金库，并且这些钱通过整套系统快速进入选手的腰包。1968年到1972年，在温布尔登联合抵制事件之前，美国公开赛的总奖金从10万美元上升到16万美元。到了1983年，这个数字已经达到了200万美元。据网球产业协会的不完全统计，1972年有大约2160万美国人在打网球，到了1975年飞涨到4090万。

新的关注几乎颠覆了关于网球的一切。看到了这个国家的人们对网球如此痴迷，且充满商机，生产商们纷纷前来投资这项运动。近一个世纪以来，网球拍都是由胶合板制成的。挥舞着这样的网球拍很多时候更像是在挥舞着棍棒，球击打在上面发出沉重的响声。在20世纪60年代，威尔逊尝试制作钢制球拍，使它用起来更像是弹簧，尤其是吉米·康纳斯所使用的T2000型网球拍变得非常流行。但真正的创新始于20世纪70年代中期，就在网球繁荣时期，铝制球拍开始出现。王子公司1970年开始制作网球机，更轻的材质出现后，该公司开始生产大号的面积为710平方厘米的网球拍，差不多是传统球拍的2倍大。这些大规模的革新释放了各个层次的网球选手，使他们击球的力量更大，奔跑速度更快，并且使比赛更具有运动性。20世纪80年代，更轻的石墨材料出现后，石墨球拍比大号的铝制球拍拥有更好的控制力，球速也因此被提高到了极致，这也要求网球运动员拥有世界级运动员的速度和马拉松运动员般的耐力。网球比赛从一番衰老残败的景象变成了激烈残酷的场面。

如今的网球冠军的形象和20世纪六七十年代的网球明星大不相同。他们比以前的网球明星平均高出15厘米,肌肉更发达,速度更快,力量更大,这样的体质甚至可以参加其他任何运动。但是他们根本不会参加其他运动,因为网球给予了他们成为富翁的机会,而别的运动不能。

如今世界上最有名、薪水最高的运动员名单上,像拉斐尔·纳达尔、罗杰·费德勒和诺瓦克·德约科维奇等网球巨星都排进了前20名。在皮里克事件之前这是难以想象的。而现在,要是能发掘肯恩·罗斯维尔和罗德·拉沃尔这样顶尖的职业选手,就像是可以和大咖讨论法国存在主义一样。只有很小的一部分人可以得此殊荣。

同样值得一提的是2013年收入最高的4位女性运动员都是网球选手——玛利亚·莎拉波娃、李娜、瑟瑞娜·威廉姆斯和卡洛琳·沃兹尼亚奇。2013年她们每人的收入都在1300万到2700万美元之间。然而,她们可能要更加感激奠基人比利·简·金而非皮里克。

当然,温布尔登联合抵制事件留下的另一个"遗产"远远超出了这个乡村俱乐部开展的运动。这场运动第一次标志着众多顶尖运动员大罢工的关键时刻。棒球运动员在1972年的赛季中全面罢工,但是他们并没有退出世界职业棒球大赛。温布尔登联合抵制事件是真正意义上的成功。值得记住的是,运动员都密切关注此事。他们阅读着体育板块,尤其关注里面的体育政治。他们要比那些公司大佬和联盟领导更早明白适用于一项体育运动的东西对于他们的运动项目可能也是适用的。这些网球选手在温布尔登联合抵制事件中给其他体育运动员上了特别的一课:要为了你信仰的东西站起来,尽管在短期内可能会有物质损失,但是会得到长期的回报——可能不是为了你自己,而是为了支持你的人。当然,这里有很大的风险。人生是充满风险的,尤其是对于这一代尝试着想要掌控自己命运的运动员来说。但是,最终成功所带来的利益要远大于那座放在展示台上的奖杯。

在错过了温布尔登赛事之后，斯坦·史密斯在美国公开赛的半决赛中心烦意乱。他在 1974 年重返温布尔登，很受欢迎，但并不是最受欢迎的。他在半决赛中连着两局输给了肯恩·罗斯维尔。在第三节拿到赛点，但是没抓住机会，肯恩·罗斯维尔赢得了该节，并一路领先。

"那是我拿下比赛的最后的好时机。"斯坦·史密斯遗憾地说道。从此，他再也没有赢得任何一场大满贯。

他的故事也算有一个不错的结局。

1971 年，运动鞋生产商阿迪达斯以斯坦·史密斯的名字命名了它们的一款网球鞋。阿迪达斯想打入美国市场，斯坦·史密斯成了最好的人选，他穿着由优耐陆制造的网球鞋进行宣传。阿迪达斯也为法国网球选手罗伯特·海赖特设计了一双皮质网球鞋。这是一双简单优雅、两侧有阿迪达斯针孔条纹的运动鞋。公司在美国以海赖特的名字命名了这双鞋，但是没人知道海赖特是谁，所以这双鞋并没有因此非常畅销。

在听取了唐纳德·戴尔的建议后，斯坦·史密斯和阿迪达斯达成协议。在之后的 3 年里，阿迪达斯可以同时把斯坦·史密斯和海赖特的名字印在球鞋上。之后，海赖特的名字渐渐消失，最终只剩下斯坦·史密斯这一款球鞋。其他网球选手也都有以他们的名字命名的球衣和球裤，但是几乎没有人的名字再被印到球鞋上。皮里克事件之后，网球不断繁荣，拥有一双斯坦·史密斯网球鞋变得和穿一件带有鳄鱼标志的 POLO 衫一样普遍——它是一个时代的里程碑，标志着一种休闲和精致的风格——尽管鞋子本身很快失去了它的技术优势。

在 40 多年后，阿迪达斯的斯坦·史密斯系列网球鞋依然是销量最好的网球鞋，总销量超过了 4000 万双。斯坦·史密斯也从每双鞋中拿取了版权费，积累了一小笔财富。"经常有人碰到我，跟我说：'我从来没想过你是真实的,我一直以为这只是一双鞋子的名字。'"斯坦·史密斯说道。"网球之神"斯坦·史密斯终于找到了一个方式补偿了自己错过1973年的温布尔登锦标赛的损失。

第五章

名叫"鲇鱼"的农夫

chapter
five

高中最后一个棒球赛季的数月之前，詹姆斯·奥古斯塔斯·亨特决定打一天猎。这是20世纪60年代早期南部的乡村孩子习以为常并流传至今的消遣活动。然而，这一天并不顺利。

亨特的家乡在赫特福德，赫特福德位于北卡罗来纳州东北角，往南50英里便是维吉尼亚州的诺福克。这天，亨特与弟弟彼特来到郊外。当彼特瞄准目标时，他的步枪不慎偏移，铅弹射掉了亨特右脚的一个脚趾。

亨特是一位优秀的高中棒球投手，他在4个月前刚开始参加非常重要的毕业赛季。他的父亲是一个佃户，家里条件并不好。如果亨特被大联盟棒球球队签约，他所获得的奖金比整个家庭10年的收入还要多。而作为一名右手投手，亨特通常会依赖右脚和右腿来发力。然而此时他受伤了，真是太糟糕了。他没有误伤自己，但是他弟弟这么干了。

当亨特伤势痊愈并开始积极备战下一赛季时，他意识到这场不测之祸也许会带来意想不到的收益，尽管他几乎已成"瑕疵商品"。此时，他投球的姿势变得与众不同，而伤势又并未影响到投球速度。来自北卡罗来纳州的为堪萨斯城运动家队工作的球探克莱德·克鲁茨观看了亨特在高中毕业赛季的全部比赛之后，便设法使他的球队成员相信，亨特的胳膊仍然非常有力。他认为，像亨特这样优秀的运动员，即使只有九个脚趾，依然能在投球时表现不俗，甚至优于肢体健全的大多数人。

克鲁茨的眼光是正确的。作为一个典型的快速投手，亨特可以很容易地用不同的球速投出好球。1964年，他高中毕业后与堪萨斯城运动家队签约，1965年5月在职业棒球大联盟比赛中崭露头角，当时他只有19岁。1968年5月8日，亨特在一场比赛中表现非常完美。他在1971年至1975年赢得了至少21场比赛。1972年至1974年，奥特兰运动家队（1968年堪萨斯城运动家队迁入奥克兰，改名为奥特兰运动家队）获得了三连胜，亨特则是球队的核心队员。在此期间，他颠覆了整个体育行业的薪资结构，从而为每个棒球运动员甚至其他团队运动员提供了比哈佛商学院所呈现的更为精彩的有关自由市场经济的案例。

这个案例便是：在劳动经济体系下，薪酬最高的人能引领整个市场。若是他的薪酬上涨，那么所有人的薪酬也会随之上涨。对于所有的棒球运动员以及其他团队运动员而言，这个名叫亨特的男孩是最伟大的投手，也是最鲜活的教材。

1965年7月27日，亨特在堪萨斯城运动家队赢得了他的首场比赛，在芬威球场以10∶8的成绩幸运地战胜波士顿红袜队。亨特投出5局、7次安打、5次跑垒，包括第3局的一次全垒打。

这个开端并不壮观，但亨特却获得了进入1965年联赛的良机，他的职业生涯与大联盟球员协会紧密联系在了一起。就在亨特脱颖而出的时候，几位远见卓识的资深前辈，包括吉姆·邦宁和罗宾·罗伯茨，察觉到他们的协会存在着严重问题。其中，担任首席代表的罗伯特·坎农是从威斯康星州法院的日常事务中抽身出来管理球员协会的；而作为大联盟球员协会兼职律师的坎农也有其他的问题，比如当老板的跟班想成为下一任的理事长。他优先考虑的事情就是如何维系良好的劳资关系。罗伯特与邦宁成立了选拔委员会，寻找一位可以全职工作的理事长，来为球员争取利益，并密切关注养老金与福利方案——这些福利方案是在战后由球队老板们设计的，但在1965年出现了严重的资金问题。事实上，委员会曾试图将此项工作交给坎农，但坎农拒绝了，他认为这可能大幅度减少他担任法官所获得的养老金收入。

坎农推辞后，委员会将目标转向了马文·米勒，这是一位供职于美国钢铁工人协会的资深经济学家，同时也是终身热衷于棒球的球迷。选择马文·米勒去领导一支棒球队是奇怪的。20世纪60年代中期，大部分棒球运动员都来自乡间，天性保守，未曾受过良好的教育。他们对这个国家的劳工运动非常质疑，多年来不愿意将大联盟球员协会当成工会。工会通常是劳工与工匠的组织，而球员则是职业人士，可以在竞争最激烈的比赛里大显身手，他们不需要依赖社会主义的形式存活，也不需要"人人为我，我为人人"的工会来为他们争取尊严与地位。他们本身就是一个令多数人艳羡的群体，周游各地，在比赛中获取收益，时常受到女人的青睐。在冬天休赛期，他们回到家乡，迫于生计从事木匠、油漆匠和搬运工的工作。春训期来临后，他们很快又能回到那种光鲜的生活里。这种生活与艰苦枯燥的钢铁工人的生活大相径庭——然而，犹太籍的绅士马文·米勒在过去的16年中都在竭力提高钢铁工人的生活质量。

其实，只要仔细分析，普通球员的生活状况与普通的钢铁工人并没有太大差异。马文·米勒甚至有理有据地说钢铁工人在工作稳定性与劳资关系上比普通球员还略胜一筹。他知道事实不应如此，并且他认为大联盟的球员应该意识到这点。

马文·米勒时常留着纤细的胡须，一头斑白的头发自前往后梳得很平整。他曾获得了纽约大学的经济学学位，在为美国钢铁工人协会工作之前曾为全国战时劳工委员会、国际机械师协会和全美汽车工人联合会工作过。他曾患有欧勃氏麻痹，这种病使得他的右臂残疾，并且手肘以相对畸形的角度扭曲。他身材瘦小，仅有1.7米高，与大联盟球队的球员们有着天壤之别。

钢铁工人协会的同事们曾告诉马文·米勒，为这些棒球运动员工作是个疯狂的决定。这个球员工会已接近破产，力量微薄，成员分散在全国各地，几乎无法组织起来。但马文·米勒并不这么认为。钢铁工人协会有大约25万名成员，而大联盟球员协会却只有500名成员。马文·米勒知道，一旦采取合适的方式，他将可以结识每一位成员，并与他们单独交谈，了解他们的需求与关注点。对于马文·米勒而言，这项工作很有吸引力，并且给了他一个机会，他可以近距离地与这些具有特殊天赋的人打交道，让他们知道自己受到了不公平待遇。

每个赛季所有的球员都会去纽约3次，与当地的俱乐部进行22场比赛，马文·米勒会邀请他们去自己位于曼哈顿的办公室里坐坐。"我们随便谈谈。"他会这样说。马文·米勒试图面对面地告诉他们当前的现状与他的想法。有时只是谈私事，有时则是谈公事，例如有关谈判的一些质疑。但如果没有任何相关的话题，而球员只是想来闲聊，马文·米勒也会很热情地招待他们。"我了解了每个球员，且不只是闲扯。"他说道。

马文·米勒是在1966年的春训期开始与球员们见面的，他总是以舒缓柔和的语气与他们谈话，并站在球员的立场上去关心他们的现状，这是球员们从未遇见过的。过去他们总是被当作大孩子来对待——幸运的不必长大的孩子。但马文·米勒却是以一种对待成熟男人甚至业务人士的方式来与他们对话，请他们认真仔细地思考自己在所热爱的运动赛事中的地位，去设想自己能与雇主进行平等谈判的场景。

马文·米勒设法让球员相信工会的存在并不只是服务于工厂的工人。就像明星贝特·戴维斯，他因为演员工会的力量而使自己的事业蒸蒸日上，而克拉克·盖博、罗纳德·里根等人也同样如此。假设没有工会，管理阶层可以拒绝雇用任何红头发的人（美国棒球球探迷信地认为红头发的人不会成为优秀球员），或者他们可以解雇所有发型不符合潮流的球员。他之前也和年轻工人进行过这些谈话。当然，工人工会与球员工会存在着巨大差异，工人们并不穿防滑钉与球袜工作。但本质上，这两个群体都属于同一类人。保守的工人们也对1950年早期的劳工运动深表怀疑，他们对工会的历史一无所知，也不知道如何从中获益。马文·米勒曾询问过钢铁工人，在工会成立之前他们有多少带薪假日，他们告诉他有6个，但事实却是一个也没有。他曾查阅过工人的每一项福利，例如洗浴补助、周末加班，他能肯定，在菲利普·默里和约翰·L.刘易斯建立钢铁工业体系之前，这些福利并不存在。回到棒球方面，他要求棒球老板们提供良好的工作环境，比如空气清新的球员休息室和供应热水的更衣室。在结束夜场比赛之后，球员并不喜欢奔波到其他城市，紧接着开始第二天的比赛。但如果将这种"背靠背"比赛安排在白天，则可以使他们更好地休息，随之带来更为精彩的表演。这样的要求看似并不过分。

马文·米勒一接管工会，棒球老板们就开始试图削弱他的影响力。自1960年开始，这些老板从全明星赛中获得的电视收入中拨出15万美元资助球员工会。仲夏季的这一经典赛事毕竟是球员的节日，他们并未从中获取额外报酬。因此，一些资金流向是合理的。

然而在1966年的夏天，马文·米勒收到了主席威廉·埃克特的来信，获悉这些棒球老板将不再向球队提供资金援助。埃克特与他的亲信们用了一个措辞拙劣的借口：这项资助违背了联邦劳工法。此时，球员工会的账户上仅有6000美元，而更为糟糕的是，这一年的赛季即将结束。马文·米勒与工会执行委员会试图劝说球员们捐出他们的部分工资帮助工会渡过难关。但是在接下来的6个月中，这笔款项并没有及时到账，资金变得更为紧张。每个球员的平均工资是1.4万美元，其中许多人勉强度日。而这个工会还配有主席、法律顾问以及位于曼哈顿市中心的固定办公室，这些都需要钱，他们很快将无力独立运作这个工会。

马文·米勒不得不迅速采取措施，否则工会即将破产。他意识到这些球员的肖像可能存在一些商业价值，或许他可以将其"变现"，就像马克·麦考马克将阿诺德·帕尔默变成移动的"商业机器"那样。在纽约洋基队的前任后勤助理的协助下，马文·米勒与可口可乐公司取得了联系，并达成了一项协议，允许可口可乐公司将球员的肖像印在瓶盖底部。这项为期2年的协议带来了每年6万美元的收益，足以维持工会的正常运营。

随后，马文·米勒又与Topps公司合作，这是一家出售泡泡糖与棒球球星卡的公司。Topps在体育史上有着极为成功的生财之道——在小联盟比赛中搜寻最有前途的球员，并与他们签约。一旦这些球员进入大联盟参加比赛，合约即刻生效，并持续5年，每年付给他们每个人125美元，将其肖像印在球星卡上。如果球员下放到小联盟参加比赛，那么这项支出将会取消，5年的合约也随之解除。Topps每年大约投入6万美元以获取球员的肖像权，而制作卡片的成本很低，收获的却是上百万的利润。

马文·米勒与Topps公司的总裁乔尔·绍林取得了联系，邀请他前往大联盟球员协会的办公室进行会面。绍林告诉马文·米勒，Topps公司与棒球之间的关系始于1952年。随后，马文·米勒便说绍林占了这些球员的便宜。"我想洽谈另一项协议。"马文·米勒说。他提议球员可以从销售球星卡所取得的利润中收取一定额度的版税，这样他们可以成为 Topps 公司的合作伙伴。绍林回应说马文·米勒的这项提议很有趣，但他并不认为有必要改动原有的协议。"我不认为你有谈判的筹码。"绍林说道。于是马文·米勒结束了这次会谈。第二天，他便开始呼吁球员停止与 Topps 公司续签合同。他告诉球员们这项战役将会持续数年，因为每位球员的合同时长不同，每个赛季仅有约 100 名球员续约。这必然会带来一定的问题，或许有些资历深的球员还没等到战役胜利的那天就已退役。

第二年春季，依旧有部分球员与 Topps 续签了合同，但更多的人则选择拒绝。绍林开始面临难题，他与马文·米勒通了电话，说他想进行谈判。"现在我看到你的筹码了。"绍林对马文·米勒说。随后，双方敲定了一项协议，如果球星卡的销量达到 400 万，每个球员将从中获得 8% 的红利；如果超过 400 万，每个球员将获得 250 美元以及 10% 的红利。从此，大联盟球员协会将无须为资金担忧了。

资金问题解决以后，马文·米勒将注意力转移到其他更重要的任务上去——协商联赛的第一个集体谈判协议。在球员对于雇佣关系的一长串投诉中，有两项尤为醒目：

第一项是保留条款。在长达一个世纪的棒球比赛中，球员要终身效力于签约的第一支球队。或者从 1965 年开始，一旦球员在业余选秀中被选中，随后要与球队签订为期一年的合约，然后每个赛季结束时重新洽谈合约。但如果双方无法达成一致，球队按照合约依旧可以与球员续约一年。球队经常解释说这意味着合同将可以年复一年地执行。因此，合同到期后球队可以选择续约一年，下一年照样如此。球员没有费心去考虑是否有其他司法解释，因为他们的老板说没有。

这项规则没有给球员留下协商的余地,而球队却拥有续签合同以及给球员加薪或减薪的权利,减薪的幅度甚至可以高达25%。拉尔夫·金纳在1952年就遭到了这样的待遇,他在全国联赛中连续7年获得了全垒打第1名,而他的球队匹兹堡海盗队却垫底了。赛季结束后,布兰奇·瑞基——这位传奇的球队经理告知拉尔夫·金纳,球队决定将他的工资降低25%,这是当时允许减薪的最大幅度。拉尔夫·金纳表示抗议,声明他在联赛中表现出众,并且获得了全垒打第1名。"有没有你我们都是最后一名。"瑞奇告诉他。

如果一个球员不满意球队的报价,他可以拒绝参与比赛。如果一个球队对球员提出的要求不予理会——事实上球队也毫无理由进行让步,球员则只能选择妥协或者退役,因为不会再有其他的职业大联盟球队可以让他效力。这是一项病态的规则,它阻碍了球员的职业发展,抑制了竞争,并且降低了球员的工资水平。但这一切是合法的。1922年最高法院法官奥利弗·温德尔·福尔摩斯早已做出裁决,这项运动的核心业务是"予以展现棒球这项纯粹的举国赛事",因而不适用于联邦反托拉斯法。对于马文·米勒而言,这项保留条款如同给球员戴上了枷锁。

马文·米勒想要解决的第二项事宜是球员的申诉程序。申诉程序在一定程度上是存在的。工会理事长、大联盟主席以及俱乐部制定了这些规则,如果有球员违规并遭到俱乐部或者联赛办公室的处罚,他可以向大联盟主席提出申诉,由大联盟主席来负责解释处罚条款。但是,大联盟主席又是为俱乐部老板们工作的,这些老板有权雇用或者解雇球员,以及设定球员薪水。因此,他们的立场并不公正,他们也没有理由去为球员着想,并且他们通常也很少这样做。

马文·米勒不得不想方设法来改善这两项规则,他认识到改善其中的一项将会带动另一项,但这样的变化并不会在一夜之间发生。事实上,当球员第一次签订了马文·米勒在 1968 年为他们争取到的协议之后,一切毫无起色。这项长达 24 页的协议看似更像一本宣传册,而不是一份劳工协议,并且在很大程度上也只是整合了现有的工作条例、日程、赛季后酬劳以及养老金计划等内容。俱乐部老板们不能再削减 20% 以上的劳工薪酬,取代了从前的 25%,但是保留条款依然存在。即使俱乐部老板们成立联合委员会来商讨调整协议的内容,但大联盟主席依旧是申诉程序的最终仲裁者。

俱乐部老板们宣布他们胜利了,并采取了一定的策略。但他们几乎不知道,马文·米勒和工会已悄无声息地将俱乐部老板们卷进了一场游戏之中。对于俱乐部而言,这样的谈判只是一场跳棋比赛,简单并能速战速决。而对于马文·米勒而言,了解这些劳资谈判就像是旷日持久的象棋比赛,将持续整个集体谈判周期。他们需要事先规划出两三份协议,没有哪家工会可以在第一份协议中就一步到位。第一份协议仅是个基础,作为今后在协商和谈判时敲击管理层的工具,而不是一块长久矗立的石碑。如果工会不能及时废除保留条款,至少他们得让俱乐部老板们知道这个事情,并且成立委员会去研究可能出现的相关问题。马文·米勒知道,这样的委员会或许不会重视球员对于制度的申诉。如果俱乐部老板们拒绝让步,则证明他们将球员看成没有自由、不值得尊重的私有财产,这将成为号召球员抗争的证据。

对于申诉程序,马文·米勒也有着另一番打算。在双方签订协议之后不久,马文·米勒就跟新的大联盟理事长鲍伊·库恩说,作为中立仲裁员,拿俱乐部老板的薪水,这很荒谬。鲍伊·库恩对这个批判表示反感,他自视为德高望重的元老,承担着保证比赛公正性的责任。

一次午餐时间,马文·米勒在曼哈顿市中心的街道上偶遇了鲍伊·库恩。在交谈中,鲍伊·库恩向马文·米勒抱怨那些有关于他的不公正的批判。鲍伊·库恩说他的使命在于争取"棒球的最佳利益",不管它到底是什么。马文·米勒说他这是在说大话,并且他可以做证。鲍伊·库恩问他怎么证实,马文·米勒说他会将那些申诉材料堆积在鲍伊·库恩的办公桌上,其高度足以挡住他的视线,如果鲍伊·库恩代表俱乐部老板们进行裁决,则证明马文·米勒的观点是正确的。

毫无意外,1972年再次签订的集体协议中要求中立仲裁员来解决球员工资与合约纠纷。此时保留条款依旧存在,但是新的协议里也包含了自初始协议起就存在的一项条款——一旦俱乐部违约,球员将可以成为自由球员。在第7(A)条中,允许俱乐部有10天的时间来处理和修正违约行为。如果俱乐部没有做到,球员则可以和其他球队签订新的合约。这是劳工协议中最不可能引起争议的条款,因为没有人对此过多关注,俱乐部几乎从不违约。这项条款看起来完全公正无害,直到有一天事情发生变化。

"鲇鱼"亨特内心深处是个农夫。自童年起,亨特的父亲就是农夫,同样地,亨特与兄弟姐妹们整日在赫特福德的农场里劳作。这是他在休赛期的工作,也是他一旦不能再投出时速95英里的球之后所要回归的职业。

20世纪70年代初,亨特帮助奥克兰运动家队建立了一个强大的王朝。1972年,亨特亮出了2.04的投手防御率。此时,运动家队在奥克兰第一次获得了世界联赛的冠军,这也是该球队自1930年以来第一次夺冠。当时这支球队由传奇般的球队老板兼经理康尼·马克带领。1972年,他们在世界联赛中对抗红人队,一共7场比赛,一次表现将决定其中6场的胜负。亨特一共在3场中担任了投手,赢了其中的2场,包括第7场比赛,而他中间只休息了一天。在第二年对抗纽约大都会的比赛中,奥克兰运动家队以3∶2的成绩落后,面临淘汰,亨特在第6场中没有失分，将比赛拖入第 7 局。他们甚至有机会赢得该比赛的第 7 局。从 1971 年到 1973 年，亨特每年都赢得了 21 场比赛，1974 年更是赢得了 25 场比赛。

1974 年冬天，亨特毫无悬念地成为最佳球队中的最佳投手，这是个不容忽视的成就。他的队友包括维达·布鲁、肯·霍兹曼、罗利·芬格斯三位明星。亨特带领着奥克兰运动家队的投手们（他偶尔在机场扮演联邦调查局的探员，去盘问那些不认识他的陌生人）充满激情地跟外野手雷吉·杰克逊带领的球队对抗，他罕见地将力量与速度结合为一体，成为当时最伟大的球员之一。雷吉·杰克逊拥有来自乡村的亨特所不能拥有的一切。雷吉·杰克逊是混血儿，在亚利桑那州立大学时便崭露头角，他渴望成为公众人物，渴望成为自己所属的球队和大联盟的代表，也想成为工会中最激进的成员。1972 年春训期间，他以一番脏话连篇的言辞来催促工会成员站出来与俱乐部老板们抗争，并带领运动员进行首次罢工。与雷吉·杰克逊截然不同的是，亨特从来不生事端，因此，在他们同时协商 1974 年赛季的合同时，奥克兰运动家队的老板查尔斯·O. 芬利愿意去满足亨特的要求。

亨特告诉查尔斯·O. 芬利他想要一个两年的合同，并可以支付他 10 万美元作为 1974 年和 1975 年的酬劳。这个金额还不及一个棒球运动员一年薪水的一半——迪克·艾伦每年能从芝加哥白袜队获得 25 万美元的薪酬。亨特不是以金钱衡量价值的那一类人，也不愿就报酬问题锱铢必较。亨特和查尔斯·O. 芬利进行了一系列友善的交谈，讨论这份协议的大致内容。然而，这场谈判对于奥克兰运动家队而言是荒唐的。在今天这个时代，与亨特实力相当的球员可以轻轻松松地获得价值 1.25 亿美元的为期 5 年的合同。而当年，亨特只是想为自己的家庭多存一些钱，以便在数年后他退休回归农场时，有个舒适的栖身之所。

当关于报酬的事达成一致以后，亨特告诉查尔斯·O. 芬利，他希望可以将部分薪水递延发放，这样他可以节约税款，为家庭多提供些保障。"可以，你要多少？"查尔斯·O. 芬利问道。亨特说还不确定，他需要回到北卡罗来纳州去咨询他的律师。他向老板承诺很快就会给予答复。问题似乎就此解决了。

查尔斯·O. 芬利难得这么慷慨。在这些贪婪、吝啬、滥用职权不遗余力地榨取球员价值的球队老板里面，查尔斯·O. 芬利以最为贪婪、吝啬、刁钻而著称。1974 年，查尔斯·O. 芬利成了团队组织和理事长鲍伊·库恩的眼中钉。查尔斯·O. 芬利则喜欢将鲍伊·库恩称为"乡村白痴"。

查尔斯·O. 芬利时常戴着大花格的软呢帽，穿着鲜艳的运动夹克，并不遵循那些棒球队的传统。如公众所知，他在 1960 年购买了堪萨斯城运动家队。他曾试图将外场的围栏移动到距离本垒 296 英寸处，以能出现更多的本垒打——尽管规则要求外场围栏距离本垒最少要有 325 英寸。他将驴作为球队的吉祥物，并且肆意地装饰在球场的周围。他将球队的制服颜色改成了绿色和黄色，这种前卫的改造备受嘲讽，因为当时几乎所有球员都穿着蓝色、白色、红色或者马路灰的制服。他也简化了球队的名称，并且主张给所有的明星球员取个醒目的绰号，他认为这是一种很好的市场营销手段。因此，亨特变成了"鲇鱼"，并非因为他吃过或钓过的鲇鱼比任何人多，而只是查尔斯·O. 芬利喜欢这个绰号。约翰尼·奥多姆则以他童年时的绰号"蓝月亮"闻名。查尔斯·O. 芬利试图将"真相"这个绰号安在投手维达·布鲁的头上，但遭到了布鲁的拒绝，他要求使用他的真实姓名。1967 年，查尔斯·O. 芬利暂停了投手小刘易斯·克劳斯的比赛，理由是他在航班上有过粗鲁行为。查尔斯·O. 芬利还解雇了就停赛处分有所异议的经理阿尔文·达克。当时运动家队的最佳球员肯·哈勒尔森指责查尔斯·O. 芬利是棒球界的祸害，因此查尔斯·O.芬利也将他解雇了。肯·哈勒尔森后来与波士顿红袜队签约，并且带领他们获得了联赛冠军。

查尔斯·O.芬利在1968年将运动家队搬至奥克兰，为了获得加利福尼亚北部的这片领地，他放弃了享有20年垄断权的中西部地区。值得称道的是，查尔斯·O.芬利改进了侦探球员和发展球员的方式，他储备了一些崭露头角的球员，觉得他们将会在20世纪70年代初期称霸体育界，成为明星。当时查尔斯·O.芬利手里有两个联赛的冠军，还有一位只求保障舒适生活的明星投手，他看起来非常乐意满足亨特延迟发放部分薪水的要求。

正如亨特承诺的那样，在1974年1月23日，他的律师J.卡尔顿·彻利（来自加利福尼亚州阿霍斯基的彻利公司）给查尔斯·O.芬利写信，正式请求在合同中加入递延补偿的条款，并解释说他们还未想好实施的方法。彻利告诉查尔斯·O.芬利，亨特有可能希望每年延迟发放5万美元。

收到这封信函之后，查尔斯·O.芬利从芝加哥（中西部地区是他的业务基地）给彻利打了电话，告诉他可以着手起草一份特殊协议。随后彻利便草拟了条款，声明运动家队将"在合同期限内，每年向亨特指定的任何个人、公司或机构支付5万美元"。

之后，彻利将这份协议的副本装在一个牛皮纸信封里交给亨特，并告知他在2月第三个星期的春训期间交给查尔斯·O.芬利。信封里装有一封信，要求查尔斯·O.芬利在合同上签字并返给彻利，还有一份杰弗逊标准人寿保险公司的年金政策。2月15日，查尔斯·O.芬利寄信给彻利，表示他将遵守这份协议。

2月20日，亨特将这个信封交给运动家队的旅行经理吉姆·班克。4天之后，查尔斯·O.芬利致电彻利，告知他已收到合同以及这份特殊协议，但他对其中的一条有所反对：他不愿意亨特在任何时候都能收到这5万美元。相反，他会在赛季期间支付这笔款项，而这笔钱也许会打到其他账户上。彻利对此无异议，他告诉查尔斯·O. 芬利只须将这一条加进协议草案中。查尔斯·O. 芬利照做了，并签订了这份特殊协议，然后寄给彻利。

与此同时，作为一名认真并思虑周全的律师，彻利也忙于和美国国税局商讨延递薪酬和年金政策。他想获得国税局的许可，允许亨特不必缴纳这笔税款，至少不在他赚取收入的这段时间内。6月25日，彻利向国税局发出正式申请，并且交给亨特两份修改过的关于延递薪酬条款的副本。他让亨特将这些都出示给查尔斯·O. 芬利，若有问题的话，让查尔斯·O. 芬利与他联系。亨特带着这个装有年金政策并且封面上写有查尔斯·O. 芬利在芝加哥的地址的信封，将它投入了训练室外一个对外的邮箱里。

20天后，彻利得到了国税局的许可，只要将这笔收入付给其他受益人，亨特就不必缴纳税款。这项许可要求运动家队作为买方和受益人，然后由他们支付给亨特或者其他亨特指定的收款人。彻利认为没有问题，因为他与查尔斯·O. 芬利曾对那份特殊协议达成一致，其中提及亨特可以自行决定这笔钱如何发放。7月中旬，彻利交给亨特另一份申请保险年金的协议副本和一项修订过的年金投资协议，其中也指定了延迟发放薪酬的收款方。

8月1日，亨特终于在芝加哥的酒店房间里和查尔斯·O. 芬利会面了，交给了他这几份文件。查尔斯·O. 芬利看了保险年金的申请，但对此并不满意。这项申请要求查尔斯·O. 芬利以及运动家队每年将5万美元转到一个单独的账户上，并且将这笔钱投进保险：一半作为固定利率的年金，另一半作为浮动利率的年金。查尔斯·O. 芬利开始有意拖延，他表示需要与律师就此事项进行交谈，但在之后长达三四周的时间里他并未对此上心。"我们总是错过见面的机会。"他随后解释说。

一周之后，彻利仍然没有收到任何签订的文件。8月8日，亨特担任投手，以10:2的成绩战胜了德州游骑兵队。他赢得了比赛，将自己的记录推进至16:9，并将他的投手责任得分率降低至2.94。就在同一天，彻利给查尔斯·O.芬利写了一封信，询问协议以及年金申请的审批情况。他解释说他迫不及待地希望达成协议。数天之后，查尔斯·O.芬利终于联系了彻利，他解释说他正在经历所谓的"家庭婚姻危机"，由于他的妻子是球队的秘书，因此在这个时期让她在文件上签字比较尴尬。彻利认为这纯粹是借口。8月22日，他给查尔斯·O.芬利写信，要求他在文件上签字。如果此时要求他的妻子签字仍然是件为难的事，那么让球队的财务主管来签字也是一样的。"好主意，"查尔斯·O.芬利回答他，"财务主管会处理此事。"

9月4日，查尔斯·O.芬利给彻利带来一个坏消息：他的税务律师和其他合伙人非常不希望他签订这份协议，虽然他也并不想这样。他之前以为这份协议与他和雷吉·杰克逊曾签订的协议相似。查尔斯·O.芬利曾同意支付给雷吉·杰克逊7.5万美元作为1973年的薪酬，但雷吉·杰克逊只收到3.5万美元，剩余的金额将在他退休后2年内发放给他。这个安排或许对雷吉·杰克逊有益，因为这将会使他少缴一些税。对于查尔斯·O.芬利而言，这同样有益，因为他可以随意挪用这笔钱，直到雷吉·杰克逊要求支付给他。在与亨特的这份协议中，他却不能随意将这笔钱用于别处。他也无法将购买保险年金的这5万美元作为营业支出，因为运动家队是保险的买方和受益人。而且，如果就此开启先例，其他的球员都要求做类似的安排，那将会发生什么？他又该如何告诉他们？这样的话运动家队又怎能担负起这项投资？表面上看查尔斯·O.芬利并没有拒绝签订这份协议，但从他的话中可以听出他打算这样做。

第二天，亨特站在投手区里，开始了他的第35个赛季。在此之前，他基本上只获得一半的酬劳，因为查尔斯·O.芬利尚未就他所承诺过的付给亨特另一半薪水的事达成协议。亨特以3∶0的战绩将德州游骑兵队击败，仅仅4次安打，他将记录推至22∶10。他的投手责任得分率降低至2.64。在这个即将成为史诗般的赛季里，亨特毋庸置疑成了最佳投手。

同一天，彻利又给查尔斯·O.芬利写了另一封信，他告诉查尔斯·O.芬利，处理与其他球员的关系以及承担税收责任都是他自己的问题。他要求查尔斯·O.芬利签订杰弗逊标准人寿保险公司的协议，并且将延递薪酬支付给亨特。

又过去了10天，亨特再次赢得了一场比赛，同时也输掉了一场。在输掉的那场比赛里，他仅落后了3个投手失分，而运动家队也罕见地在防御上表现出疲软状态。亨特将投手责任得分率降低至2.58。

9月15日，查尔斯·O.芬利在与彻利的通话中说自己并没有签订这份协议。彻利要求他以书面形式给予解释，但查尔斯·O.芬利拒绝了。他告诉彻利，即使他愿意，但他已经将这份协议弄丢了。彻利说他将会想尽一切办法来达成这份协议，查尔斯·O.芬利则回答说，你尽管去试吧。

在这一系列荒谬的事件里，棒球老板们为维护权威，试图对新生代反传统的球员采取欺压手段。面对雇主拒绝为客户履行合同，彻利采取了明智而有尊严的律师通常所采取的做法。他给运动家队的老板写了一封长信，详细列举了双方在这一年里沟通和协商的不堪历史，以及查尔斯·O.芬利拒绝签订协议的无赖行为。

"出于某些我与亨特先生无从知晓的原因，您拒绝签订上述协议，因此，我们认为您已违反了与我的客户之间的合同。"彻利写道。如果查尔斯·O.芬利不修正违约行为，亨特将可以与其他任何俱乐部签约。彻利还解释道，这一切都写在了集体谈判协议的第 7（A）条里。然后，彻利拿起电话将此消息告知马文·米勒。这正是马文·米勒自 1966 年以来一直等待的：可以向整个棒球界甚至全世界的运动团队证明他的球员的价值。

过去的 8 年里，马文·米勒不断宣扬人格尊严和职业尊严，以及在自由市场中天赋可以创造出的财富。绝大部分球员都认为这听上去很可笑，但他们也忽略了一个事实，这些球员都是历经无数竞争才得以在大联盟中排名前列的。马文·米勒告诉这些运动员，他们都是特殊的，其中许多人也的确很特殊。但很多人并不这么想，他们觉得自己是可以被替代的。对于这些人而言，成为自由球员去选择团队或许是件好事，但这听上去更像是失业后乞求新工作。他们把比赛看成以俱乐部为主导的买方市场。小联盟的各个级别里有成千上万的球员，每年又会有新的人才出现。

在一些主力球员看来，保留条款能给他们带来好处，可以制约俱乐部用一些管理层可能不太熟悉的球员来替换他们。然而，鉴于很多球队无能，保留条款也许让他们滋生了一定的惰性。一个球队的领导者不能从其他球队里挖掘球员，以取代他们现有的球员。然而发展一个大联盟，使得领导者有足够的责任心来保证自己的球员每天能出场并打好比赛。

马文·米勒知道这种观点是落后的，但是他需要一名明星球员成为自由球员，这样才能在一定程度上证明这些球员的想法是错误的。球员有权利要求一名公正的仲裁人来解决薪水与合同上的纠纷，马文·米勒也急需要一个可以在仲裁人面前挑战保留条款的人。他确信这项举措可以在棒球比赛中产生第一位真正的自由球员。而将合同延长一年，对于除球队老板之外的所有人而言，意味着一年，并且只有一年。

在"鲇鱼"亨特出现之前，一位名叫特德·西蒙斯的球员似乎填补

第五章 名叫"鲇鱼"的农夫 | 125

了这个空缺。这位效力于圣路易红雀队的年轻的天才型捕手，19岁那年在大联盟比赛中初出茅庐，21岁时获得了红雀队的首发捕手的位置。在1971年的比赛中，他的平均打击率为0.304，对于捕手来说，这是个难得的成绩。他也以打击而著名，他在自己的职业生涯中曾有过248记全垒打的记录，1979年更是高达26记，这对于捕手而言非常罕见。特德·西蒙斯的确非常年轻优秀，他所取得的成绩是很多捕手积累数年才得获得的。

他有一头齐肩的长发，很容易就被归进了年轻的新一代球员中——这些球员通常傲慢自信、直言不讳，难以容忍传统。特德·西蒙斯也知道他的薪酬非常低，即使作为一名新秀，此时他的薪酬只有17500美元。他与马文·米勒、总法律顾问迪克·莫斯以及运动员工会的其他领导商讨过多次，看看他有什么选择。

1971年的赛季中，特德·西蒙斯的打击率为0.304，获得了7次全垒打以及77的打点成绩。他拒绝签订合同，并告诉所有的知情人，他打算向保留条款发起挑战。这是一个很勇敢的举动。大联盟通常不允许球员在没有签合同的情况下参加比赛，但特德·西蒙斯却做到了，并且马文·米勒和迪克·莫斯开始了期待已久的对保留条款的挑战。

而圣路易红雀队清楚此时的情形，首席劳工谈判代表约翰·戈尔因一直警告他们，要尽一切可能避免对保留条款进行裁决。大多数人没有将他的警告当回事，认为那只是红雀队的一个小担忧，他们希望这位年轻优秀的球员（特德·西蒙斯）感到满意。1972年的赛季中，红雀队给了特德·西蒙斯一个为期2年、薪酬为7.5万美元的合同。在马文·米勒的支持下，特德·西蒙斯签订了这份合同。他曾经为了公平待遇所做过的努力，此时看来是值得的。他得到了满意的待遇，对工会也没有任何亏欠。

特德·西蒙斯的事情结束后，关于大联盟第一个自由球员的事情又开始提上日程了。此时，马文·米勒接到了彻利打来的电话，他的愿望终于变成了现实。"鲇鱼"亨特并不只是一名普通的球员，他是棒球联赛中最优秀的投手。对于马文·米勒和迪克·莫斯而言，亨特就是一种"启示"。从彻利着手干这件事的那一刻，为亨特争取应得的那份收入已变成一件体现合同存在价值的事情。但是迪克·莫斯和马文·米勒都没有打算就此停手，而他们最不愿看到的情况就是让查尔斯·O.芬利支付报酬给亨特，从而扭转局面。查尔斯·O.芬利显然已经违约了，事件的解决方式只有一个——这一切都清楚地写在第7（A）条中：当俱乐部违反合约时，球员即可获得自由，并可与其他俱乐部签约。"鲇鱼"亨特，棒球联赛中最优秀的投手，如今成了自由球员！

10月4日，也就是亨特准备参加美国联盟冠军赛、对抗巴尔的摩金莺队的前一天，迪克·莫斯给查尔斯·O.芬利发电报，要求他表明球队在此事件中的立场。查尔斯·O.芬利已经违约，由于他没有在收到通知后10天内支付报酬，因此亨特与奥克兰运动家队的合同将在常规赛季结束后终止。"换句话说，查尔斯·O.芬利先生，你很幸运，我们让他在季后赛中还继续为你效力。"

当然，亨特在季后赛中不上场也是绝不现实的。亨特也决不会允许他的合同纠纷影响他的队友夺冠，即使他有这样做的权利。在这一年中最重要的赛事里缺席，必然会对赛事有所影响，而这样做或许能迫使查尔斯·O.芬利去履行合同。

查尔斯·O.芬利给迪克·莫斯发了一份电报，又将亨特召到他位于奥克兰的办公室。亨特到达后，不仅见到了他的老板查尔斯·O.芬利，还看到了美国棒球联盟主席李·马克菲尔。查尔斯·O.芬利告诉亨特，他随时都可以给亨特一张 5 万美元的支票，并且他也很愿意这样做。

"不，"亨特回答查尔斯·O. 芬利，"我并不需要你将钱支付给我，而是希望像合同里注明的那样，将延迟发放的这部分薪酬交给保险公司或者我指定的人。"

第二天，亨特在比赛中表现极其糟糕。他仅持续了四又三分之二局，在 8 次安打中丢了 6 分，因此运动家队以 3 : 6 的成绩输掉了比赛。这是他在 10 月的最后一场比赛。

两天后，迪克·莫斯给大联盟理事长鲍伊·库恩写了一封信，详细阐述了这次违约事件，并请求鲍伊·库恩在亨特合同结束的那天通知现有的 24 家球队，亨特已成为自由球员，可以合法接受其他俱乐部的报价。鲍伊·库恩拒绝了这项请求。又过了两天，亨特从比赛失利的状态中调整过来，并为运动家队打入了总决赛，7 次完封局中仅让对手有 3 次安打的机会。

在这场世界联赛中，运动家队的投球手再次发挥了他的魔力。他们的对手洛杉矶道奇队每场比赛平均得分仅 2.2。一共 4 场比赛，运动家队以 1 分的优势赢得了其中的 3 场，其中包括亨特参加的 2 场。在第 1 场第 9 局中，在两人出局的情况下，罗利·芬格斯取得了 1 记全垒打和 1 记右外场安打的成绩。于是，运动家队的经理迪克·威廉姆斯换亨特上场，他用 1 记三振完结了比赛，这是他本年度唯一一次作为救援参加比赛的。

三天后，亨特在七又三分之一场中，只让对方在 5 次安打中得到了 1 分，因此运动家队以 3 : 1 的成绩领先。又过了两天，运动家队获得了联赛冠军。

在运动家队庆祝胜利时，迪克·莫斯做了他曾告诉过查尔斯·O. 芬利和鲍伊·库恩他会做的事情：提出申诉，要求大联盟宣布亨特为自由球员,并且要求运动家队遵照亨特先生或他的代表的要求,立即支付5万美元的外加损失费。

迪克·莫斯、亨特和马文·米勒等了3个星期才等到了查尔斯·O.芬利和鲍伊·库恩的回复。他先是将之前与亨特、彻利的对话全记在纸上,然后说彻利和亨特曾试图诱导他将超过5万美元的款项投到年金里,他将其称为"幻影增值投资"。他指控彻利使用强硬手段为运动家队建立投资机制,而对于这种"极度可疑的税收制度",他没有任何兴趣参与。显然,他已经忘记了国税局已经批准了这份协议。

于是,第一场听证会便在公正的仲裁员面前拉开了帷幕——这是马文·米勒自接受这家非正规的濒临破产的混乱不堪的职业人员协会以来,一直寻求的实验案例。

11月26日,各方人员聚集在彼得·塞兹面前,这是球员和老板所一致同意聘请的仲裁员。彼得·塞兹是一位年过花甲的温文尔雅的法学家,此时他已步入了职业生涯的暮年。在接受这个棒球队的案例之前,他有所犹豫,并不十分确定如何操作,也不知道这将会给他自己带来怎样的影响。他不是那种自视甚高的人,也没有表现出任何偏向其中一方的意向。他遵照了与棒球裁判员相同的原则:遵守规则,并尽可能简洁清楚地解释规则。

亨特、彻利、查尔斯·O.芬利以及每个涉及此事的人都从各自的角度阐述了过去10个月里发生的一切,证词陈述经历了数小时。他们成立了三方小组,小组包括了彼得·塞兹、马文·米勒以及约翰·戈尔因,大联盟棒球球员关系委员会的首席谈判代表,而迪克·莫斯代表的是球员工会,律师巴里·罗纳代表了老板查尔斯·O.芬利。

彻利和亨特尽可能地将事情原模原样地呈现,他们就合同达成了一致，亨特履行了他的部分，但是芬利食言了。

芬利在证人席上坐下，对他的行为做出了一个漏洞百出的辩护。他认为彻利给他设置了圈套，延递薪酬的发放方式理应和雷吉·杰克逊一样，否则他在缴税时会上当受骗，而亨特也从未提交过任何文件给他。巴里·罗纳为此做了辩护，他认为只有等到仲裁员做出一个可能对他不利的裁决之后，芬利的违约行为才应开始计入倒计时阶段。因此，芬利仍然有时间来扭转局势。

彼得·塞兹几乎没有浪费时间就做出了决定。12月13日，他针对芬利和巴里·罗纳的辩解发布了一份解析。彼得·塞兹用了两个段落驳回了巴里·罗纳关于违约后的时间计算问题。据彼得·塞兹所说，这事发生在9月26日，在彻利给芬利写信予以警告，但芬利并没有做出任何行动来纠正违约行为的10天之后，彼得·塞兹强调道，标准的球员合同中的第7（A）条是清晰透明的。他还写道，他并不认为这就是最为周全的条款。如果补救措施不是这样糟糕，比赛或许会运行得更好。但他指出，改写合同或者集体谈判协议并不是他的职责。

彼得·塞兹写道，亨特拥有这份合同，那么芬利有义务去遵守它。芬利应该去做那些他有意向去做的事情，如他在2月15日写的，运动家队"将非常高兴以任何方式与亨特进行合作，为亨特先生推迟发放任何额度的薪酬"。芬利后来表示，他以为这份延迟发放薪酬的协议与雷吉·杰克逊的那份协议相似，当时他可以私下把钱支付给雷吉·杰克逊。不过，彼得·塞兹说，没有任何理由要求"鲇鱼"亨特的合同照搬其他球员的合同。他指出，如果与雷吉·杰克逊的那份协议相似，将会与芬利当初所提出的协议相矛盾——当初芬利坚持将薪酬作为整个赛季的收入支付给亨特。

彼得·塞兹暂时相信了芬利的说法——他反复诉说自己没有收到过

亨特邮寄的文件。彼得·塞兹写道："根据记录可以得出结论,众所周知,亨特先生是一名投手,而不是信使。"但除此以外,彼得·塞兹几乎没有发现亨特的行为有任何不妥之处。亨特也从未承诺过任何来满足运动家队的税收需求的事情。随后彼得·塞兹得出了一个理智之人所能得出的唯一结论:芬利之所以更喜欢雷吉·杰克逊的协议,是因为他在雷吉·杰克逊退休前可以随意支配这笔款项。他指出:"在8月1日收到协议之后,芬利可以与彻利进行谈判,或者提出可能存在的法律方面的担忧。他也可以要求彻利关于延迟发放薪水的实施过程给出建议。"

"但他什么也没做。"彼得·塞兹写道,"在8月1日的会面结束之后,他让彻利先生相信达成协议的唯一办法就是劝说与他分居的妻子来签字。然后,在9月15日的电话中(在他收到文件一个月之后),他直截了当地声明自己不会签订这份文件,对于彻利先生的请求,他拒绝写信做出解释,并且声称文件已丢失。"

仲裁人彼得·塞兹明确地宣称其中一方是谎话连篇。于是,他宣布自己将支持这场申诉。"亨特先生的合同在1975年赛季结束后不再具有束缚力,他将成为自由球员。"

此时距离棒球老板们初次创建保留条款已过去了约95年,这项保留条款曾经制约了他们从其他球队中挑选来的球员。而此时,好戏刚刚上演。

接下来的两周内,在北卡罗来纳州阿霍斯基,在彻利办公室附近接二连三发生的事情,如他们预测的一般离奇。

棒球老板们长期以来引证保留条款的效力。他们表示,如果没有保留条款,棒球比赛将无法存活。鉴于此,即使最高法院已宣布他们球队的球员将成为自由球员,他们是否会彻底放弃争取其他球队的球员?他们首要考虑的是设立球员的自由市场将会导致比赛无法存活。他们是些有原则的人，不是吗？

相反，十余家俱乐部涌入焦油脚跟州（北卡罗来纳州的别称）。彻利的努力为亨特带来了这样的成果，现在他所关注的是，他的客户是否能得到他应得的薪酬。这些俱乐部已准备好了巨额支票，只为签下棒球比赛中最为优秀的投手。运动记者们也聚集在阿霍斯基的每个小旅馆和餐馆里。

没有人比纽约洋基队的代表更为热情了——这支球队在1973年被乔治·史坦布瑞纳以创纪录的870万美元购得。乔治·史坦布瑞纳的好友、纽约洋基队的合作伙伴罗伯特·倪德伦是纽约顶级的百老汇制片人之一，他告诉乔治·史坦布瑞纳，纽约人都热衷于明星，如今最耀眼的那一颗已经获得自由，乔治·史坦布瑞纳不应错过这个与他签约的机会。

对于乔治·史坦布瑞纳而言，唯一的问题就是他在理查德·尼克松的连任竞选中进行非法捐款而被定罪。他被判处停职2年，因此不得参与球队经营的任何事宜。随着"鲇鱼"亨特的报价不断上涨，洋基队不断地调整与之相匹配的资金，至于资金来源何处以及何人在发号施令，这几乎已不算秘密了。

消息很快便传开了，洋基队在每次竞争中始终领先。12月下旬，纽约洋基队的公关总监马蒂·阿普尔走进总经理加布·保罗位于纽约公园球队临时总部的办公室——这间办公室靠近皇后区的谢伊体育场（当时的洋基球场正在进行为期2年的翻修改造）。马蒂·阿普尔对于亨特高达百万美元的报价感到困惑。这个数额是体育明星迪克·艾伦的薪酬的4倍，而其他球员都签了多年合同，波比·理查森曾获得过这样的报酬，但这在纽约洋基队里是极为罕见的。

马蒂·阿普尔与其他棒球队的董事一致认为亨特会得到一个薪酬为

25万美元或者30万美元的合同。马蒂·阿普尔见到加布·保罗时，局促不安地询问亨特是否真的能得到价值超过100万美元的合同。

加布·保罗抬头看向马蒂·阿普尔，很骄傲地宣布："正是如此。"

除了钱之外，纽约洋基队还有一个秘密武器，那就是克莱德·克鲁茨。这位在高中时与亨特签约的球探，如今是纽约洋基队的球探主管。于亨特而言，他有着父亲一般的形象。此时，克利夫兰印第安纳人队也做出了一番迟到的报价，他们派出王牌投手盖罗德·派瑞作为球队的担保，试图劝诱亨特前去东北部工业衰退的锈带地区。但随着克莱德·克鲁茨对纽约洋基队的极力赞扬，以及乔治·史坦布瑞纳的代理人抛出了价值350万美元的5年合同，这个来自北卡罗来纳州的农村孩子心动了。对亨特而言，这无疑是最好的归宿。

新年前夕，亨特登上一架尾部喷有"GMS"字母的喷气式飞机前往纽约。那是乔治·史坦布瑞纳的私人飞机，这正好揭穿了纽约洋基队的老板并未参与其中的谎言。之后，理事长鲍伊·库恩告诉马蒂·阿普尔，他知道乔治·史坦布瑞纳参与了整个过程。这份合同的含金量实际上相当于整个球队三分之一的价值，如果认定乔治·史坦布瑞纳不应参与其中，那么这个想法就有些荒谬了。登上乔治·史坦布瑞纳的飞机之后，亨特开始与乔治·史坦布瑞纳的合伙人艾德·格林沃尔德商讨合同的细节，其中包括亨特的孩子们的保险问题。飞机降落后，亨特直接前往自由球员签约新闻发布会——这个会很快将会成为每次比赛中的固定环节。

为了给媒体腾出空间，马蒂·阿普尔和几个工作人员在公园行政楼的中心会议室里匆忙地清理出桌子，布置会场。然后，马蒂·阿普尔回到办公室，用手摇油印机赶出了纽约洋基队的新闻发布稿。当时大部分的办公室都开始使用施乐复印机了，但是纽约洋基队并没有使用。这支球队能投入 350 万美元来争取一名投手，却不打算将钱浪费在昂贵的复印机上，他们觉得有一台功能完善的油印机就可以了。

新闻发布会顺利无碍地召开了。亨特告诉在场记者，他很激动能加入纽约洋基队，纽约也很欢迎他。每个人都将此条新闻当作新年头条。之后，"鲇鱼"回到了北卡罗来纳州，并承诺他将在几周后返回，参加正式的媒体见面会。

果然，亨特在 1 月中旬回到了纽约。他下榻在第 52 号大街的阿美利卡纳酒店，并且早早起床为参加《早安美国》节目做准备。在休息室里，他与杰西·杰克逊闲谈，杰西·杰克逊看起来非常高兴与全国最著名的棒球手谈话。亨特与这位年轻的活动家握了握手，并且问他是否与他的前任队友雷吉·杰克逊有亲属关系。"你们的确看起来非常像。"亨特告诉他。随后，亨特回到酒店与当地的一位作家共进午餐，食物是从"舞台"熟食店买来的熏牛肉和咸牛肉三明治。当晚，在乔治·史坦布瑞纳的招待下，他与马蒂·阿普尔在第 5 大道 666 号享用晚餐。

1 月中旬，亨特在劳德尔堡参与春训。在这 3 个月中，亨特向体育界展示了自由市场的价值，并且改变了所有的运动员规划职业生涯的方式。亨特当时的身价大约相当于之后出现的最高身价的 15 倍——试想一下，一个最厉害的棒球运动员在 2016 年签订了一份价值超过 40 亿美元的合同。

亨特很快成了纽约洋基队的领袖球员。亨特曾获得过三次棒球世界大赛的总冠军，而在最初的两个赛季中，他的投球水平和大家期望的一样，他成了球队的王牌。1975 年至 1976 年间，他击中 40 次，失手 29 次。1976 年，他带领纽约洋基队获得了十余年来的第一面锦旗。随后，他的手臂受伤了。就像无数效仿他的自由球员那样，在棒球世界中，运动员在 30 岁的大好时光会有签错合同的风险。亨特就是一个活生生的例子：

球队老板们在一个世纪以来因为封锁市场而损失的优秀球员。从球队中脱离，并非如大部分棒球球员所认为的那样类似失业了。这恰恰是个体现球员价值的契机，一些与老板有裙带关系的俱乐部经理为老板中饱私囊的事情不可能发生了。

亨特成为自由球员的数月后，另一位首席投手安迪·梅瑟史密斯与一位头发花白的资深球员戴夫·麦克纳利相继宣布将进行自我选择，并在彼得·塞兹的面前挑战保留条款。这使得他们的老板慎重地请求彼得·塞兹按照保留条款中的"一年"选项做出裁决。而他们的顶级策略师约翰·戈尔因曾提议过，让他们与马文·米勒以及球员工会进行协商，而不是将命运交到中立仲裁人的手里。

梅瑟史密斯与麦克纳利在1975年的赛季后取得了胜利。而1976年所签订的集体谈判协议中的绝大部分体系在今天仍然适用——2年的保留条款，拥有薪酬仲裁的资格，合同满6年之后，球队里的球员将成为自由球员。

因为"鲇鱼"亨特，自由球员制度成为所有团队运动员心目中的圣杯，也成了所有工会都竭力争取的目标。一旦实现，这将成为所有管理层无法逾越的底线。即使他们可以削弱它的力量，例如采用软硬兼施的手段来设置薪酬封顶额度、设置合同的期限和规格，但如果他们坚持认为棒球运动员在整个职业生涯中都不能决定自己的命运，那么这会使他们站在历史的对立面。

然而，棒球并没有衰退，反而更加蓬勃发展。随着薪酬的暴涨，很快就建立了市场薪酬体系，并持续数年之久。当时，球员的收入水平很低，平均只有5.15万美元，而到了1981年达到14.9万美元。出场费也同样如此，还有电视转播费、授权商品的销售额、门票以及各种与比赛相关的商业模式的利润都在逐年增长。由于被迫与其他球队竞争天才球员，老板们终于像对待蒸蒸日上的公司那样对待他们的球队，开始对其进行投资。正如他们本应该做的那样，投资有价值的资产和劳动，能使其变得更有价值。"自由球员对棒球产业的形成功不可没。"迈克尔·韦纳说道（这位 51 岁的工会执行董事于 2013 年死于脑肿瘤），"伴随着自由球员制度的形成，棒球变成了一种全年制的行业。你不得不跟随其变化的脚步。报纸上充斥着雷吉·杰克逊、戴夫·麦克纳利或是其他任何当红的自由球员的故事。有许多人关注这些话题，也关心球员的薪资问题。这推进了产业的发展，并且使得比赛更受欢迎，然后你也从中获益。一个简单的事实是，从自由球员出现到今天近 40 年的时间里，你拥有的竞争砝码越来越多。你再也不会遇到这样的状况——球队常年不景气，只是因为老板太坏，投入资金少，对球队漠不关心，或是像纽约洋基队每年都在压制堪萨斯队的情况。你会从中得到更多乐趣。球员也变得更加优秀，因为他们将会赚取更多的金钱，并可以得到全年训练的机会。随着形势不断变好，比赛覆盖的范围越来越多，并带来了更多的利益。"

如今，棒球是一项价值 80 亿美元的产业，拥有独立的体育有线网络与互联网公司。如今美国有 30 支球队，而 1976 年时仅有 24 支球队。2012 年，道奇队被售出，标价 21.5 亿美元，而最昂贵的合同价值大约 3 亿美元。的确，最富有的球队拥有先天的优势，从 1901 年到 1969 年，美国的 8 支球队获得了 136 面锦旗中的 106 面。从 1979 年开始，除 3 支大联盟球队以外的全部球队都出现在了棒球世界大赛里。

1999 年，"鲇鱼"亨特在他出生的小镇上去世——那座位于北卡罗来纳州赫特福德的小镇在亨特出生时（1946 年）仅有 2100 人。亨特患有肌萎缩侧索硬化症（又称为"葛雷克氏症"），使得他的双臂丧失功能，因而保持平衡成了问题。但是亨特依旧不愿意坐轮椅，有一天他在家中摔倒，头部撞击在楼梯上，不久之后便逝世了。

　　亨特去世后，他的影响力蔓延至棒球之外的领域——其实这种影响从众多俱乐部涌向阿霍斯基的时候就开始了。团队运动总有机会创造明星。现在，这些运动给了每个具备运动天赋的孩子获取无限财富、掌控人生的机会，他们可以通过公开市场以最高报价出售自己。一个运动员，只要有天赋，有异于常人的竞争力，再加上持之以恒的专业训练，就有可能成功。

第六章

学院世界

chapter
six

1961年春季的一天下午，平凡的网球教练尼克·波力泰利尼在北迈阿密海滩的维多利亚公园球场上闲逛。1959年以前，尼克·波力泰利尼常来这边。他曾从法学院辍学，在当地水利局工作的舅舅沃尔特可怜他，就给他找了份在维多利亚公园教人打网球的工作，工资是1小时3美元。尼克·波力泰利尼对此项运动一无所知，幸运的是，所教的孩子们也一窍不通。

　　尽管如此，尼克·波力泰利尼却表现得十分出色，还获得了一个来自俄亥俄州斯普林菲尔德的人的青睐，请他去经营在北方的夏日网球训练项目。接着，尼克·波力泰利尼又在多拉多海滩酒店和波多黎各度假村经营冬日网球项目。在去往俄亥俄州夏日网球训练基地的路上，尼克·波力泰利尼希望能在迈阿密海滩停留一下，拜访他的家人，看看维多利亚公园的羽毛球场，想知道谁还在那里闲逛，当地的人才发展得如何。那个地方之前没有什么特别的东西，但是突然间，令人难忘的时刻出现了。

在羽毛球场上，尼克·波力泰利尼注意到一个9岁的男孩，他的脚步移动得很快，击打动作也十分漂亮。瞬间，他就断定这个男孩是他所见过的这个年龄段里最有才华的孩子。他从来没有看走眼过。网球触及球拍的时候，直线一般飞速弹出。尼克·波力泰利尼吃惊地看着。之后，他像一个资深教练那样走向男孩，介绍了自己。男孩说他的名字叫布莱恩·戈特弗里德，他的父母也在附近。尼克·波力泰利尼随男孩见了他的父母。他向他们介绍了自己、他教网球的地方，以及他在俄亥俄州经营的夏日网球训练项目。戈特弗里德夫妇上下打量了一番尼克·波力泰利尼，紧接着做出了让人吃惊的决定——他们把儿子交给了这个刚在公园里认识的网球教练，让这个人带着他去俄亥俄州。

尼克·波力泰利尼点燃了想把这个孩子培养成网球精英的梦想。然而，并非是金钱的诱惑，他认为网球中不应该涉及任何金钱利益，即便是顶尖的选手，他的职业网球生涯中也不能掺杂金钱利益。距网球训练项目全面开放的年代还有7年之遥，让布莱恩·戈特弗里德接受训练可以帮助尼克·波力泰利尼说服俄亥俄州斯普林菲尔德地区的家长和孩子们加入网球训练。这个网球训练项目是值得的，里面有更多比金钱有意义的东西。作为曾经的伞兵，尼克·波力泰利尼非常热爱网球运动。也许听起来不太可能，但他想成为世界上最好的网球教练。唯一能实现这个想法的方法就是培养出顶级的网球运动员。在见识过足够多的优秀教练之后，他了解到，只有日复一日地与运动员一起训练，把这项运动的价值和技巧教给他们，才能培养出优秀的运动员。不过，好的教练也需要靠优秀的运动员来激发自己的能力。将布莱恩·戈特弗里德培养成优秀的运动员——这就是尼克·波力泰利尼许给他以及他父母的承诺，而尼克·波力泰利尼分文不收。

戈特弗里德和尼克·波力泰利尼在俄亥俄州的球场上从早到晚地训练。戈特弗里德先和教练训练，然后再同其他精英运动员一起做练习。尼克·波力泰利尼还让这个得意门生去帮助其他初学者，只用将他们打过来的球打回去。戈特弗里德截击对手打来的球，对手则朝相反的底线方向跑。就这样不断训练，戈特弗里德15岁时候开始参加一些有名气的初级比赛。在初级巡回赛中，他很快成为享有盛名的截击选手，以及头号危险的种子选手。他身材瘦小，有着浓密的金色鬈发、深邃的双眸，时常紧皱眉头，这些使他看上去像在思考，而不是自然反应。几乎没有对手知晓，在俄亥俄州斯普林菲尔德球场上发生的这些事情。

除去打球之外，戈特弗里德意识到尼克·波力泰利尼是他生命中第一个对他进行激励和训导的人。戈特弗里德出身于一个中产犹太人家庭，童年时没受过什么呵斥，尼克·波力泰利尼倒是经常严厉地训斥他。如果因为失误输掉比赛，他就勃然大怒。尼克·波力泰利尼有一种常人身上罕见的能力——在苛刻的教学中不失体面，但他知道如何把情绪把控得恰到好处。"你总是不想让他失望。"戈特弗里德说道。

戈特弗里德成了世界单打三号选手和双打头号选手。他可能是那个时代最辛勤的运动员，而不像约翰·麦肯罗和比约恩·博格，他们总在球场上晃动，仿佛除了打球什么都不干。为什么戈特弗里德能成为优秀的运动员呢？因为他做了别人没做过的意义深远的决定——为了找到最佳的训练和比赛方式，他改变了自己的生活状态。正是如此，他成了20世纪最后一个重要的运动员。

要想了解一个运动员是怎样一步步成功的，最重要的是了解他之前是什么样子的。然而，戈特弗里德之前几乎什么都没有。不过，职业运动员的薪酬还算不错。乔·迪马吉奥崭露头角的时候，工资是10万美元，相当于今天的100万美元（他真正的财富来自咖啡先生公司）。但是对于短期投手、没有职业执照的四分卫投手、世界排名前30的网球选手或者高尔夫球选手等这些中等级别的运动员来说，体育报酬并非特别可观。

以今天的标准来看，20世纪60年代青少年体育世界看起来有点不成熟。当时有少年棒球联合会、波普·华纳橄榄球赛，还有课余运动。课余运动越来越受重视，有些高中的这些活动还受到了公共资助。将体育纳入高中和大学基础课程曾经是美国体育的特色，而且现在仍然是这样。除了学校的体育课程，热爱运动的孩子还有不少机会去参加别的活动，比如加入当地的游泳俱乐部、教堂篮球联赛和警察体育联赛等，但是参加运动的核心仍然在公共学校里。由于当时参加奥林匹克的选手们比较业余，又不能靠努力来获取经济收入，所以对于他们来说，最好的时机是高中时期。他们尝试参加两三个运动项目，拿到奖学金，进入大学，在那里接受长期技能训练。在大学期间，或者毕业后不久，他们中比较优秀的可能会成为职业运动员，甚至参加奥林匹克运动会。

美国在部分奥林匹克项目上称霸，特别是那些我们所关心的体育项目，例如游泳（马克·施皮茨）、田径（鲍勃·马喜斯、拉斐·约翰逊、威尔玛·鲁道夫）、篮球（比尔·拉塞尔）等。美国产生了世界上优秀的网球运动员（杰克·克拉玛、潘乔·冈萨雷斯）和高尔夫球运动员（阿诺德·帕尔默、杰克·尼克劳斯）。尽管20世纪前30年的体育在今天看来比较简单、落后，但是美国的体育系统是当时最先进的。

看看来自布鲁克林桑福德布劳恩镇上的优秀投手山迪·柯法斯。他被称为"上帝的左臂"，是最有主宰力的左投手之一。他的球快如闪电。他学会控球后，连续6个赛季战无不克，直到30多岁时因为关节炎结束了职业生涯。

柯法斯从小生活在布鲁克林和长岛湾。他曾在一个犹太裔社区中心打篮球。他还曾活跃于当地一个叫冰淇淋联盟的棒球队。随后，山迪·柯法斯加入了拉法耶特高中的篮球队和棒球队，在那里他的篮球技艺被更多人所知。进入辛辛那提大学时，他参加了篮球队和棒球队的选拔比赛，都通过了。1954年春天，山迪·柯法斯尝试与三个美国职业棒球队合作，其中包括布鲁克林道奇队，最终获得了第一份职业球队合同。一年之后，也就是他19岁时，他代表布鲁克林道奇队在世界职业棒球赛上击败了纽约洋基队。由于对自己未来的职业道路不确定，因此他去哥伦比亚大学通识教育学院上夜课。据说1955年10月，在道奇队赢得了7个世界职业棒球赛奖项的当天晚上，他仍旧坚持去上课。

想象一下，如果山迪·柯法斯是在今天的巡回赛、高中联赛和表演赛中打出了让星探震惊的快球，那么他的未来将会怎样？也许，山迪·柯法斯在高中时选择了篮球，但是这肯定会增加他的手臂受伤的风险。凭着他的聪明才智，他搬到了佛罗里达州，进入美国国际管理集团的体育学院，这个学院有着很多世界顶级的青年棒球选手、足球选手、网球选手、高尔夫选手和篮球选手。他们上午上学，剩下的时间则花在训练上，或者在健身房里举重，或者与体育心理学家见面。他们有时会接受杂志采访，星探也会报道他们，而且他们还会赢得奖学金。山迪·柯法斯将会面临艰难的决定：是继续上学，还是毕业后即立刻进入职业生涯？也许，他在大四那一年的6月份就会被职业棒球大联盟通过业余选秀挑走。

但是，山迪·柯法斯和其他成千上万的美国运动员一样，不是这样成长的。这是因为尼克·波力泰利尼还没有机会发现他们。

尼克·波力泰利尼出生在纽约佩勒姆，20世纪三四十年代这个地方曾经有许多工薪阶层的意大利人和非裔美国人，附近还住着一些生活舒适的富人。尼克·波力泰利尼的爸爸是一名药剂师。他小时候玩过弹珠、踢过足球、打过篮球。他对网球几乎一无所知，对他来说，网球是附近斯卡斯代尔、拉奇蒙特和黑麦的乡村俱乐部里举行的比赛。

尼克·波力泰利尼拿到 ROTC 奖学金后进入了亚拉巴马州的斯普林希尔学院。在那里，他偶尔打打网球，是个不错的运动员，但这并不是他想要的人生。他最初想参军，做一名海军航空兵，成为战斗机驾驶员，但没有通过测试，于是退而求其次，当了空降兵。他喜欢那种所向披靡的精英感觉。他在军队里踢过足球，但从没有打过网球。

4 年之后，也就是 1956 年，尼克·波力泰利尼退役，离开海军，到迈阿密法律学院学习。这似乎能给他带来体面的生活。但他在第一学年结束之前就退了学。他完全不知道如何谋生，在维多利亚公园教孩子打网球勉强度日——那还是在当地水利局工作的沃尔特舅舅通过和公园管理人员的关系为他求来的。学网球的孩子一小时付给尼克·波力泰利尼 3 美元的酬劳，那时他以为网球就值 3 美元。"给我使劲打，用心些！"他冲着孩子们喊。

渐渐地，尼克·波力泰利尼有了一些粉丝。沃尔特舅舅意识到维多利亚公园需要建造新的更好的网球场地。于是，他在公园举行野餐，邀请了市长。野餐时，沃尔特为了引起大家的注意，把买好的铁铲递给市长，并且宣布维多利亚公园将要建设 6 个新的网球场地。就这样，在接下来的 3 年里，尼克·波力泰利尼在迈阿密的海滩边发展了自己的网球事业。

1959 年，来自俄亥俄州斯普林菲尔德的网球健将查尔斯·弗莱来到该地，对这个网球项目产生了兴趣。他认为自己的城市也需要这样一个网球项目，而且也需要尼克·波力泰利尼这个人。

尼克·波力泰利尼正想尝试新的挑战，他欣然接受邀约。于是，他从潮湿的佛罗里达出发，来到了酷热的美国中西部。俄亥俄州的网球赛季长达四五个月，尼克·波力泰利尼计划冬天回到佛罗里达工作。斯普林菲尔德对于尼克·波力泰利尼来说非常陌生。斯普林菲尔德曾经是美国中西部的网球中心，那时它被誉为"西部冠军之家"，吸引了很多年轻的运动员。

比如，波多黎各人查理斯·帕萨雷13岁时为了西部青年锦标赛来到斯普林菲尔德。当时，查理斯·帕萨雷和父母一起前来参加比赛，他们到达后去了尼克·波力泰利尼教课的网球场，查理斯·帕萨雷忘了带网球拍子，母亲多拉提议去买一个新的。尼克·波力泰利尼给了他们一副免费的拍子，又和多拉闲聊了一会儿。很多次周末，每当多拉和查理斯·帕萨雷的父亲老查里斯需要一条毛巾和更多网球时，这个有着奇怪姓氏的教练就会出现。尼克·波力泰利尼告诉查理斯·帕萨雷他们，他想找一份工作，让他们帮忙留意波多黎各的教练工作，还给了他们名片。他相信第二年这个时候会和他们相见。

3个月之后，尼克·波力泰利尼接到了查理斯·帕萨雷的电话，当时，查理斯·帕萨雷是多拉多海滨酒店里高尔夫俱乐部的会员，这个顶级的度假酒店靠近圣胡安区。他告诉尼克·波力泰利尼，他的朋友、酒店的持股人劳伦斯·洛克菲勒问过他是否认识适合在酒店担任网球教练的职业选手。尼克·波力泰利尼停顿片刻，回复道："你确定你说的是洛克菲勒家族里的劳伦斯·洛克菲勒吗？"是的，他们谈论的正是此人，尼克·波力泰利尼需要去纽约与他见面。

尼克·波力泰利尼通过面试得到了这份工作，成为洛克菲勒家族的私人教练，在纽约的波坎蒂克山教他们打网球，而冬天则在波多黎各工作。更重要的是，尼克·波力泰利尼获得了真正的学习网球的机会。冬天在波多黎各，他遇到了韦尔比·范霍恩。韦尔比·范霍恩是世界排名前10的运动员，他在20世纪40年代移居到波多黎各。1951年，他去了圣胡安区加勒比希尔顿酒店工作。他是体育界的金牌教练。他把网球拆解成基本元素，用传统的经典模式进行教学，这个模式在查理斯·帕萨雷身上可以看得到。查理斯·帕萨雷8岁时，韦尔比·范霍恩便教他打网球。韦尔比·范霍恩的课程从脚法开始，培训运动员的平衡感。紧接着是握拍方式，熟练地控制拍子，可以从高到低地击球。最后是关于比赛的策略和得分的方式。对于韦尔比·范霍恩来说，教网球就像教钢琴和小提琴。很多教练一开始就即兴发挥，这是错误的。一个优秀的网球运动员要先学会基本功，然后才能学以致用。对尼克·波力泰利尼这样一个自学成才的教练来说，韦尔比·范霍恩简直就是大师。

第一年冬天，查理斯·帕萨雷去希尔顿上网球课时，总能看到自己的教练尼克·波力泰利尼在休闲时站在希尔顿旁边的球场，观看韦尔比·范霍恩教课。而1961年认识布莱恩·戈特弗里德时，尼克·波力泰利尼已能像韦尔比·范霍恩那样教授网球了。

冬天在波多黎各，夏天在俄亥俄州，后来又换成芝加哥，再后来换成威斯康星海狸坝的体育训练营。就这样，尼克·波力泰利尼在各地来回走动，一直持续到1976年。授课将近20年后，尼克·波力泰利尼感觉网球的世界终于到来了。男女网球运动兴旺起来了，吉米·康纳斯、阿瑟·阿什、克里斯·埃弗特，甚至布莱恩·戈特弗里德都走上了百万富翁的道路。很多人终于有了追求的目标。而像尼克·波力泰利尼这样的人终于有了市场，他在豪华度假酒店工作，建立了基业。

尼克·波力泰利尼在冬天找工作时把目光放在了佛罗里达州，他在长船礁克罗雷海滩及网球酒店找到了一份工作。这个地理位置非常理想，气候适宜，有很多网球场地。很多富人坐飞机来这里旅行，他们希望在春夏初级网球巡回赛之前，孩子能保持应有的水准，因而这里很有市场。

"鲇鱼"亨特有一份价值350万美元的5年合约，斯坦·史密斯能从销售网球鞋中获取特许费，同样，尼克·波力泰利尼也能过着舒适的生活。他的家在墨西哥湾长船礁边，从北迈阿密海滩的维多利亚公园开车，经过鳄鱼湾，仅2小时就能到达。

那时尼克·波力泰利尼又沉迷于跳伞，他曾是某个优秀的跳伞团的成员。退役后的20年里，跳伞一直是尼克·波力泰利尼最大的梦想。跳伞并非工作或者活动，而是一种生活方式。

毫无疑问，美国网球人才越来越多，而网球运动员目前最需要的是一个专业场地，可以整日训练、竞争。

网球可以像跳伞那样教吗？社会希望有这样的网球教学吗？随着投资的不断增加，尼克·波力泰利尼确信可以这样做，但他不确定自己是先锋还是怪人。1200英里外的长岛上的华盛顿港网球学院培养出了维塔斯·格鲁莱提斯和约翰·麦肯罗这样的优秀网球运动员。但孩子们平时在学校上课，只在吃过晚饭或者完成家庭作业后短短几小时里训练。

这是几十年前的模式，现在棒球手可以签到价值50万美元的合约，也不必做其他工作。几十年来社会强调孩童教育的重要性，良好的教育是孩子成才的基础。一个孩子可能正手打法很厉害，反手也不错，但是他需要不断练习，掌握各种技能。

尼克·波力泰利尼对这个学习模式嗤之以鼻。在这个时代，大满贯锦标赛的奖金是纽约律师事务所合伙人的年薪的3倍。他有一个不同的想法，并且认为自己这个想法更适应这个时代。每年都会有4个大满贯赛事和几十个较小的赛事，奖金有成千上万美元。设备制造商和服装公司争先恐后地让年轻的顶级职业运动员用他们的球拍和运动服。因此，尼克·波力泰利尼想，为什么不改变学校的培训模式，把培训和运动员的潜在收入结合起来？为什么不挑出优秀的初级网球选手，让学校的教学更有效？应该为孩子请家教，让他们学习函授课程，把每天的学习时间从 7 小时缩减到三四小时，而其他时间可以穿着网球鞋，球不离手，练习击球，争取成为教练眼中的第一名。而教练们应该不知疲倦，清早就起来锻炼身体，早餐之前给学生上课，下午紧盯着学生训练，内心充满希望。

有天赋的孩子们一起投入训练，然后在初级网球巡回赛上表现良好，这一点，尼克·波力泰利尼毫不怀疑。尼克·波力泰利尼在想，给他们提供适合他们的训练方式有什么不对吗？他们不是在为自己收益越来越好的事业而训练吗？芭蕾舞演员和音乐天才不也是常年这样训练的吗？苏联政府在东欧创办了许多体育学校，目的是培养出奥林匹克运动员。为什么西方不能这样？

尼克·波力泰利尼宣称他将全力培训下一代网球杰出人才，运动员上午去当地私立学校上学，下午进行训练。这个计划一提出，就有 9 名当地运动员响应了。一个叫安妮·怀特的一流运动员特地从西弗吉尼亚州赶来，她住在尼克·波力泰利尼的家中，就像戈特弗里德之前那样。

顶级运动员的圈子很小。如今，顶级运动员的父母经常利用互联网关注比赛信息。比如，足球运动员的家长知道自己的孩子参加的区域锦标赛的团队记录，以及团队里最强壮的投掷手——尽管自己的孩子是在纽约参加的锦标赛，而球队成员来自佐治亚州和佛罗里达州。网球运动亦是如此，早在互联网出现之前人们就一直用这种方式关注网球运动。人们谈论谁是最好的教练，谁的教学能力更强。如果是同一个教练训练出来的运动员去参加卡拉马祖初级赛或其他初、中级赛，输了的孩子父母则免不了要去了解获胜的孩子是怎么训练的（我还从未见过哪个父母看到自己的孩子输了，会认为是别的孩子更加有天赋）。

很快，坊间开始流传尼克·波力泰利尼将带来大改变。几个月之后，没有家长能在当地锦标赛和高中学校比赛中联系到自己的孩子。比如里尔·巴克斯特——那个后来进入双打前 100 名的男孩，还有麦克·蒂帕尔默、米歇尔·蒂帕尔默——他俩在为期一周的比赛中首次见到了尼克·波力泰利尼。当这些孩子开始激烈的比赛时，对手的父母要求禁止他们参加比赛，原因是这些孩子没有正式上过高中。

在那些亲眼见识到尼克·波力泰利尼是如何训练运动员的人看来，这个课程的效果非常明显：如果接受尼克·波力泰利尼训练的孩子付出了巨大的努力，那么其他孩子则很难赶超他们。的确，他们的孩子可能在家里接受了更好的教育，或者养成了很好的性格，但是社会上并没有关于这些方面的标准，世界上并没有所谓的"最佳孩子抚养排行榜"。这些家庭要关注的是春季到来时，初级网球循环赛进入白热化阶段时，尼克·波力泰利尼训练出来的孩子打败了他们的孩子，跻身国际初级网球前列。

这个时候还没有人听说过吉米·阿里亚斯或者他称之为"魔法"的正手。

安东尼·阿里亚斯是电子工程师，是出生在西班牙的古巴裔侨民。1978 年，他在布法罗成了家。他的儿子吉米 8 岁时就已经在纽约的青少年网球界中小有名气。只不过吉米和安东尼都有个困惑：布法罗只有两个季节——夏季和冬季，这会影响比赛的时间，而且网球在这座城市没有任何影响力。吉米开始打比赛时就进入了一个队友非常优秀的团队，他们都比他年长许多。他几乎天天同他们一起训练。他们中的一两个人最终参加了职业巡回赛，其他一些人则进入一级学校。当他 12 岁时，这些优秀的运动员逐渐离开布法罗，吉米就失去了训练对手。安东尼·阿里亚斯开始和西班牙网球联合会建立合作关系。1977 年，安东尼·阿里亚斯带着吉米去参观美国森林公开赛，并带着他见了西班牙的官员曼努埃尔·奥兰特斯——他也是西班牙的网球冠军。这个西班牙人看中了吉米打网球的能力，邀请他搬到西班牙，参加他们组织的一整年的网球训练。然而，吉米对独自移居到一个新国家并不感兴趣，况且这个国家离他家有 3000 英里，他还不会说当地话。

所以，吉米回到了布法罗。曼努埃尔·奥兰特斯的提议被搁置了。一直到 12 月，吉米和一些网球运动员一起去佛罗里达州旅游。这是一群来自布法罗的运动员，曾在克罗雷训练了一周。克罗雷沙滩网球度假胜地碰巧属于一个名叫克劳伯的牙医，而克劳伯曾经为吉米的姐姐看过牙，认识了吉米一家。第一天，同行的一个中年男子告诉教练助理胡里奥，他有一个 13 岁的儿子很有潜力，需要其他天才球员去激发他的潜能。于是，胡里奥找到了麦克·蒂帕尔默——这个 16 岁的少年是尼克·波力泰利尼的团队中最好的队员。胡里奥把吉米等人带到了球场，蒂帕尔默和吉米开始打球。消息很快传到教练室，说有个孩子很特别，尼克·波力泰利尼应该去见一见。

作为一个工程师，安东尼·阿里亚斯很不喜欢传统正手握拍。所有的书或老师都建议将拍子竖直击球，通过球的摆动，判断球在什么地方落下，以便快速回击。吉米·阿里亚斯解释道："他认为，你之所以在球场的某个地方停下手中挥舞的球拍，是因为你在完成击球的过程中会减慢速度。"安东尼·阿里亚斯认为，从工程学的角度来看，这个想法有点蠢。他坚持认为，球拍不能停顿，而应该把球拍从后向前挥动，击打球，让它从你的耳边飞过，完成这最终一击——就像他告诉他儿子的那样，"让球飞起来"。

当全世界的网球选手都像罗德·拉沃尔一样努力优雅地击球时，吉米和安东尼·阿里亚斯发现了如何击败他们的秘密。每个人都在尝试把经典技术运用得更加完美——布莱恩·戈特弗里德和尼克·波力泰利尼1961年在俄亥俄州总结出来的：封闭式站姿，侧身击球，大陆式握拍法，利用手腕的摆动带动球拍，双脚站在地面上，通过控制随球动作保持平衡。而安东尼·阿里亚斯和吉米搞清楚了如何稍稍改进就能像麦克·蒂帕尔默那样击球。

尼克·波力泰利尼一看到吉米·阿里亚斯的新技巧，就意识到网球最基本的击球手法即将被改变。这个改变从步伐开始。吉米·阿里亚斯的步伐并不固定，也不是站在一侧击球。相反，他的后脚呈45度方向，臀部几乎不动，前脚向着栏网方向站立。他晃动肩膀，使其垂直于球网。因为他的前脚向前，他的腿部比较灵活，所以他的腰部可以前倾面向来球的方向。另外，他握拍的方式也很特殊，用网球术语表述是"重西方式"握拍——传统的"大陆式"握拍是手掌前半部分紧握把柄中部。吉米·阿里亚斯的击球动作也很特别，他把球拍的顶部压低至另一只手的手腕，蓄势待发，然后像弹弓般出球。至于保持水平和指向，都未完成。他顺势将拍子挥向左耳方向，同时摆动身体。然而，他忘记了基本动作——那是20世纪70年代初网球运动员皆知的指令：当你摆动时，无论如何都不能让你的双脚离开地面。

对于学击球的运动员来说，想要掌握它是件困难的事情，臀部和肩膀会完全不听使唤，下垂的球拍像是凋谢的鲜花，猛烈地晃动着。这一切看起来很混乱。直到你看到球像离弦的箭一样，结合力道旋转着，呼啸着过网，仿佛要穿过后面的围墙，结果落在了球场后部的底线内。当球落地后，强大的冲击力将球瞬间弹起到眼睛的高度。

"我看了一眼那一发球，断定那就是新的正手球。"尼克·波力泰利尼说，"之后，每个人都想要去学它。"

尼克·波力泰利尼对待新方法比其他教练要宽容很多。他不循规蹈矩，几乎没有打球。他知道自己的能力，因为他相信自己所见的，清楚什么能使一个孩子成功，并且清晰地将其传达给他的学生。他说："拼命打，打那个该死的球。"要想成功，就要摆脱任何障碍，不管是你的脚还是你的平衡感，或是担心下一次击球会打到中间的拦网上或者出界。他看到了吉米·阿里亚斯的天赋——与其通过控制身体来控制球，不如将身体的能量有效转移到球本身上。另外，吉米·阿里亚斯的上旋球非常猛烈，极具破坏性。

安东尼·阿里亚斯还稍微改变了儿子打球的另一个方法。他注意到网球运动员之间的距离一般保持不变，如果一个向前移动，另一个则向后移动，好像他们之间顶着一根金属杆。他让吉米尝试向前，不要像打排球那样过网得分，而是连续使用正手，找到更多的死角球，把对手逼回去。在那个比约恩·博格和圭勒莫·维拉斯称霸的时代，最佳的策略似乎是在底线 6 尺外前后移动击球。如此看来，安东尼·阿里亚斯这个观点非常新奇。然而，在安德烈·阿加西在体坛活跃 10 年后，进攻才成为主导战略。

一周后，吉米·阿里亚斯成了克罗雷的小名人，他和玩具大亨路易斯·马克斯的孩子做了朋友。尼克·波力泰利尼在多拉多结识了路易斯·马克斯，他告诉吉米·阿里亚斯，只要他到克罗雷，就给他想要的美食和苏打水。他还将受到尼克·波力泰利尼的邀请，免费进入新手课堂，而且尼克·波力泰利尼愿意帮他安顿住所。

对吉米·阿里亚斯来说，尼克·波力泰利尼的计划比去西班牙棒多了。每天 4 小时在学校，7 小时进行网球训练，有免费的食物和苏打水，再加上沙滩，吉米不用长途跋涉去陌生的国度。他回到布法罗告诉爸爸，他有了另一个完美计划。但安东尼·阿里亚斯听完后,告诉吉米·阿里亚斯,他必须去西班牙。吉米·阿里亚斯表示自己要去佛罗里达州,安东尼义正词严地告诉他,他只能去西班牙,否则再也不能打网球了。吉米·阿里亚斯说道:"不打就不打!"

因此,1978年成了吉米·阿里亚斯自5岁打网球以来唯一休战的一年。安东尼·阿里亚斯和吉米·阿里亚斯这对父子陷入僵局,谁也不让谁。直到2月,安东尼终于同意了吉米去佛罗里达州。

吉米·阿里亚斯来到佛罗里达州后,尼克·波力泰利尼把他带到3号网球场做了简单测试,只是为了确定他之前没有看走眼。网的另一边是20来岁的奇普·胡佩尔。他是非洲籍美国人,身高1.98米,充满活力,曾是阿肯色大学的拳击手,也打篮球、踢足球。奇普·胡佩尔在职业网球选手中排前20名,他的体能极好,发球时极具力量。了解了尼克·波力泰利尼想要什么,胡佩尔用力打出了第一个球,吉米·阿里亚斯打了回去,球被反弹得很远。看来,吉米·阿里亚斯确实有真材实料。

吉米·阿里亚斯搬去了麦克·蒂帕尔默的房子里,这两个孩子是尼克·波力泰利尼的第一批学员,他们很快进入一种高效能混合式的训练状态,其中单纯操练是排在第二位的。"这就是我们每天干的事情。"吉米·阿里亚斯说。

搬来这里3周后,吉米·阿里亚斯和麦克·蒂帕尔默去了当地的一个大学参加了一个小型锦标赛。吉米·阿里亚斯和麦克·蒂帕尔默曾在学校里交手多次,但从没打败过他。他们把前12局比赛拆分开来,再通过抢9分来决胜负。吉米·阿里亚斯以5∶4赢了第1盘。换场地时,麦克·蒂帕尔默在吉米·阿里亚斯的肚子上狠击了一拳。之后,尽管吉米·阿里亚斯双发失误,但他还是赢了比赛。此时,麦克·蒂帕尔默已经精疲力竭。吉米·阿里亚斯回到学校后告诉尼克·波力泰利尼,他和麦克·蒂帕尔默一起住不太方便。这位慷慨的老师邀请他搬到自己家,和其他 8 个学生(包括后来成为职业选手的加拿大美女卡林·巴西特,她是一个传媒大亨的女儿)住在一起。这个结局对吉米·阿里亚斯来说,远比搬去布法罗或者飞去西班牙强。

1978 年夏末,尼克·波力泰利尼带着吉米·阿里亚斯和他们同龄组的其他人来到卡拉马祖参加初级组比赛。他们既参加竞赛,也去招募队员。比赛过程中,他们告诉初级组的每个顶尖选手,来到佛罗里达州西海岸可以实现他们的梦想。当时,学校正值开学,他们的宣传起到了作用,保罗·安纳干尼和艾瑞克·卡瑞塔等人和他们签了约。尼克·波力泰利尼为他们在客厅准备了床。

尼克·波力泰利尼家的早餐是肉桂土司,午餐是花生酱、果冻三明治或者其他食物,晚餐则是尼克·波力泰利尼和他的球员们搞来的廉价食材,他们称为"盛宴"。学员们去正规学校学习是不可能的,在他们所在的布雷登顿预科学院,如果有人的论文晚交两个月,也没有人会大惊小怪。

发表在《体育画报》上的一个故事吸引来了更多的学员。美国广播公司的 20/20 节目播出了尼克·波力泰利尼呵斥一个表现不佳的学生的事情。很多家长打来电话问是否可以将他们的孩子送过来。那些孩子要么出自体育世家,要么出自寄宿家庭。到 1981 年,招生模式确立下来。尼克·波力泰利尼觉得他的学校不再需要设备了。他在布雷登顿买了一个汽车旅馆,在长船礁几英里之外买了一个带 21 个球场的场地。他雇了一个名叫比尔·巴克斯特的人(他是前陆军特种部队的军官)让学校保持部队风格,孩子们喜欢叫他"比尔上校"。比尔·巴克斯特为了严明纪律,率领孩子们排成一排,进行拉练训练。他们的身影常出现在停车场或者海牛大道。2 年之后,尼克·波力泰利尼花了 100 万美元在其他地方买下了 40 英亩土地。

1983 年，也就是吉米·阿里亚斯与麦克·蒂帕尔默交锋 5 年后，吉米·阿里亚斯赢得了意大利公开赛。同年 9 月，他进入美国网球公开赛半决赛。1983 年，年仅 19 岁的吉米·阿里亚斯已成为世界排名第 6 的选手。此时，他身高 1.8 米，重约 140 斤。他用反手，不常发球，很少击球落网失分，但如果正手的话，就不知道会怎么样。

吉米·阿里亚斯不是尼克·波力泰利尼唯一的得意门生。1983 年，18 岁的凯瑟琳·霍瓦斯出战玛蒂娜·纳芙拉蒂洛娃。她最终进入法国公开赛四分之一决赛。同年，16 岁的卡林·巴西特在澳大利亚公开赛上进入四分之一决赛，成为女子网球协会巡回赛中最令人印象深刻的新人。尼克·波力泰利尼和他的网球学院开始被大众知晓。他们在青少年网球界仍备受争议。同年，3 个运动员的成绩让尼克·波力泰利尼和他的理论成了时下最热的话题。他的运动员比赛时，记者们将相机一直对准尼克·波力泰利尼。他的网球学院得到了很多父母的认可，他们想让自己的孩子进入一个天才网球运动员云集的学校，就像电视里宣传的那样，这里无疑是最好的选择。这里是唯一一个能让孩子们学习专业打球方式的学校，有专业化的培训，有很好的发展前景。

现如今，阿里亚斯大陆式握法被简称为"大陆式握法"，人们灵活地加以运用。渐渐地，大陆式握法过时了，开发姿势流行起来。

然而，当你问尼克·波力泰利尼的得意门生从老师那里获得了什么时，没有人会提到得分技巧或者战略战术。吉姆·考瑞尔、安德烈·阿加西、莫妮卡·塞莱斯等人没有相似之处，但尼克·波力泰利尼将他们培养成了世界排名前列的运动员。吉姆·考瑞尔是非常洒脱的反击手，善于从后场击球。安德烈·阿加西天资聪颖，有一双神奇的手，是新一代运动员里第一个在底线处接球的人。莫妮卡·塞莱斯的击球动作非常奇怪,她的双手正手球、反手球和旋转球的角度很奇特,她重新定义了网球场地的边界。尼克·波力泰利尼成功地让他们摒弃了自己之前的技术,同时学会了打正手球。吉米·阿里亚斯的妈妈琳达·考瑞尔曾经要求尼克·波力泰利尼改变他儿子的握拍方式,她觉得那样太像握棒球。尼克·波力泰利尼说:"去他的,只要他能打中该死的球就行。"

尼克·波力泰利尼和他的学校有三个完全和技术无关的特点,每个毕业生都应声夸赞,这三个特点成为沾满金钱的体育新时代的基本要素。

首先,学生们称赞尼克·波力泰利尼有无与伦比的激励能力。比如,布莱恩·戈特弗里德说:"你根本不想让他失望。"在学院从12岁待到14岁,后来取代格拉芙成为世界顶尖女球员的莫妮卡·塞莱斯说,只要尼克·波力泰利尼一踏进球场,全场顿时充满斗志。他通常赤裸着上身,只用泡沫防晒霜保护皮肤。莫妮卡·塞莱斯说:"他总是第一个到健身房,你感觉自己很努力了,但他比你更努力。所以我们清楚如果想成为世界顶级职业选手,必须得这么做。"尼克·波力泰利尼有一个本领,可以快速鼓舞士气,让孩子们进入战斗状态。

"每时每刻他都在告诉我,我有多么棒。这对我非常重要,因为我的父亲只会说我的不好。"吉米·阿里亚斯说。

其次,也许是更为重要的一点,尼克·波力泰利尼的学生说,他给学院制造了紧张气氛,学生每天在这种压力下学习,使得他们将来能适应职业生涯。莫妮卡·塞莱斯在前南斯拉夫境内的维萨长大,在那里基本找不到人和她一起训练。她所在的城市有4个室外网球场,她经常挤出时间练习球技,9岁时就成了全国的佼佼者。她虽然成了名人,但这也让她脱离了人群。她不能去参加别人的生日聚会,因为得参加网球锦标赛。学校的同学会嘲笑她带有老茧的双手。"当我去了佛罗里达州,我顿时感觉那里有一群和我一样的孩子，他们的最终目标就是赢得大满贯。"莫妮卡·塞莱斯说。

莫妮卡·塞莱斯是学院非常优秀的女球员。在 13 岁时，她就已经是全球顶尖的网球选手了。她在球场上看到像安德烈·阿加西、吉姆·考瑞尔和大卫·惠顿这样的金牌球员，马上充满动力。

"你站在佛罗里达的太阳底下，"莫妮卡·塞莱斯说，"每天温度都能达到 32℃。当一天结束时，你觉得坚持不到周末了，但是你还要坚持下去，所以最好看看其他人的工作。"

训练效果像自行车比赛时的助力流一样显露出来。自行车手第一课学到的就是一起骑比单独骑要快，至少是在长途比赛时。这跟空气动力学和一个较大的集体能量有关——比如 100 位自行车手一起骑车，每个人之间相隔 1 英寸，可以打破风的阻力，而单独行动的赛车手是无法做到的。同样，让一个孩子在 32℃的环境中训练 7 个小时，可能他很快就会变得疲惫不堪。但是，如果把 50 个人分配到十几个球场，让他们每天对打，他们会充满斗志，非常努力。

最后一个特点，也是最重要的一个特点，他给最优秀的运动员一个每天和同龄人对打的机会。吉姆·考瑞尔曾经说过，尼克·波力泰利尼提供了非常好的网球、球场供运动员们训练，但这并不意味球员不必在场下找非常好的教练。如果将网球天才放在一起，网球场就变成了他们争相胜出的斗兽场。他们嘶喊、争斗，将网球拍打得破破烂烂，有时候鼻子还会流血。尼克·波力泰利尼没有特意阻止这些人，他想让他们成为勇士。

尼克·波力泰利尼的模式，像"阿里亚斯正手"一样，在当今体坛非常常见。然而，我们并未注意到它已经进入了我们的日常生活。那些报名参加娱乐性的体育运动项目的孩子，他们的打球速度、配合程度、摇摆或者踢足球时娴熟的动作可能在幼儿园就被发现了。一两年后，有些孩子会被鼓励参加旅行球队，这种球队比娱乐性球队的水平高得多。如果他们从事的是个体项目，比如高尔夫球、网球，那么，教练可能会鼓励他们，放下其他事情，每天花 2—5 小时练习打球技巧。周末，他们会参加比赛，而去参加这些比赛的路程通常会超过 1 小时。这些运动员的父母在他们青少年时就面临着一个决定：是让孩子上午在传统的学校里学习，下午参加各种训练，或者请家教在家里授课，这样可以节省更多的时间用于训练呢，还是把孩子送到专业学校进行专业训练，而文化课就随便学学？

很多家长牺牲了自己的生活，就是为了培养出优秀的运动员。比如鲍维·马丁和朱莉·马丁，他们花费了 4 年时间培养自己的孩子扎克和杰克。他们曾尝试了一系列运动项目，最终觉得应该专注于高尔夫球，因为扎克和杰克在高尔夫球上最有潜质。扎克和杰克当时只有 8 岁，两年之后，他们从北卡罗来纳州的罗利搬到了有很多体育资源的松林中小镇上。

"我只是希望他们能出人头地。"鲍维·马丁说。他小时候曾经是一个乒乓球运动员，高中时打过网球、踢过足球。鲍维·马丁总是在想，如果他在众多运动项目中选一个的话，他将会取得怎样的成就？而他的孩子为他找到了答案。2012 年，杰克·马丁成了世界排名第 2 的高尔夫球选手。两年后，他赢得了北卡罗来纳州业余赛的冠军。

尼克·波力泰利尼过了 60 岁后，对精英职业网球的影响开始减弱。他曾经培养出了世界顶尖的球员，包括吉姆·考瑞尔、安德烈·阿加西、马塞洛·里奥斯、B. 贝奇克、莫妮卡·塞莱斯、塞雷娜·威廉姆斯、维纳斯·威廉姆斯、玛利亚·莎拉波娃和埃琳娜·扬科维奇等。人们一直批评尼克·波力泰利尼把球员放在了"工厂"里进行培训，鼓励他们掌握相同的正手技巧和力道，让这项本应是艺术的运动变得模式化。尼克·波力泰利尼不会视网球为艺术，他觉得那是一场肉搏战，韧性和发球、截击一样重要，需要像练习反手球一样练习。

他成了网球史上最伟大的人物。他仍然每天花8—10小时在布雷登顿或者佛罗里达州的美国国际管理集团协会的学校里授课。1987年，美国国际管理集团协会购买了尼克·波力泰利尼的网球学院，这是一个明智的决策。尼克·波力泰利尼拥有一大批年轻的体育人才，美国国际管理集团协会负责运动员的代理业务。买下尼克·波力泰利尼的学院为下一代网球明星提供了一个通道，不过美国国际管理集团协会也意识到学院不必限于培养网球运动员。如今，学院里有500多名运动员，他们擅长的项目包括网球、高尔夫球、棒球、足球、篮球、橄榄球和其他体育项目。这个学院培养出了很多优秀的人才，比如，美国足球联盟在这里组建了国家初级运动队。高尔夫公司高仕利首席执行官的儿子、美国高尔夫新星彼得·乌伊莱因13岁时曾央求父母搬到这里来住。7年后，他成了美国业余锦标赛的冠军。

因为美国社会存在很奇怪的双重标准，所以他们经常被嘲笑。世界上最有前途的年轻小提琴手或芭蕾舞演员，都是在很小的时候进入专科学校进行学习。其中有些人离家很远，他们每天与那些志同道合的人一起在工作室或排练室里学习，没有人会抱怨这个。然而，一旦这些"钢琴家"和"小提琴家"变成"篮球运动员"或"网球明星"，人们的态度就变了，他们觉得这些家长不分轻重，剥夺了孩子的童年生活。人们试图反击这个浪潮——过去40年中，尼克·波力泰利尼的教学方法成了美国青年体育界的主流。精英们聚集在一起，而且越来越年轻化。其实不管是什么运动项目，基础的东西都是一样的。最便捷的方式可能不是最好的，如果你想变得更加优秀，就要与众不同，否则你只能被甩得更远。

现在，校园体育仍然存在，但是除了足球运动员，它对于其他运动员来说已经没有多大吸引力了，很多优秀的运动员已经不在学校参加训练了。

2012年一个炎热的午后，尼克·波力泰利尼在布雷登顿的网球场上蹦来蹦去。他的皮肤已经接近棕色，他的小肚子盖住了短裤，但是他依然充满激情。如今，美国网球协会在佛罗里达州设立了自己的运动员发展项目总部，尼克·波力泰利尼成了这个组织的顾问。

尼克·波力泰利尼培养的优秀运动员布莱恩·戈特弗里德是精英，他成了"只有和精英交流才能更好地发展"这一理论的第一个试验品。他说尼克·波力泰利尼的业绩下滑是不可避免的。布莱恩·戈特弗里德在他的网球生涯结束之后，偶尔会在尼克·波力泰利尼的学院做教练。他说，尼克·波力泰利尼和美国国际管理集团协会需要招进数百个一般水平的学生，这些学生不需要多么优秀，他们的学费可以用来给好学生做奖励。这可能是一个新业务，可以培养出一些优秀的网球运动员，但布莱恩·戈特弗里德并不赞同这样做。不过，大多数家长觉得可以，只要孩子能在优秀正规的团队里接受训练，他们是可以承担一年6万美元的学费的。

布莱恩·戈特弗里德说："你可以召集100个孩子，教他们如何画画，但是没法让他们变成下一个列奥纳多·达·芬奇。"

也许吧！体育界就没有多少成功是偶然发生的。除了德国有专门的运动员训练体系外，其他国家就没有致力于培养优秀的运动员。2004年，德国统一了全国数百个年轻足球俱乐部的培训课程，很多优秀的孩子从青少年时就按照这个课程开始训练。10年之后，德国赢得了世界杯（上一次赢得世界杯是1990年）。

布莱恩·戈特弗里德的想法是对的吗？我们无从了解。撇开所有这些顶尖的球员，我们看到尼克·波力泰利尼最显著的贡献就是让全方位地训练运动员的方式被接受，让运动员追求专业化，不再从事其他职业。

第七章

连胜：埃德温·摩西和
奥运帝国的诞生

chapter
seven

1973 年的春天，高中的最后一个学期伊始，埃德温·摩西满怀热情地参加了当地举办的代顿经典杯运动会。那时候摩西还不怎么出名，他面临着两个问题：速度不够快，至少绝大部分童年时间里是这种状态；他身高 1.8 米，但体重只有 63.5 公斤，也没有多少力量——这些情况都对他极为不利。然而，随着第一场春季运动会日渐临近，摩西觉得他可以跑得更快。他知道，他在整个春季赛中的表现将会影响到大学是否会录取他——他所梦想的田径生涯，还有学校的奖学金……

　　他曾在高三时赢得了俄亥俄州的三级跳远比赛。整个秋季和冬季他都在参加训练。后来，他在高中校接力队里赢得了参加 1 英里接力赛的资格——这场比赛需要前两名选手各跑 220 码，中间一名选手跑 440 码，最后一名选手跑 880 码。同时，他自己也集中训练 120 码跨栏。

　　代顿经典杯运动会最先举行的是 120 码跨栏比赛。这一天非常顺利，摩西爆发了，拿了第 1 名。在他排队等待 1 英里接力赛时，他觉得自己要跑得比任何人都快。他抓住接力棒之后就开始跑，觉得一切胜券在握。但就在拐上直道时，他感到腿筋处一阵尖锐的刺痛。就在这一瞬间，他知道自己的高中田径生涯终结了。他也意识到没有大学会再对他感兴趣了。他高中毕业后成为一个小有成就的赛跑者的梦想彻底幻灭了。高中毕业 3 个月之后，他不过是一个微不足道的运动员。代顿赛中最出色的运动员在土路上跑完 1 英里接力赛仅需要 47 秒多，而他最好的成绩是 51 秒 3。在 120 码跨栏赛中，最出色的选手成绩为 13 秒 8—14 秒 3，而他最好的成绩是 15 秒 1。

埃德温·摩西的父母对他运动员生涯的终结并不关心，对他们来说，身体很重要，但并不是和一双跑钉鞋联系在一起的。埃德温·摩西的父亲曾是塔斯基吉市的一名飞行员，他像管理军队一样管理家庭。他拥有小学教育硕士学位，是一所小学的校长。埃德温·摩西的母亲拥有教育学学士学位，是当地教育机构里的阅读专家和课程顾问。她原本想考取博士学位，却被 3 个孩子拖累了。家务、学业以及工作，在这个家里都是最要紧的事情。他们对埃德温·摩西的要求是，考试得 B 不光荣，得 C 就更不行了。一旦埃德温·摩西的成绩下滑，体育运动就被禁止了，不管是足球、篮球还是田径，一切体育活动都没了。他们觉得，埃德温·摩西的大脑要调整得跟身体一样，随时处于备战状态。

不过，当埃德温·摩西的身体出人意料地发育完成后，这项纪律让他很受益，无论是在田径场上还是在别处。在 30 个月内，埃德温·摩西的速度变得非常快。这时，他意识到自己不能只满足于成为一个伟大的奥运会选手，而应该改变关于"伟大的奥运选手"的定义，同时还要指导奥运大家庭：体育帝国应该如何正规运作。

当人们提及奥林匹克运动的发展时，总把溢美之词献给官员和电视台的高管们。法国理想主义者、构建了现代奥运会理念的皮埃尔·德·顾拜旦男爵值得人们赞颂。美国广播公司（ABC）的鲁尼·阿里基创造了奥运电视盛会的模式。西班牙籍的国际奥委会主席（1980年至2001年）胡安·安东尼奥·萨马兰奇将奥运会从冷战的政治动荡中解救出来。

很多长期受剥削的运动员则被忽略了，其中就包括一位特别优秀的跨栏运动员。他们讨厌看到别人通过自己的汗水发家致富，而他们苦行僧般的生活方式却只能成为"纯粹"的象征。为了赚钱糊口，运动员同时做两份工作，疲倦不堪，还要坚持训练，参加每4年一次的奥运会，而且只有在奥运电视转播期间可能有比较不错的收入。这简直太痛苦了！在体育运动的方方面面都变得职业化时，将高水平比赛业余化的观念是完全不合时宜的，但实际上，运动员每天都在费尽口舌地解释为何会出现这种情况。

对于埃德温·摩西来说，奥运会绝对与纯粹或业余无关，它就是强者与强者之间的竞赛。人们越早接受这一点，奥林匹克运动就将发展得越好——虽然当时奥运会的头头们是被一个打破纪录的400米栏运动员生拉硬拽地带入了新时代。摩西在1976年的蒙特利尔奥运会上夺得了一枚金牌，在1977年失利了一次，但是接下来的10年中参加的122场比赛从未失手。在吊诡的比赛运气耗完之时，他已经带领着奥林匹克运动员走上了解放之路，无论是在财务上还是其他方面。后继的运动员还有阿诺德·帕尔默、斯坦·史密斯以及"鲇鱼"亨特。

孩提时代，埃德温·摩西一直对科学非常着迷。他收集化石、植物以及一切可以拓宽他的自然知识的东西。六年级时，他加入了一个暑期班，学习生物、化学以及数学等课程。他还在赖特·帕特森空军基地上了计算机科学课，那里有一个向公众开放的大型主机。这些课程现在被称作大学预修课程，让他学到了很多知识。暑假结束后，他会跟着妈妈去经营她的 Head Start 项目，或者跟着开辅导班的父亲一起工作。

总之，他的童年并不是无忧无虑的，不过他的付出得到了回报。

自从高二首次参加 440 米往返接力赛时起，摩西就用右脚跨栏。[1] 他一直是右撇子，他的右腿要比左腿强壮得多。但是，若腿筋脆弱，右脚向前跨，着地时会对受伤的肌肉产生巨大的压力。后来，他受伤了。

高三时，他治好腿伤后，开始尝试用左腿跨栏。当他适应左腿引导后，他意识到跨栏时变得更有力量了，跨过 3 英尺高的栏变得更轻松了。回想起来，在他的跨栏技术定型之前，也就是年轻时受伤算是幸运的，因为更容易换腿。

埃德温·摩西虽然没有拿到任何体育奖学金，但亚特兰大的莫尔豪斯学院（史上顶尖的黑人学院）给他提供了一份全额奖学金，让他去佐治亚理工学院攻读化学专业，本硕连读，为期 5 年。莫尔豪斯学院培养出了马丁·路德·金等很多政治、娱乐、商业领域的非裔美国人领袖。1974 年时，该校田径项目还不大，团队只有约 4000 美元预算，涵盖了所有的教练费用、设备以及交通花销。团队成员在一个高中附近训练。在经历了不太成功的高中体育生涯后，埃德温·摩西对此非常感兴趣。田径对他来说就是爱好，就像他的另一项兴趣爱好摄影一样，而研究化学是他的工作。

埃德温·摩西去莫尔豪斯学院时，已经是非常出色的跨栏选手了。

---

[1] 往返跨栏是一个非常酷的比赛，现在已经很少见了。4 个运动员，每人 110 米的高跨栏冲刺，第一个运动员飞奔跑完直道，他的队友拿到接力棒朝来时的方向跑完 110 米，剩下两个运动员重复以上动作，看上去一片混乱。——作者注。

然而，在莫尔豪斯学院的生活并不像他想象中那样。首先，他跟化学系的主任经常起争执。老师不喜欢他解决问题的方法，给他很低的分数来处罚他——至少是低于他的标准的分数。有些功课埃德温·摩西认为该得A的，结果只得了B或者C。这激怒了他的父亲，禁止他去田径队参加训练。埃德温·摩西转到了物理专业，并不顾他父亲的阻止，继续每天去莫尔豪斯学院的田径队参加训练。这并不是一个很棒的团队，但是这个团队每天都在进步。他的一名队友还是亚拉巴马州的校级冠军，他在高中时以46秒1的成绩跑完了4×400米接力赛。这让人惊叹。

埃德温·摩西的速度变得越来越快，块头也越来越大。高中毕业时他身高1.80米，大二时已经长到了1.88米。每日与莫尔豪斯学院的其他运动员一起训练给他带来了很大好处。他们秋天越野跑，冬天在室内跑，春天则去户外跑。埃德温·摩西与一个名叫史蒂夫·普莱斯的朋友一起训练，对方曾专门针对跨栏训练了好几年，想努力提升摩西的技术。

和埃德温·摩西一样，史蒂夫·普莱斯也是一个科学爱好者，而且还是个工程师。他以科学的方式面对跨栏，将动作分解开来，分析如何从腾空到着地时停顿最少来跨栏。史蒂夫·普莱斯很快发现埃德温·摩西的膝盖比较高，这让他离地太远。史蒂夫·普莱斯给他展示如何从起跑线跑到第一个栏杆前起跳时找到最完美的位置，防止他的引导臂摆出界。这个方式果然奏效了，摩西的110米栏耗时从15秒1降到了14秒2。

剖开内核来看，跨栏只需要跨一大步，但是一个高栏离地有1米，只有像"大鲨鱼"奥尼尔这样2.1米高的人才能一步跨过去。所以，跨栏选手必须产生水平动力，并尽可能最小幅度地上升。方法就是限制垂直高度，距离栏杆3英寸以内，但是在全速前进中突然看到一个那么高的障碍物确实让人恐惧。跨栏就是消除对撞栏的恐惧，并在空气中传递水平力。每个跨栏选手都知道失败的代价——"你会撞到栏杆，听到一阵嘈杂的声音，而且在你落地之前就知道你会受伤。"

埃德温·摩西提升的不只是他的跨栏水平。他的 4×400 米接力赛成绩大一开始时是 51 秒 3，大一结束时为 49 秒 2，等秋季上大二时是 48 秒。第二年春天，他又以 47 秒 5 的成绩赢得了联盟冠军。他在这一年后发制人，奋起直追，参加各种竞赛。他用装满科学知识的大脑来研究体育运动的本质。对于埃德温·摩西来说，跑道跟科学知识是一样的。

大二结束时，摩西来到了宾夕法尼亚州的科茨维尔，在卢肯斯钢公司做实习工程师。那个夏天，他住在费城。每天晚上下班后，他就走到宾夕法尼亚大学，在富兰克林广场训练。这里是宾夕法尼亚州接力赛的大本营，也是东海岸田径运动的中心。摩西一边跑步一边观察顶级跨栏运动员，研究他们跳过障碍物时身体各部位的位置，从中学习技术要点。

大三开学时，他很确定自己可以用 13 秒 6 跑完 110 米栏，而 46 秒内跑完 4×400 米也是很有把握的——因为有合适的定速员来为他设定步伐。3 月底，在每天不间断地训练 7 个月之后，埃德温·摩西和他的莫尔豪斯队友们来到了佛罗里达州的田径锦标赛上。这是户外赛季的第一次大型聚会。埃德温·摩西要跑 110 米栏以及"400 平"——也就是 4×400 米。另外，他还一时兴起报了 400 米栏，之前他几乎没跑过这个项目。在每场比赛中他都表现得很好，因此获得了参加 6 月奥运选拔赛的资格。110 米栏他跑了 13 秒 6，"400 平"他跑了 46 秒 1，而 400 米栏他跑了 50 秒 1（之前的最好成绩是 53 秒 1），与全美最高纪录仅差了 1.5 秒。全场所有人都重新看了看比赛节目单，努力寻找这个留着大圆蓬发型、戴着大太阳镜的家伙的名字，他越过障碍就像是跨过小的橙色交通锥一样轻松。

这次比赛之后，为了加入奥运团队，埃德温·摩西对竞争对手做了一番小研究。麦克尔·夏因的成绩不错，但是他的栏间步需要15步，大多选手是14步。埃德温·摩西只需要13步，所以可以打败麦克尔·夏因。俄克拉荷马州的吉姆·博尔丁曾创造了全美纪录，但是在1972年的奥运选拔赛中因表现不佳而落选。不知道他是不是能扛得住谣言压力，有勇气再次参加奥运选拔赛。圣地亚哥州的昆汀·惠勒被认为是最强大的竞争对手，那一年他有望赢得全国大学体育协会总冠军，并刷新全美纪录。尽管埃德温·摩西不怎么参加该比赛，但他感觉离昆汀·惠勒并不远。

在决定专注于哪个比赛之前，埃德温·摩西想看看他的400米栏的成绩是不是侥幸取得的。接下来的赛跑中埃德温·摩西又将用时降到了49秒8，然后是49秒2。5月初，他又取得了48秒8的成绩。在去参加奥运会的两个半月前，他距离全美纪录仅差0.3秒。400米栏就是他参加奥运会的门票。

到底发生了什么？一个连大学体育奖学金都没拿到的孩子，居然敲开了奥运会的大门？埃德温·摩西的身体已经和他的大脑、敬业精神完美地结合在一起了，现在就是它们发挥作用的时刻了。那些坐在富兰克林广场的跑道旁观摩跨栏选手的时光一去不复返，现在，这个男孩已经1.89米高、150斤重，一年12个月都在训练60米短跑和16千米越野跑。他的身体像橡皮筋一样伸展开来，看似一夜工夫就取得了这样的成绩，但事实上却刻苦努力了10年。

6月，在俄勒冈的奥运选拔赛中，埃德温·摩西以48秒30的成绩赢得了决赛，并打破了美国的纪录。他毫不吃力地击败了昆汀·惠勒和麦克尔·夏因，昆汀·惠勒比他落后了将近0.4秒，麦克尔·夏因则落后了1秒多。

之后是蒙特利尔奥运会。埃德温·摩西以47秒64的成绩打破了

400 米栏世界纪录，比麦克尔·夏因领先了 1 秒多，或者说领先了 10 米。苏联选手叶夫根尼·加夫里连科获得了铜牌。昆汀·惠勒排第 4 名。

当金牌挂到脖子上的那一刻，埃德温·摩西还不确定自己到底完成了多少次 400 米栏比赛。加上所有预热赛，应该不下 6 次了，但是不会超过 10 次。然而，与以往的比赛相比，在蒙特利尔的跑道上，埃德温·摩西的状态可以说比任何其他竞争对手都要好。埃德温·摩西的粉丝开始出现了。全欧洲的主办者都看上了这个有着大圆蓬发型、戴着太阳镜的男子。埃德温·摩西还要上一年大学，但也开始赚钱了。当然，他得私下里赚，因为全国大学体育协会的规则和关于业余运动员的法律禁止他在田径赛场上露面捞金。然而，这些规则对埃德温·摩西没有太大意义，因为在 1976 年，几乎所有其他项目的运动员突然发现可以将赛场上获得的成绩变现，而体坛的权力天平似乎正从官员身上倾斜到运动员身上。埃德温·摩西坚信他也能得到相应的利益，就像其他奥运选手一样。

主办者们都在通过赛事赚钱，同时，他们也是国际田径联合会（世界田径运动的管理组织）的经营者。他们应该维护职业规则。如果他们打破了规则，与选手私下交易，选手有何理由不接受潜规则拿这些钱呢？

别签任何协议，别留书面证据，别谈钱，别把钱放到你自己的银行账户里——毫无疑问，这是一个愚蠢的体制。然而，自从皮埃尔·德·顾拜旦男爵在 19 世纪末构建出现代奥运会理念后，无所不能的国际奥委会就迫使大家去适应这样的体制。

古希腊奥运会上的选手是不是业余的无关紧要。训练时他们可以获得财政支持，而当奥运会结束他们载誉归来时，还能得到丰厚的奖励。"业余"的概念是在 19 世纪末提出的，按照奥运史学家大卫·沃利钦斯基的说法，此举的目的是为了防止"工人阶级与贵族阶级竞争"。富人可以业余，因为他们不用请假就能来玩。工人阶级只能依靠劳动来养家糊口，即使去参加体育运动，也是为了挣钱。奥林匹克运动会等比赛制定了规则，从而避免了无所事事的富人与平头百姓竞争（当然可能输给他们）。然而，皮埃尔·德·顾拜旦男爵有方法让优秀的运动员参与进来——富人阶级支持工人阶级出身的运动员，就像他们援助饥饿的艺术家们一样。皮埃尔·德·顾拜旦男爵的理想主义观念，我们没法过多苛责，毕竟它是奥林匹克运动会存在的基础。但不幸的是，80年后，理想主义观念并不能解决奥林匹克运动员们的生存问题。

实际上，业余主义产生之后就引发了争议，还引出来一些丑闻。比如，吉姆·索普失去了在1912年的奥运会上获得十项全能金牌和五项全能金牌的机会，只因为他被发现在1909年和1910年参加了半职业棒球赛——然而每场只赚了2美元。在20世纪20年代，英国人抱怨说，美国是通过颁发大学体育奖学金来造就新一代的职业运动员的。在20世纪30年代，体育教师和培训师的参赛资格开始受到审查，因为他们的生计是与体育运动紧密联系在一起的。加拿大运动员迪克·庞德同时也是国际奥委会的成员，他不从事暑期救生员的工作，因为他害怕会被取消业余身份。

1952年，美国实业家艾弗里·布伦戴奇当选国际奥委会主席。然而，在过去半个世纪的体育界官员生涯里，布伦戴奇站在了错误的一边。20世纪30年代，他称赞希特勒，对领袖旨在团结德国人民和提高国民精神的工作大加赞誉。1936年，作为美国奥委会的负责人，他没有让犹太人参加柏林奥运会，免得他们获胜时令希特勒感到难堪。他还是孤立主义集团"美国优先"的成员，反对人们对"二战"的干预。

1968年，布伦戴奇曾下令将美国短跑运动员汤米·史密斯和约翰·卡洛斯赶出奥运会。因为在唱国歌时，他们在颁奖台上举起戴着黑手套的拳头，并低下头，来抗议对他们的人权的侵犯，这个动作被误解为黑权礼。当美国奥委会拒绝驱赶他们时，布伦戴奇威胁说要解散整个美国田径队。

业余主义认为奥运会运动员有权通过体育赛事谋生，而布伦戴奇对此充满了极大的敌意。他简单粗暴地划分了体育世界：纯粹为了体育而参加体育运动的人和为了经济利益而参加比赛的人。他宣称："奥林匹克荣誉是针对业余选手的。"国际滑雪联合会成了布伦戴奇最大的敌人，因为该组织明确规定世界上所有的顶尖选手都可以与设备制造商签约。奥地利的卡尔·施兰茨也许是20世纪60年代最好的高山滑雪运动员，他创立了自己的公司克耐思。他说自己公司生产的超级滑雪板帮助他在1969年和1970年赢得了总冠军。布伦戴奇将此视为对奥运根基以及奥运五环所代表的一切的攻击。1972年，在札幌冬奥会开幕三天前，布伦戴奇说服国际奥委会以"违反业余主义"的名义禁止卡尔·施兰茨参赛。如果布伦戴奇的愿望能实现的话，他会将高山滑雪这一项运动从奥运会中取消。事实上，由于越来越商业化，他也的确提出了取消冬奥会的想法。

1972年，布伦戴奇辞去了国际奥委会主席一职，曾是记者的爱尔兰男爵迈克尔·莫里斯·基拉宁接任。基拉宁完全不像布伦戴奇那样担心业余性问题，他建立了一个工作组来研究资金与职业主义对奥运会的潜在影响。这个工作组表现得"非常专业"：对这个问题进行了研究、讨论，但没有做出实质性的行动。苏联人是变革的最大障碍，这很好理解：他们所有的运动员都是军队的士兵和警卫，但是这些人很少从事军事和警卫工作，只是进行大量的训练——这才是他们真正的工作，并以此来获得报酬。这给了东欧国家一个非常大的竞争优势，他们不愿放弃得来的一切。在1956年、1960年、1972年的夏季奥运会以及1956年—1964年、

1972 年、1976 年的冬季奥运会中，苏联人赢得了大部分的田径金牌。

最终成为国际奥委会副主席的迪克·庞德如此谈论苏联人："他们简直可以看着你的眼睛，一脸正直地告诉你，他们的运动员不是职业的，然而他们有着特别的才能。"东方集团的体育负责人是俄罗斯人康斯坦丁·安德里亚诺夫，他于 1951 年进入国际奥委会，为苏联政府做了辩护。由于当时苏联政府控制着东方集团，所以东方集团的所有代表都是按照康斯坦丁·安德里亚诺夫和他在国际奥委会的小助手维塔利·斯米尔诺夫所要求的那样进行投票表决的。

埃德温·摩西抵达欧洲时，田径巡回赛中最受欢迎的是芬兰的 5000 米和 10000 米长跑冠军拉塞·维伦，他是 20 世纪 70 年代收入最高的奥林匹克运动员之一。拉塞·维伦在 1972 年和 1976 年的奥运会上分别得了金牌，之后他在每一场比赛中可以赚到 2500 美元。如果他在一场运动会上同时参加 5000 米和 10000 米的长跑比赛，就可以赚到 5000 美元。1976 年奥运会之后，承办方给埃德温·摩西开出了 1500 美元的价格，还包了出场和比赛需要的其他费用。他们在私下进行纯现金交易，完全违反了埃德温·摩西所在学校的校规和奥运会的规则。然而，对于一个教师家庭出身且仍在读大学的孩子来说，这些真金白银极具诱惑力。他在夏季和秋季可以参加 15 场比赛，所得收入基本就相当于他父亲一年挣的了。埃德温·摩西说他毫不犹豫地收了这笔钱。他在考虑读医学院，田径赛获得的这些收入就够他的学费了。在他参加的项目中，他是最优秀的运动员，他觉得他值得这每一分钱。

人人都知道规矩，在运动会结束后，运动员们会走到主办人的办公室，坐在一旁的银行经理人会把现金分好装到信封里。如果主办人对某个运动员的表现不满意，他就会从里面抽出一部分，运动员对此也无可奈何。

埃德温·摩西返回莫尔豪斯学院的第二年春天，学院田径队得到了一个变现的机会：去洛杉矶附近的圣安东尼山社区学院参加接力赛，所有费用全包。这次莫尔豪斯学院想让埃德温·摩西参加跨栏比赛和 4×400 米接力赛。

在圣安东尼山社区学院，埃德温·摩西遇到了这次运动会的负责人，同时也是国防企业集团通用动力公司总经理的拉里·麦克维。拉里·麦克维很喜欢埃德温·摩西和他的朋友史蒂夫·普莱斯。通用动力公司希望雇用更多少数族裔工程师，所以在拉里·麦克维的帮助下，埃德温·摩西1978年毕业之后在这里做助理测试工程师。一个造导弹的公司居然有一个奥运金牌得主员工，似乎有点让人感到温暖和感动。

这是份"货真价实"的工作。奥运会的规则禁止企业向员工支付除了实际工作所得以外的报酬，因此埃德温·摩西无法通过兼职或者作为公司发言人拿到酬劳。此外，作为一个向政府部门收费的国防承包商，通用动力公司必须上报埃德温·摩西的工作时间，吃空饷是不可能的。

埃德温·摩西不介意这些。他的办公室距离世界级的核桃市田径场只有10分钟的路程，圣安东尼山社区学院接力赛就在这里举办。他早上可以去田径场进行3小时的日常训练，下午4点到晚上11点去公司上班，参与制造帮助美国在美苏军备竞赛中获胜的巡航导弹和火箭系统。当时正处于冷战时期，通用动力公司业务繁忙，工程师每天都是三班倒。

夏季过后，埃德温·摩西休假去欧洲参加田径运动会。这种"双重生活"是正常的，因为单靠田径运动没未来。虽然不能干到退休，但毕竟参加比赛能挣到钱。对埃德温·摩西来说，确保充足的休息是最大的问题。相比之下，很多欧洲运动员都在国家体育联合会中有一份轻松的工作，比如当教练员或体育教师。

1977年8月，埃德温·摩西在西德的一场比赛中输给了哈拉尔德·施米德，当时埃德温·摩西有腿伤。施米德在随后的杜塞尔多夫世界杯田径赛上宣称自己最有望夺金。在赛场上，施米德和埃德温·摩西相距3米，然后埃德温·摩西超过了他，以47秒58的成绩取胜，与他曾经创造的世界纪录（47秒45）差了0.13秒。埃德温·摩西走下赛场时说："搞定。"之后10年中，他再也没输过。

1980年，他以47秒13的成绩创造了新的世界纪录。直到两年后，才有一位选手取得了48秒的成绩。埃德温·摩西把他的成绩归功于他的训练方法。他自高中以来一直是越野跑选手，上大学后也坚持做长跑训练，并和伙伴一起训练中程跑。他跑800米的成绩是1分43秒5，与世界纪录相差约1秒。他还像一个短跑运动员一样训练，仿佛终有一天还会重回110米栏赛场。他就像一个科学家一样非常严谨地注重自己的饮食和生理状况，每天都在思考如何提高成绩。他四处涉足，偶尔也会在美国1英里接力赛上插一脚。然而，400米栏需要大步伐以及迅速离地的能力，而1英里接力赛需要更小的步子以及离地更近。所以，当他意识到训练其他项目会影响他的主业时，决定还是以自己的主业400米栏为重。

作为一个物理学家，埃德温·摩西找到了最有效的跨越栏杆的方式。大多数运动员都用右腿跨栏，因此不得不在横栏的中间或者外侧起跳跨栏。而自从高中受伤以后，埃德温·摩西一直用左腿跨栏，因此可以在左侧或者内侧起跳跨栏，而整个比赛中他的轨迹也是在赛道内侧。在400米的田径比赛中，沿着椭圆跑道的内侧跑和外侧跑有什么区别？差四五米的距离，具体到每次会有细微的差别。因此，在比赛中要想击败埃德温·摩西太困难了。如果运动员距离埃德温·摩西四五米，则他只能争夺亚军。

埃德温·摩西的优势造就了他的传奇人生，令他取得了其他运动员永远无法企及的霸主地位。他从没退缩过。从 1977 年开始，他就开始反对国际体育联合会的不公平体制，揭示他们的虚伪面纱——让大多数运动员做免费的劳动力。他去了马丁·路德·金曾就读的大学，一眼就看到了剥削和压迫现象。大多数田径运动员都有同样的遭遇，但他们选择了默默忍受。国际奥委会成员庞德说："作为一个运动员，如果你太口无遮拦或者备受争议，那很可能会给自己带来麻烦。"艾弗里·布伦戴奇就证明了这一点。

但是，埃德温·摩西不担心这些，因为他觉得没必要。他已获得了一枚金牌，有一个大学学位和一份工程师的工作。如果因为直言不讳断送了他的奥运生涯，生活照样可以继续下去。然而，他没有得到其他奥运选手以及本国选手们的支持。他们都害怕直面根深蒂固的体制，不想拿自己的奥运资格来冒险。

1980 年夏天，为了抗议苏联入侵阿富汗，美国的吉米·卡特总统下令抵制莫斯科奥运会。几乎是一夜之间，60 多个支持抵制的国家的数千名运动员成了"冷战"的棋子——他们多年来为了私下获得报酬的比赛或者甚至没有任何报酬的比赛而辛勤训练。对于埃德温·摩西和其他美国田径运动员来说，这年夏天唯一的好消息是英国中距离赛跑运动员塞巴斯蒂安·科和史蒂夫·奥维特在莫斯科参加了两次比赛：800 米赛跑和 1500 米赛跑。他们成了国际体育运动界中最火的大明星，出场费暴涨。与此同时，埃德温·摩西的身价也大涨，一场运动会的报酬近 2 万美元。突然间这钱太好拿了，埃德温·摩西不用在通用电力公司工作了。这年夏天，埃德温·摩西请了假，再也没有回来。

1980 年抵制莫斯科奥运会还带来了另外一个好处：原本想通过莫斯科运动会赚上一笔的美国运动员，尤其是田径运动员，都对本国政府和美国奥组委禁止他们去参加比赛而感到愤怒。如果为了洛杉矶奥运会再坚持4年，他们必须通过平时的劳动获得收入，而想实现这个的唯一途径就是修改业余性规则。

这一提议并不是很受欢迎。虽然很少有人会再高举纯洁大旗，但是世界上的多数人坚信业余性原则可以拉平其他运动员与众多美国运动员的水平。美国有2.5亿人口、大量的财富以及几乎深不可测的人才"储备池"。东方集团和一些欧洲国家建立培训学校来雇用运动员当教练，而美国也有大学运动奖学金。掌管国际体育联合会的上层人士不愿改变这个体系，因为除了滑雪联合会，剩下的组织都有大量的免费劳动力可供支配。他们最不愿意做的事情莫过于在比赛结束后给运动员支付更多的钱。

对于埃德温·摩西来说，幸运的是，新上任的国际奥委会主席胡安·安东尼奥·萨马兰奇遇到了一个大难题，远比运动员没钱付房租、没钱训练这些问题复杂，但也与这些小问题有直接关系。

当时，各个城市分别拿出1亿美元竞选奥运会主办资格，而他们的代表们辗转于全世界各地，请求各种各样的国君、酋长、"宇宙的主人们"以及担任国际奥组委成员的前运动员们来支持自己主办奥运会。难以想象，有人会不愿意主办奥运会。因为遭遇财政动荡，丹佛在1976年放弃了举办冬季奥运会的机会，迫使国际奥委会不得不授权给奥地利的因斯布鲁克。普莱西德湖（只有2500个人）是1980年冬奥会的唯一举办方，而这一年想要申办夏季奥运会的则有莫斯科和洛杉矶，结果莫斯科赢了，美国和其他60多个国家联合抵制莫斯科。1984年的夏季奥运会只有洛杉矶一个主办方。申请主办1988年夏季奥运会的只有两个城市：日本名古屋和韩国首尔。

萨马兰奇犯过很多错误，他是西班牙独裁者弗朗西斯科·佛朗哥的伙伴，曾担任佛朗哥的体育部长，但也是佛朗哥的主要敌人所在的区域加泰罗尼亚的主席，喜欢被人称为"阁下"。20世纪90年代，他所监管的国际奥委会深陷盐湖城行贿丑闻——委员收受现金、礼品和大学奖学金，以帮助盐湖城夺得2002年的冬奥会主办权。但在允许运动员获得他们的比赛酬金这个问题上，萨马兰奇做对了，即使他是纯粹出于自身利益而做出的抉择。

萨马兰奇接手的国际奥委会几乎没有存款。举办蒙特利尔奥运会亏损了10亿多美元，这笔巨债直到几十年后才还清。萨马兰奇知道只有一个办法来填补无底洞：将奥运会推到电视节目上去，游说广播公司尤其是美国的广播公司花大价钱来转播有关奥运会的电视节目。出色的节目需要出色的明星，而奥运会上有无数巨星。但超棒的节目不能让巨星们在一季结束后就离开。萨马兰奇明白，要让美国运动明星们反复出现，从而让人们了解他们、关注他们，从而宣传奥运会。而实质上，业余运动员的规则严禁这些精英中的精英每4年聚集一次，为这些利益拼得你死我活。

在这期间，埃德温·摩西不断获胜，私下收钱来维持自身的消费，以待重回1984年的奥运会赛场。他受过教育，可以轻松地从公民权利谈到导弹防御系统，还可以跑得像风一样快。如果国际奥委会打算听取某个人对改革的想法，他们肯定会去找埃德温·摩西。因此，萨马兰奇邀请他作为国际奥委会的一分子，来帮助他起草一个能让运动员赚取足够的钱来养活自己、支付医疗费用以及请一两个教练的方案。这里面有一个隐情：这个方案不能惊吓到国际奥委会的保守派们。

埃德温·摩西想将虚伪的业余性概念丢进垃圾堆，但他知道那不可能实现。他必须拿出一个方案，既能让运动员像职业选手那样生活、训练和比赛，同时又能遵守"为运动而运动"的奥林匹克运动理念。

埃德温·摩西和他的盟友们想出了这样的方案：运动员可以赢取奖金，也能从商业广告中收取费用，但如果想要继续参加奥运比赛，这笔钱就不会直接打到他们的银行账户里，而是会打入由国家奥林匹克委员会负责的信托基金。

还处在职业生涯时，运动员们就不能买豪车、游艇或者度假别墅，他们必须把赢来的钱用在生活和训练上，而信托基金将追踪运动员的各种花费，予以批准。当他们退役时，剩余的钱将返还给他们。这个制度还将促使国家奥林匹克委员会的委员们直接给运动员们提供帮助，而事实上很多人已经在做这些事儿了。

这正是萨马兰奇所寻找的东西，对每个人来说都有意义。当萨马兰奇支持这个方案后，国际奥委会于1981年批准了体育信托基金。在"贫困"了近一个世纪之后，"奥林匹克"成了一个能养家糊口的代名词，并且允许卡尔·刘易斯等体育明星每4年参加一次比赛。20世纪80年代末，国际奥委会深深迷上了在奥运会中引入运动巨星的理念，因此取消了信托基金。当然，行事稳重的国际奥委会成员是不会简单粗暴地声明奥运会允许职业人士参加比赛的，他们把这个决定权抛给了国际单项体育联合会。如果国际单项体育联合会允许一个运动员参加世锦赛，那么他或她也有资格参加奥运会。

1984年，职业足球运动员最先加入奥运会。1988年，职业网球选手加入奥运会。1992年，萨马兰奇和国际奥委会又迎来了所谓的"梦之队"（包括NBA球星迈克尔·乔丹、"魔术师"约翰逊、拉里·伯德等在内的篮球队）。随着越来越多的百万富翁级别的运动员参加比赛，奥运五环的含义几乎一夜之间从最高形式的业余运动转化为世界一流的职业竞技比赛。

在允许奥运会运动员赚钱养活自己后，奥运会成了强者与强者对决的领地，这也改变了我们对人类发展和体育运动极限的理解。

游泳被绝大多数体育迷忽视了近4年，也是所有奥林匹克运动项目中最容易被忽视的一项，这也使得游泳成了能让人们了解现代奥运演变的途径。与田径比赛不同的是，在业余奥运的时代，游泳项目并不存在私下交易的情况。即使到了2016年，泳坛也很少有能让运动员们获得奖金的公开职业巡回赛，每个游泳运动员赚的钱都来自赞助商。

在美国的大学和高中，游泳项目一度占主导地位。某一时期，东德人也重视游泳项目。它曾被认为是年轻人爱玩的游戏。美国选手帕布罗·莫拉莱斯没能进入1988年的奥运会。当他从法学院退学时，众人都以为他开始走下坡路了，但在1992年的巴塞罗那奥运会上，他以27岁的高龄赢得了100米蝶泳金牌。帕布罗·莫拉莱斯成了史上年纪最大的奥林匹克游泳冠军，也被认为达到了年龄极限。但事实上，他只是开了个头。

将1976年埃德温·摩西登上奥运会舞台之前各个游泳项目的世界纪录保持者与2015年世界杯中的各个游泳冠军的年龄比较一下，你会发现一个明显的现象：2015年的很多冠军的年龄都远大于前职业时代那些世界上最优秀的游泳运动员的年龄。即使是18岁半就在俄罗斯喀山的世界游泳锦标赛上赢得女子200米、400米、800米、1500米自由泳冠军的凯蒂·莱德基，也比20世纪70年代中期各个游泳项目中的运动员大了1—3岁。瑞安·洛赫特31岁时成为200米男子混合泳世界纪录保持者，比1976年的世界纪录保持者大了13岁。

那个时期的女子世界纪录保持者的年龄非常小，美国仅有两人达到了法定饮酒年龄（当时法定饮酒年龄为18岁）。随着时间的推移，甚至有更年轻的女运动员打破了多项世界纪录。1978年，15岁零8个月的美国选手特雷西·考尔金斯创造了 200 米和 400 米女子混合泳世界纪录。一年后。玛丽·米格尔又打破了 200 米蝶泳的世界纪录，当时她仅有 14 岁零 9 个月大。如果这些刷新纪录的女运动员大学毕业之后继续训练，她们就能成为这些项目中最优秀的游泳运动员了吗？不好说。

　　游泳成了职业化的运动项目，渐渐地，年龄相对大一些的选手开始占了上风，这对于最大受益方美国来说是件好事。更年长、更好的冠军选手成了美国整个奥运团队的主力，就靠他们来夺奖牌了。从 1972 年到 2014 年，无论是冬季奥运会还是夏季奥运会，金牌、银牌及铜牌得主的年龄都在往上升。

　　在夏季奥运会的美国金牌得主中，女性运动员的平均年龄从 1976 年的 19.5 岁上升到 2012 年的 25.5 岁，而男性运动员的平均年龄则从 22.6 岁上升到 26.4 岁。将所有奖牌得主进行对比，你会发现夏季奥运会的运动员的平均年龄从 24 岁上升到了将近 27 岁，而冬季奥运会的运动员的平均年龄则从 22.4 岁上升到了近 26 岁。自从 1996 年开始，美国人赢走了大部分的金牌和其他奖牌——当时的人口和资金优势，以及苏联解体的大环境，对美国十分有利，令美国战无不胜。

　　随着资金的流入，运动员不会再轻言放弃了，虽然这些钱只能够吃饭和租房。泳坛名宿马克·施皮茨在 1972 年慕尼黑奥运会上连夺 7 枚金牌。那时他只有 22 岁，从没想过在这届奥运会之后继续参加比赛，他必须想办法把自己的名气"变现"，来维持生活。于是，他在电视连续剧《急诊室的故事》中演了一个小配角，而并没有尝试在 1976 年的蒙特利尔奥运会上续写辉煌。试问，布鲁斯·詹纳得过第二次十项全能冠军吗？弗兰克·肖特曾想在 1976 年的奥运会上夺取第二枚马拉松金牌，但最终他只得了银牌。因为在此之前的 4 年中，他为了生计，花了大部分时间拿到了一个法律学位，而没有去参加全职训练。

然而，美国运动员可是奥运会的赢家。正因为如此，美国观看奥运会的电视观众的数量非常巨大，而当时观看其他节目的电视观众的数量在不断下滑，这就使得美国媒体的版权费大幅飙升。自从埃德温·摩西和萨马兰奇说服国际奥委会让运动员开始边赚钱边比赛之后，美国媒体的版权费到底有了哪些变化？通过以下图表来了解：

电视上的奥运会

夏奥会				冬奥会			
年份	地点	网络	美国版权费	年份	地点	网络	美国版权费
1960	罗马	哥伦比亚广播公司（CBS）	39万美元	1960	加利福尼亚斯阔谷	哥伦比亚广播公司（CBS）	
1964	东京	美国全国广播公司（NBC）	150万美元	1964	奥地利因斯布鲁克	美国广播公司（ABC）	60万美元
1968	墨西哥城	美国广播公司（ABC）	450万美元	1968	法国格勒诺布尔	美国广播公司（ABC）	250万美元
1972	慕尼黑	美国广播公司（ABC）	750万美元	1972	日本札幌	美国全国广播公司（NBC）	640万美元
1976	蒙特利尔	美国广播公司（ABC）	2500万美元	1976	奥地利因斯布鲁克	美国广播公司（ABC）	1000万美元
1980	莫斯科	美国全国广播公司（NBC）	8700万美元	1980	纽约普莱西德湖	美国广播公司（ABC）	1550万美元
1984	洛杉矶	美国广播公司（ABC）	2.25亿美元	1984	南斯拉夫萨拉热窝贝尔格莱德	美国广播公司（ABC）	9150万美元
1988	首尔	美国全国广播公司（NBC）	3亿美元	1988	卡尔加里	美国广播公司（ABC）	3.09亿美元
1992	巴塞罗那	美国全国广播公司（NBC）	4.01亿美元	1992	法国阿尔贝维尔	哥伦比亚广播公司（CBS）	2.43亿美元
1996	亚特兰大	美国全国广播公司（NBC）	4.56亿美元	1994	挪威利勒哈默尔	哥伦比亚广播公司（CBS）	3亿美元
2000	悉尼	美国全国广播公司（NBC）	7.15亿美元	1998	日本长野	哥伦比亚广播公司（CBS）	3.75亿美元
2004	雅典	美国全国广播公司（NBC）	7.93亿美元	2002	盐湖城	美国全国广播公司（NBC）	5.55亿美元
2008	北京	美国全国广播公司（NBC）	8.93亿美元	2006	意大利都灵	美国全国广播公司（NBC）	6.13亿美元
2012	伦敦	美国全国广播公司（NBC）	11.8亿美元	2010	温哥华	美国全国广播公司（NBC）	8.2亿美元
2016	里约热内卢	美国全国广播公司（NBC）	12.26亿美元	2014	俄罗斯索契	美国全国广播公司（NBC）	7.75亿美元
2020	东京	美国全国广播公司（NBC）	14.3亿美元	2018	韩国平昌	美国全国广播公司（NBC）	9.5亿美元

为什么说其对整个奥林匹克运动有重大影响呢？因为美国广播公司的款项就像是国际奥委会的母乳，国际奥委会2009—2012年收入约60亿美元，电视转播费用占了47%；在美国的收入为21.5亿美元，占全球总收入（39亿美元）的55%。2020年东京奥运会的收入至少也会这么多。在2012年，美国全国广播公司（NBC）支付了44亿美元买断了2014—2020年的奥运独家转播权，而2014年，美国全国广播公司又用80亿美元将转播权延长至2032年。如果没有美国的职业运动员在奥运会上赢取大量的金牌，美国全国广播公司绝不会投下这么多钱，而国际奥委会依然是一个又小又穷的组织。

2008年8月16日早晨，在北京奥运会的男子100米蝶泳比赛中，迈克尔·菲尔普斯落后塞尔维亚选手米洛拉德·查维奇半臂距离，而在接下来的40米里，迈克尔·菲尔普斯慢慢靠近米洛拉德·查维奇，不断地追击。邻近泳池壁时，他孤注一掷尝试触壁，这时查维奇也游了过来，但是迈克尔·菲尔普斯用一指头的距离赢得了比赛。水下拍摄画面显示迈克尔·菲尔普斯以0.01秒的优势战胜米洛拉德·查维奇，这一刻成了21世纪奥运会标志性的一幕。这场胜利给迈克尔·菲尔普斯带来了第7枚金牌，让他追平了马克·施皮茨在36年前创下的单届奥运会7枚金牌的泳坛纪录。第二天晚上的4×100米混合泳接力赛，他又创造了新的个人纪录。

迈克尔·菲尔普斯的胜利使得世界人民更加热爱奥林匹克——而美国大众每两年就要为此着魔一次。如果不是同一个选手连续参加游泳或者沙滩排球赛等项目，可能大部分人都不会跟踪关注奥林匹克运动会。世界上最优秀的游泳选手在最重要的时刻做了一件常人认为绝对没有人能完成的事。美国全国广播公司凭着迈克尔·菲尔普斯的事迹获得了空前的胜利。北京奥运会是目前为止被观看次数最多的电视节目，16天的赛程有 2.17 亿用户在观看。超过 3000 万观众看了迈克尔·菲尔普斯夺金的画面。2012 年伦敦奥运会时再次出现了这一现象——尽管比赛在电视上延迟播出，而且在看电视之前很多人已经知道了比赛结果，但是人们还是去看了电视转播。

身在瑞士洛桑的国际奥委会的成员应该非常高兴，因为获得了 22 枚奖牌的迈克尔·菲尔普斯是史上最华丽的奥运会运动员，他身上有很多故事素材值得大家宣传。大多数优秀的游泳运动员每周休息一天，这是体育运动管理部门的规定。就像棒球投手每 5 天休息一次，而国家橄榄球联盟球队的队员在赛季中的每周二休息。2004 年雅典奥运会之后，迈克尔·菲尔普斯决心打破马克·施皮茨的纪录，所以放弃了休息时间，即一周训练 7 天。他认为这会令自己比其他人优秀七分之一，至少能让他自我感觉如此。

"4 年间，我们每周训练 7 天，一年训练 365 天，包括感恩节和圣诞节。"迈克尔·菲尔普斯的教练鲍勃·鲍曼说。这就是靠一个"指头"的优势打破一项神圣的历史纪录的成本。

迈克尔·菲尔普斯拥有的不只是奉献精神，他还赚到了钱，包括每年 100 万美元的 Visa 和 Speedo 的赞助费。他也几乎没有烦心事，因为有钱，他可以逃课去训练，而不用分散精力去考英语。迈克尔·菲尔普斯成了他这个时代的奥运英雄。

如果迈克尔·菲尔普斯早出生很多年，赶上这样的时代——奥运选手被禁止通过比赛获得酬劳，最优秀的美国运动员不得不在二十三四岁的年纪放弃梦想，那么他可能不会连续 4 次出现在奥运会，赢得 22 块奖牌，也不会在 2004 年连赢 6 块金牌之后定下单届奥运会赢 8 块金牌的目标，更不会在退役之后选择复出去征战 2016 年奥运会。而现实是，他做到了，也的确像大部分人在奥运会上看到的那样，成了精英中的精英。

现在的奥运会给人的感觉和距今 50 年前的奥运会不太一样。自从 1994 年开始，夏、冬奥运会交替每两年举行一次，因为这样对想要连续做广告的赞助商更有吸引力。

天下没有免费的午餐，而被国际奥委会定义的业余性运动的进步也需要付出代价。只要去问问那几百位美国运动员就知道了，他们被迫参加 1980 年抵制莫斯科举办奥运会的活动，甚至没钱去为 4 年后夺金做准备。

1981 年，在带领众人改变了关于奥运会运动员的规则之后，埃德温·摩西回到了他的主业上——成为那个时代最具"统治"地位的田径运动员。1984 年，他参与了洛杉矶奥运会的推广工作。在国际奥委会通过信托基金后不久，埃德温·摩西不断地接到赞助商的电话——柯达想要与他合作，阿迪达斯也正有此意。洛杉矶奥运会组委会主席彼得·尤伯罗斯指导赞助商们盯着那些毫无悬念会成为明星的运动员。跟马克·麦考马克一样，彼得·尤伯罗斯认为大部分人，包括那些经营大公司的人，对奥运会感兴趣主要是针对参赛的运动员们。等到洛杉矶奥运会开始时，埃德温·摩西已经出现在全国大约 9000 块柯达的广告牌上。

埃德温·摩西自 1977 年 8 月 26 日开始就再也没输过，而且他也不打算输掉任何一次比赛。美国抵制莫斯科举办奥运会的那一年，埃德温·摩西与夏奥会冠军失之交臂，他的 4×400 米成绩降到了 47 秒 13。毫无疑问，如果埃德温·摩西被允许参加莫斯科的奥运会，比赛结果肯定会不同。1983 年，他在赫尔辛基世锦赛上获胜。同一年，他在科布伦茨举办的 4×400 米比赛中再次打破了由自己创造的世界纪录，用时只有 47 秒 2。

1984 年 8 月 5 日傍晚，在洛杉矶纪念体育场，埃德温·摩西踏上了第 6 赛道的起跑架。当他和其余 7 个赛道的赛跑者蹲在跑道上时，全场安静下来。西德冠军哈拉尔德·施米德在第 5 赛道，他旁边是美国新秀丹尼·哈里斯——他在奥运选拔赛开始前几个月才开始训练赛跑。轨道摄像头被按下的同时，赛跑选手冲出起跑架，但是很快不得不停下来。埃德温·摩西起跑犯规，他们要重新比赛。终于发令枪响起，这次的起跑信号是清晰的，这 8 个人狂奔向第 1 个栏。赛场上几乎每个人的目光都落在第 1 道横栏上。跑了 50 米之后，埃德温·摩西已经超越了第 8 赛道的比利时选手迈克尔·齐默尔曼——尽管梯形起跑模式让位于后面赛道的选手在起跑时比前面一个赛道的选手靠前了大约 5 米。

埃德温·摩西跨过第 5 个栏后占了优势，与其他人步调不同的是，他已开始在赛道上冲刺。离终点还有近 200 米，埃德温·摩西昂首挺胸，每 13 步跨一个栏。最终，埃德温·摩西用惯常的方式赢得了比赛，他与最近的对手相距 3 米。

在奥运会上取得胜利之后，埃德温·摩西继续参加比赛，甚至没空给朋友打电话。在波兰的一场比赛前，他食物中毒了，但还是来到了赛场上，以甩掉对手 1.5 米的优势获胜。就这样，他创造了连胜神话。

直到 1987 年 6 月，丹尼·哈里斯在马德里以 0.13 秒的优势超过了他。埃德温·摩西前两栏都处于领先地位，但是哈里斯在半道超过了他。当埃德温·摩西跨第 10 个栏时，哈里斯比他领先了几步。埃德温·摩西在最后几步时靠近了他，但是却冲出了赛道。当天晚上，在 12000 名西班牙观众起立鼓掌之前，埃德温·摩西向他们致意。他说："我跑得很好，而打败我的那个小伙子比我年轻了 10 岁，刚刚踏入了他的赛跑人生。"半小时后，人们依旧在呼喊着他的名字。

1987 年夏天的世锦赛上，他以 0.02 秒的优势打败了丹尼·哈里斯。他的世界又一次到来了。第二年，当奥运圣火在首尔点燃时，埃德温·摩西和卡尔·刘易斯都是美国队的巨星。美国全国广播公司以3亿美元的天价获得了美国的奥运转播权。该公司还和国际奥委会之间做了交易，就广告收入进行分成，获得了近5亿美元的收益。由于广告商想让重大比赛的决赛在美国晚上时间直播，所以美国全国广播公司说服了奥运会主办方将比赛时间安排在了韩国时间（比美国东部时间早13小时）的午后。

9月24日首尔傍晚，在4×400米赛跑半决赛上，埃德温·摩西以47秒89的成绩跑了第1名。为了配合美国全国广播公司的电视时间表，赛跑决赛被定到了第二天的下午1点。休整的时间只有19小时，比埃德温·摩西习惯的24—30小时短了很多（目前赛跑选手在半决赛和决赛之间可以休整一整天）。埃德温·摩西知道让他恢复的时间很紧张，尤其是他现在已经32岁了。在赛跑半决赛时，他耗费的力气已经超出了极限。当时的奥林匹克体育场里没有配备冰浴和治疗室，因此，埃德温·摩西不得不去当地的医院治疗双腿抽筋。当他回到奥运村时，已经凌晨1点了。7小时后，他的闹钟响了。当他从床上爬起来时，感觉有人将球和链子拴在了他的脚踝上。

"我的双腿毫无知觉，我还需要8小时才能恢复。"他说，"我职业生涯中唯一一次遭遇这样的情况，而这一天是我参加奥运会的最后一天。"

埃德温·摩西带着卷尺抵达赛场，以便于在3号赛道放置起跑架——3号赛道是他13年的辉煌跨栏生涯中的最爱。一阵微风吹过，他沿着直道走过去。不远处就是他的挑战者们——西德的哈拉尔德·施米德在第1赛道，美国的凯文·扬在第2赛道，塞内加尔的阿马杜·迪阿巴在第5赛道，美国的安德鲁·菲利普斯在第6赛道（他是1985年至1986年排名世界前列的400米栏选手，但从没打败过埃德温·摩西）。

枪声一响，埃德温·摩西冲出了起跑架，并领先所有人跨过了第1

第七章 连胜：埃德温·摩西和奥运帝国的诞生 | 189

栏。但是到了第2栏时，安德鲁·菲利普斯追了上来。等到他们冲进中途直道时，安德鲁·菲利普斯领先半步。在前方弯道处，安德鲁·菲利普斯突然挤到了前面。

在每个田径比赛中，赛跑者进入最后的直道之后就开始冲刺了。终点线进入视野了，谁胜谁负很难区分。跨过第8栏后，安德鲁·菲利普斯霸气十足地领先了两三步。从录像带来看，距离终点40米时，埃德温·摩西突然开始往后移动。阿马杜·迪阿巴飞快地从一群人中冲出来，在终点线前超过了埃德温·摩西，仅比安德鲁·菲利普斯落后了一个左肩的距离。安德鲁·菲利普斯从1979年开始就排在埃德温·摩西后面，现在他终于打败了埃德温·摩西，夺走了金牌，只给埃德温·摩西留下了铜牌以及失落的感觉。

如果埃德温·摩西没有推进奥林匹克的职业化，很可能就不会参加1988年的奥运会，他的职业生涯很可能就终结在1984年了。他成了奥运会最具吸引力的名片之一，使得奥运会不断变得富有吸引力，也使得美国转播权的费用在12年间上涨了12倍。然而，一切都是有代价的。对他来说，让全美国在晚上看到他的代价，恰恰就是这8小时的恢复时间。埃德温·摩西成了他曾经参与创造的新世界的受害者。

"我来到这儿就已是一种胜利。"埃德温·摩西走向更衣室时，对赛道旁边的记者说。的确如此，经过13年的国际田径比赛之后，他已经不能再参与竞争了。

第八章

四分卫俱乐部

chapter
eight

1985年1月，国家橄榄球联盟新聘的特许商品总监弗兰克·沃诺首次来到了位于火奴鲁鲁的国家橄榄球联盟职业碗。对于来自新泽西林德赫斯特的球迷弗兰克·沃诺来说，这趟旅行可以说是梦想成真了。跟所有生活在20世纪六七十年代的孩子一样，弗兰克·沃诺会在星期日下午和星期一夜里盯着电视机，即使坐到膝盖发软，也要看一眼国家橄榄球联盟之盾。弗兰克·沃诺生长的地方离巨人体育场有一定距离。他20世纪70年代在普林斯顿大学打边锋。对于一个老爸在西屋工厂工作了31年的孩子来说，这是件令人非常兴奋的事情。

从普林斯顿大学毕业后，弗兰克·沃诺在商业圈开启了自己的职业生涯——在扬罗必凯广告代理公司当助理客户经理，之后又去了国际综合贸易公司，把赌注押到了创业上。这个公司以超低折扣价吞下了别的公司的积压商品，包括办公用品、运动鞋、卡车、电脑等，然后找客户来买，或者以微薄的利润销售出去。这段经历让他对销售市场有了非常深刻的了解，他觉得消费者对适合价位的优质商品的追求是永无止境的。但是弗兰克·沃诺从未放弃过橄榄球。每次他走进体育用品商店时，都会觉得找到一件能穿到第二周不崩裂的像样球衣非常困难，只能找到那种薄得像纸一样的球衣。弗兰克·沃诺跟普林斯顿大学的设备经理是好朋友，所以每年他都会得到一件超重的反向编织的普林斯顿球衣——可惜国家橄榄球联盟就没有生产出这样一件球衣。

1984年的一天，弗兰克·沃诺跟几个认识的国家橄榄球联盟的人吃午餐。吃完饭后，正昏昏欲睡时，他告诉他们自己的工作有多糟糕，就像是在地摊上卖连脚睡衣。弗兰克·沃诺解释说，他在销售球员在赛场上穿的球衣。国家橄榄球联盟的家伙们用惊异的眼光看着他，问："你真的认为这是一个不错的市场吗？"弗兰克·沃诺说："我曾想过，人们真的想要买一件跟国家橄榄球联盟球员身上穿的一模一样的球衣吗？答案是肯定的，我认为他们会这样做。"然后他告诉这帮人，他们应该和他一起卖这种球衣。他们问道："啥是反向编织的球衣？"弗兰克·沃诺不敢相信他听到的，这个世界上最厉害的橄榄球联盟的成员竟然完全不知道他们的组织生产的产品是什么。

这年年底，国家橄榄球联盟的这群人又来挑战他了。他们说："如果你很聪明，为何不来替我们经营我们的生意？"弗兰克·沃诺毫不迟疑地答应了他们。国家橄榄球联盟的授权业务每年的销售额达到了3亿美元，而联盟的收益是2000万美元。弗兰克·沃诺指出，通过球员来营销自己穿的服装，他可以毫不费力地将销售额翻3倍，并且专门针对成人拓宽业务渠道。

弗兰克·沃诺计划做一些国家橄榄球联盟史上罕见的事情。他想要搞一个营销活动，让联盟的英雄们参加一场特别的全明星赛。从商业的角度来看，这个计划简单得像是把球传到中线。活动的内容是：把队服给球员，给他们拍照，然后在全国每个体育用品商店里售卖球迷版球衣和练习用球衣，因为球员们穿的都是他们自己队的球衣。等到学生返校，购物季到来时，所有的学生和他们的老爸都会买球迷版球衣和训练用的球衣。

他打算从夏威夷职业碗开始行动。弗兰克·沃诺雇了一个摄影师，然后去拍阿罗哈体育场上的球员们的练习画面。等他走进阿罗哈体育场的更衣室时，他的第一感觉是国家橄榄球联盟成员的生活并不像电视上展示的那样光彩夺目。水管破了，水滴落到他的头上，潮湿的空气中散发着发霉的味道。在房间的一侧，有一堆金属箱子，里面放着队服，衣服看起来穿了20多年了，一半的球衣已经被撕烂，上面打着补丁。他不能接受这个现实，想知道真实的职业碗的队服在哪里。转念一想，这些其实就是真正的队服。当他把练习用球衣交到沃尔特·佩顿和迈克尔·辛格特里等这些世界上最优秀的球员手里时，明显看到了他们眼中的失望。他说："他们看着我，像是在说：'你又要给我这玩意儿？'"

国家橄榄球联盟——这个已经66岁"高龄"的处在美国体育运动顶峰的联盟，原来只是一个幻象。这令弗兰克·沃诺大吃一惊。

国家橄榄球联盟曾经一片混乱，直到1961年，新上任的主席皮特·罗泽尔与哥伦比亚广播公司谈了一个价值465万美元的电视转播权的协议。他说服所有的球队来共享这笔收入，从此每个人都过上了幸福生活。

然而，这是一个不真实的故事。

事实是这样的：1966年，国家橄榄球联盟被迫收购对手美国橄榄球联盟——后者与电视广播网合作获得的收入是国家橄榄球联盟的2倍。

国家橄榄球联盟和美国橄榄球联盟合并的大型产物就是超级碗，两个联盟的冠军之间经常对决。美国橄榄球联盟有个不好的习惯，就是喜欢用最好的大学生运动员，例如海斯曼杯得主比利·坎农和亚拉巴马州球星乔·纳马思。1967年的第一届超级碗是绿湾包装工队和堪萨斯酋长队比赛，洛杉矶纪念体育场93000个座位约有三分之一没有卖出去。1977年，在分享收入投票16年后，国家橄榄球联盟球队每场比赛平均有56218名球迷看，比1973年的赛季下跌了5%。体育场外的老板们拼命地保持收支平衡。球员们为了自由代理起诉国家橄榄球联盟。国家橄榄球联盟被禁止拥有其他运动项目的球队，联盟的两个老板极力反对。国家橄榄球联盟成了一个烂摊子，而非赚钱机器。虽然整体上略有盈利，赛季时也受到大家追捧，但相比之下，美国职业棒球大联盟的收入明显更高。因为国家橄榄球联盟的赛事太少，而且现代体育的电视业务仍处于起步阶段。奇怪的是，这似乎并没有让老板们很烦心，而唯一一个似乎对钱感兴趣的是圣路易斯公羊队的老板卡罗尔·罗森布鲁姆。在20世纪70年代的一次业主大会上，卡罗尔·罗森布鲁姆建议他们把超级碗的门票从20美元提高到近100美元，毕竟这是美国体育界最大的一个冠军赛。"每个人都认为他疯了。"罗泽尔的左右手兼总法律顾问杰伊·莫耶说。没有人真的想通过橄榄球队发家致富，就连罗泽尔也这样认为。罗泽尔更专注于正常运行比赛，获得报纸上的好评，让那些试图操纵比赛的赌徒和赌博公司尽可能地远离球员更衣室。

到了20世纪70年代末，除了财政低迷之外，国家橄榄球联盟又有了一个新的问题：比赛本身变得平淡乏味。1977年9月18日，也就是周日，赛季开幕，5支球队没得到1分。那个赛季一共14周，有11周出现得分不是很理想的情况。不止坦帕湾海盗队和纽约喷气机队，就连水牛城比尔队、克利夫兰布朗队、圣地亚哥电光队、芝加哥熊队、纽约巨人队、绿湾包装工队、底特律雄狮队、亚特兰大猎鹰队、西雅图海鹰队、旧金山49人队、费城老鹰队、亚利桑那红雀队都出现了至少在一场比赛中没有得分的情况。比赛的所有球队平均得分是17.2，而亚特兰大猎鹰队的平均得分是9.2，有一局还以7∶7的成绩和对手打平了。坦帕湾海盗队在每场比赛中的平均得分是7.8。而2007年新英格兰爱国者队每一季度的得分都比这个得分高。对于得克萨斯的足球运动员来说，这样的比赛门票是没法卖出去的。

1977年9月20日，也就是周二早上，达拉斯牛仔队的人事副总裁吉尔·勃兰特坐在办公室里，他的老板特克斯·施拉姆戳着自己的头走了进来。特克斯·施拉姆之前很多年都在为国家橄榄球联盟工作，自从1960年达拉斯牛仔队成立后，就到这里了。他加入时，国家橄榄球联盟美式足球在大学生运动会中排第二。他觉得联盟想要持续发展并永远成功，只有一条路可走——给球迷们想要的成绩。他确定球迷们不希望自己一直不得分，就像1977年9月18日的那4场比赛，还有9月19日晚上旧金山49人队以0∶27的成绩输给匹兹堡钢人队那样。

特克斯·施拉姆问吉尔·勃兰特，他有没有注意到赛季开幕的比赛中有不寻常的地方。吉尔·勃兰特很清楚特克斯·施拉姆在说什么，他回答说上周末完全就是个灾难，辛辛那提孟加拉虎队得了3分，圣路易斯公羊队得了6分。特克斯·施拉姆说不能再这样了。如果国家橄榄球联盟找不到方法让这些球队得分更多，就没有人再买票观看比赛了。特克斯·施拉姆说，球迷们想看到达阵（触地得分）。吉尔·勃兰特说他完全同意，尽管他完全不知道特克斯·施拉姆将改变古板的国家橄榄球联盟——当时的国家橄榄球联盟总会出现"三尺之内尘土飞扬"的场面。

但是，特克斯·施拉姆不只是一个美式足球人。察觉到比赛需要鼓舞人心的东西，他便建立了达拉斯牛仔啦啦队。他还管理着联盟的竞争委员会，负责调整比赛规则。对于特克斯·施拉姆来说，这项任务意味着他必须不断奋斗，争取让参加比赛的球队进攻多于防守。而球迷们喜欢看美式足球比赛，也正是因为它极强的攻击性。在最理想的状态下，球员们能展现出激动人心的场景，让人们的心一直悬着，直到终场哨响起。然而，这些都是9月18日那些比赛中所欠缺的。

当特克斯·施拉姆旗下的达拉斯牛仔队开始进军那一赛季的超级碗冠军赛时，他发起了一场改变美式足球的战役，让球员们的表现更容易刺激到球迷。国家橄榄球联盟的名册里有一些世界上跑得最快的人，比如达拉斯牛仔队的外接员鲍勃·海耶斯，曾在1964年的东京奥运会上赢得了100米田径金牌。但是在1977年的这次比赛中，一个防守后卫就可以用双手阻拦外接员，并在比赛中一路阻止他，直到他下场。这导致即使是最快的外接员也很难冲到空地上，接到时速50英里的球。到底有多难？当时四分卫的平均传球成功率是51%。而现在，如果一个四分卫不能保证60%以上的传球成功率，那就保不住他的饭碗了。

特克斯·施拉姆开始行动，拿起电话骚扰了竞争委员会的每一个人：奥克兰突袭者队的老板艾尔·戴维斯、芝加哥熊队的总经理吉姆·芬克斯、迈阿密海豚队的主教练唐·舒拉，甚至还有国家橄榄球联盟里最保守的老板——纽约巨人队的威灵顿·玛拉。特克斯·施拉姆此举有一部分是出于私心。达拉斯牛仔队有相当不错的四分卫——未来被选入名人堂的罗杰·斯托巴赫。任何对进攻有利的改变实际上都有助于达拉斯牛仔队的发展。

1978年3月，特克斯·施拉姆和国家橄榄球联盟宣布了联盟史上最激进的改革：争球线5码以外，防守球员不准再接触外接员；阻拦一个冲刺过来防守的球员时，攻击线锋球员可以伸长胳膊；防守线锋不准击打攻击线锋的头部——设想一下不伸展开手臂去阻拦迪肯·琼斯（身高 1.98 米，体重 245 斤，体健如公牛），而他可以打你的头部。

改革开始起效，比赛得分越来越多。但是，改革也产生了巨大的负面影响。在隆巴迪杯联赛中，教练曾被视为场边将军，监督着合法的"战争"，如今却把团队的掌控权交给了球员——实际上，只是交给了团队中的一个球员，即四分卫。国家橄榄球联盟迫切地需要进攻，授权给四分卫是最容易实现的方法，这意味着会将他们打造成为规模空前强大的巨星。让球员在这场秀中变成明星，是国家橄榄球联盟的球队们和老板们长期以来深恶痛绝的，因为球员们总是来了又走。他们只不过是球场上戴头盔穿护具的无名英雄，大多数民众都不会在超市里认出他们。

现在四分卫要从中层管理者变成整个专营权的主要推进者、俱乐部以及这项运动的各个团队的公众形象代表——至少目标如此。

旧金山 49 人队主帅比尔·沃什从来没有参与过橄榄球比赛的改革。他从小就在南加利福尼亚州和俄勒冈打橄榄球，后来去了圣马特奥和圣何塞州立大学。在军队服役后，他在圣何塞州当橄榄球助理教练。一年之后，因不满于照顾球队，他去加利福尼亚州费利蒙市的华盛顿高中担任橄榄球主教练，并在那里待了 3 年。不过，他想成为一名顶尖大学的主教练，所以联系上了加利福尼亚的玛尔夫·列维，并在斯坦福大学当上了助理教练。一系列的职业橄榄球的机遇让比尔·沃什在 1968 年成为辛辛那提猛虎队的教练，在保罗·布朗的员工执教进攻组工作，并为橄榄球比赛改革工作做了很多贡献。

在辛辛那提猛虎队中，四分卫叫维吉尔·卡特，他在杨伯翰大学时非常了不起。维吉尔·卡特身高只有 1.82 米，几乎看不到防守前锋和后卫，胳膊也不够强壮，无法将球扔得太远。更糟的是，辛辛那提猛虎队的攻击线也糟透了，球队几乎不能跑球。鉴于这些限制，比尔·沃什觉得辛辛那提猛虎队唯一能长时间持球、取得获胜所需的第1波25档进攻的方法是维吉尔·卡特快速移动，短距离高频率地传球，使得接球员和后卫能在接到球后跑几码。这一比赛计划被称为"西海岸线进攻"，让维吉尔·卡特成为进攻的中心和决策者。1973年到1975年的比赛中，辛辛那提猛虎队的战绩是28胜14负，远比他们按照传统的打法取得的成绩要好得多。

1976年，比尔·沃什不再担任辛辛那提猛虎队的主教练，他去圣地亚哥电光队当进攻协调员。之后他回到斯坦福队当主教练，实现了他最初的教练目标。在斯坦福队，比尔·沃什发现了大量人才，比如四分卫盖伊·本杰明、外接员詹姆斯·洛夫顿以及进攻前锋戈登·金都是非常优秀的人才，但他们那时还是新手或者高年级学生。盖伊·本杰明是一个毫无章法的四分卫，他完全依靠运动才能和手臂，但不怎么认真思考。比尔·沃什研究盖伊·本杰明的步法，告诉他如何能在阻拦者面前给自己争取更多的时间。比尔·沃什教盖伊·本杰明将球扔出一条直线，观察那些接球手，看看怎么传球最好。渐渐地，盖伊·本杰明成了全国最好的四分卫。最终，斯坦福队在太阳碗比赛中以9∶3的成绩击败了路易斯安那州立大学。

第二年，比尔·沃什又有了更加艰难的任务，仅攻线上就要替换3个全美最佳和4个国家橄榄球联盟选秀明星。然而，四分卫史蒂夫·迪欧斯带领的斯坦福队平均每场比赛总进攻435.5码，传球2943码，22次达阵传球，创造了学校纪录。斯坦福队的成绩是7胜4负，输给了俄克拉荷马大学、南加州大学和加州大学洛杉矶分校。斯坦福队在第2级的季后赛矢车菊碗中占一席之地，与人气很旺的格鲁吉亚队对战。一开始，格鲁吉亚队击败了斯坦福，在线上堆站8个人，在史蒂夫·迪欧斯投进口袋阵时施加压力。在第3节开始时,格鲁吉亚队以22∶0的成绩打败了斯坦福队。比尔·沃什告诉他的四分卫不要往球场外看,要直面压力,并快速穿过球场。斯坦福队连续得了25分,以25∶22的成绩获胜。9天后,旧金山49人队给了比尔·沃什职业球队的主教练工作。

比尔·沃什就像神经科学研究生考博士一样开始着手新工作。对于比尔·沃什来说,执教橄榄球不是用激情的演讲刺激待在更衣室里的球员,而是要关注细节,并反思每个传统方法,从而打造常胜的球队。多年来,比尔·沃什目睹了教练们在赛季的每个月里进行残酷的训练,即所谓的"带他们进来,干掉他们"的训练。让球员放松,他们就会懈怠。然而,这个训练方法会增加球员受伤的风险。比尔·沃什想让球员保持健康、充满活力以及富有创造力的状态。所以他缩短了"背靠背"训练(即球员带着护具互相对撞)的时间,不超过90分钟。而特殊的团队成员在训练时经常不戴护具,不互相对撞。

在球场上,精确至关重要。带领巴尔的摩乌鸦队在超级碗中夺冠的布莱恩·比利在2001年成了比尔·沃什的媒体联络人。他说在1979年年初的训练中,四分卫乔·蒙塔纳摆臂传球,在很多人中击中接球员,场上每个人都觉得这是一个很好的表现。但比尔·沃什叫停了,开始训话。他咆哮着说,在接球员向前移动时,四分卫应该将球直接投到接球员手中。四分卫应该把球投掷得比身体靠前一步,以便球被接住时能得到必要的码数。

那年春天,比尔·沃什和他的四分卫教练山姆·威奇评估了14个四分卫,他们都赶上了乔·蒙塔纳。"他没有强壮的手臂,但十分灵活,几乎像芭蕾舞演员一样。"比尔·沃什写道。他最初选的是菲尔·西姆斯,但是在旧金山49人队选拔时菲尔·西姆斯刚好没空。比尔·沃什在第3轮挑了乔·蒙塔纳,作为受伤的史蒂夫·德伯格的候补。在第10轮,他选中了德怀特·克拉克，这个边锋一定会接住将旧金山49人队送往超级碗的关键一球。

比尔·沃什选择乔·蒙塔纳，是因为他知道国家橄榄球联盟已经变了。打四分卫，不再只需要把球从场上远远地扔出去。考虑到前一年规则的改变，比尔·沃什立刻教乔·蒙塔纳在新的国家橄榄球联盟里如何打自己这个球。比赛与速度和效率息息相关。传球应该从地面冲球，而不是别的地方。短、中程传球会使球的推进更有效。有一个传球成功率为60%的四分卫是很有必要的，另外需要整个队列动起来。成功跟体力没关系，而是要求每个人在赛季中都是健康的。对于比尔·沃什来说，1977年以来改变的规则只是冰山一角，他坚信未来还会继续改变，因为联盟和广播电视台需要更多的进攻型人才。比尔·沃什让比利克相信，老的国家橄榄球联盟已死，新的国家橄榄球联盟将会关心金钱和进攻型人才，这两者结合起来会打造出一个与众不同的比赛，使球队得更多分，也更具进攻性。"因为这是观众们想看到的。"他说。

然而，成功没有马上到来。比尔·沃什执教第一年，旧金山49人队取得了糟糕的2：14的成绩。但是到了1982年，比尔·沃什和乔·蒙塔纳赢得了超级碗冠军——每个人对此梦寐以求。一年后，国家橄榄球联盟在首轮选秀中挑选了6名四分卫。事实上，选秀中涌现出了大量的优秀四分卫，联盟将重心都放到了这个方面。1984年，特克斯·施拉姆的变革令每场比赛的平均得分增加了8分，而平均总码数已从每场286上升到330。四分卫的时代到来了！

现在的问题是，老板们是否会想办法避免这些明星变得太强，从而威胁他们。他们与球员的关系变得越来越对立。1982年，国家橄榄球联盟球员协会通过罢工来争取跟棒球球员同样的自由权利。但他们失败了，在57天后重新投入工作，主要是因为工会没有足够多的援助罢工基金来将球员们聚集在一起。一个退役的普林斯顿队近端锋明白了，如果想让球员工会继续贫弱下去，就应该把已经指向运动员权利方向的钟摆拨回到 25 年前。

在 1986 年的职业碗中，弗兰克·沃诺吸取了教训。这次他提前订了所有的球衣和训练服，并运到威基基的希尔顿夏威夷度假村酒店。每天，他开着一辆面包车，里面装满帽子、T 恤衫、运动衫和训练服，在球员到来之前把衣服摆放在更衣室里。然后，他让球员穿着这些衣服拍照。终于，他有了产品目录，他带着它去见全国的大型零售商，或是去参加体育用品大会，让他们向成人销售高端球衣。

之后，弗兰克·沃诺把他的注意力转向了联赛的市场营销和商品交易活动。他很好奇球衣和设备供应商给了联盟多少钱。当他查看了各个球队的预算后，他很快发现肩垫、训练服以及设备是球队最大的消费项目——每年几十万美元。顿时，他目瞪口呆。

这些人怎么不明白呢？他们的关系应该是另外一种模样：供应商应该给国家橄榄球联盟和球队钱，来获得让球员穿他们的衣服的特权。相应地，供应商可以在他们的衣服上印球队和联盟的徽章，并有权宣称自己是全国最受欢迎的联盟的赛事所用衣服的官方供应商。但是，供应商并不喜欢这个主意。他们说，向职业队送装备将会削弱他们的利润。然而，他们没有看到大局面：国家橄榄球联盟的球员星期日一整天会在百万人面前穿着他们的衣服。"这是他们所能打的最好的广告。"弗兰克·沃诺说。

弗兰克·沃诺还遇到了来自他老板的阻力。从没有运动员能够通过自己的名声或者是销售印有他自己号码的球衣获利。联盟和球队宣称，那是他们公开权的一部分。联盟从未尝试过开拓球衣销售的业务，因此

第八章　四分卫俱乐部　｜　203

球员是否该从销售利润中分成从来不是争论的重点。现在，弗兰克·沃诺开始做这个业务了，可能也会制造很多麻烦。

弗兰克·沃诺感觉到联盟还有一件更为紧迫的事情需要处理——另一场罢工马上要开始了。联盟需要钱，而销售球衣业务将会持续不断地带来大量现金。他提议，削减球员协会球衣销售的特权——销售一件球衣给1美元。联盟急需用钱，同意了这个交易。弗兰克·沃诺知道很多老板都不愿意去帮助联盟，但是联盟的领导愿意去赌一把，他们可以阻止工会的任何罢工计划。他们押对了，球员们在1987赛季的两场比赛中都罢工了，自由转会依旧是主要矛盾。球员们想要摆脱罗泽尔规则——它规定球员到期需要转会时，新球队需要补偿之前的球队。赔偿的威胁基本上削弱了自由职业队员的开放市场。罢工持续了24天，但因为明星球员乔·蒙塔纳、道哥·付鲁迪、劳伦斯·泰勒等人越过纠察线与替补一块打比赛而宣告失败。

之后，工会向法院发起诉讼，试图撼动国家橄榄球联盟的垄断地位。在诉讼立案之前，国家橄榄球联盟就利用程序进行了反击。1989年11月1日，法院裁定，因为所谓的"劳动豁免"，工会不能发起反垄断诉讼。当工会仍然完好无损时，这个豁免原则禁止工会诉讼它的管理层。工会罢工已经失败了，而现在它在法庭上也失败了。

裁决结果宣布几天之后，国家橄榄球联盟球员协会的执行理事吉恩·厄普肖坐在曼哈顿市中心威嘉国际律师事务所的沙发上。对于吉恩·厄普肖来说，他的人生目标就是尽可能地远离位于得克萨斯农村的家乡。从一所在体育方面没有太多声誉的非知名公立大学——得克萨斯艺术学院毕业后，吉恩·厄普肖成了全职业比赛中的后卫，后来还成了冠军球队奥克兰突袭者队20世纪70年代的领导者之一。他的著名形象是将手臂用胶带和纱布包起来，从肩部护垫一直包到手指头，让他看起来像一个巨大的可怕的木乃伊。退役后，吉恩·厄普肖成为球员工会的领导人。退休后，他当了执行理事。吉恩·厄普肖是个糟糕的工会领导，尽管他曾是伟大的球队领导。他领导了两次灾难性的罢工运动。

在工会和自己名声扫地之时，吉恩·厄普肖来到了纽约，想找到办法来打击看似不可战胜的国家橄榄球联盟的老板们。吉姆·奎因和杰弗瑞·凯斯勒这两个律师被指派来会见吉恩·厄普肖，他们并没有提供体育方面的专业建议。他们都是反垄断法的专家，杰弗瑞·凯斯勒正在研究一个特别不起眼的反垄断方面的专业知识，涉及电子商务。然而，他们已代表了NBA球员工会处理了一些案子。杰弗瑞·凯斯勒曾在1977年时参与起诉国家橄榄球联盟，两个老板状告联盟，因为他们也希望拥有自己的球队，而联盟的规则禁止他们这样做。

吉恩·厄普肖安静地聆听杰弗瑞·凯斯勒和吉姆·奎因给他解释问题。他的对手是一个卡特尔组织。随着20世纪70年代世界橄榄球联盟的崩溃以及80年代早期美国橄榄球联盟的崩溃，国家橄榄球联盟就没有了竞争对手。顶级橄榄球运动员没有别的市场可以施展自己的才华。同时，联盟里还有一个罗泽尔规则，球员进入市场自由转会需赔偿巨额费用。甚至禁止大学生运动员将自己卖给出价最高的竞买人的年度选秀也可以看作违反了反垄断法规。全国的顶级律师事务所都不能进行选秀，从一流的法学院中挑选顶级法律人才。为什么国家橄榄球联盟球队可以这样做？国家橄榄球联盟显然是作为一个垄断者在运作市场。他们没有美国最高法院给予的反垄断豁免权，就像棒球联盟一样。有理性的法官不会忽视这一点。鉴于在国家橄榄球联盟中建立球员统一性的难度，法院会给出唯一的方法——公平的劳资协议以及自由转会，让球员工会奋力争取胜利。

吉恩·厄普肖知道这一切。他在沙发上坐如磐石。他不是律师，他宁愿更直接地在争球线上或者是集体谈判桌上面对敌人,而不是去读什么法律简报或参加法庭听证会。他感到绝望,他问杰弗瑞·凯斯勒和吉姆·奎因,他究竟该做些什么。

"嗯,"杰弗瑞·凯斯勒说,"你或许应该考虑关闭工会。"

起先吉恩·厄普肖不相信他所听到的。解散有史以来唯一一个能保护他们的组织,他对球员怎么交代呢?杰弗瑞·凯斯勒解释说,工会实际上不必非要是一个同盟。它可以先解散,然后再建立一个企业,来筹集资金,并代表球员们的法律利益。它不仅能让球员集体对合同讨价还价、提出不满或做任何劳动组织会做的事情,也可以进行反垄断,通过让运动员与工会签订市场营销权协议来融资。该工会可以授权贸易公司、服装生产企业以及其他任何要使用球员肖像推销产品的单位。

这是一个荒唐的规划,没有成功的保证,也没有一定的资金来源。它仅仅依赖于向国家橄榄球联盟及其他体育联盟都有的弱点施加压力——他们对被贴上垄断标签这件事都很恐惧。

吉恩·厄普肖等人陷入了沉思。吉恩·厄普肖花了一段时间尝试理解杰弗瑞·凯斯勒和吉姆·奎因的话,然后他开口了:"嗯,看起来我们要离开工会了。"

20世纪80年代,当吉恩·厄普肖、吉姆·奎因和杰弗瑞·凯斯勒秘密谋划下一步行动时,在帕克街的国家橄榄球联盟的办公室里,弗兰克·沃诺注意到了一个联盟授权业务,而这项业务的主业是球衣销售。大多数买球衣的球迷想要买的其实是一小部分球员穿的球衣。这一部分球员大多都打一个位置:四分卫。

理论上,这并没有让弗兰克·沃诺觉得吃惊,但这些球员的统治地位还是有点让人惊讶。人们买了乔·蒙塔纳、菲尔·西姆斯、布莫·伊夏森、吉姆·麦克马洪、丹·马里诺和约翰·艾尔威的球衣。跑卫或外接员可能会在一两个赛季中大热。有几个大热的防守球员，比如劳伦斯·泰勒、迈克尔·辛格特里。但数字明确表示，如果你控制了四分卫，差不多就控制了80%的授权业务。四分卫总是受欢迎的，它的支配地位是惊人的。你用不着普林斯顿大学文凭就能弄清楚到底发生了什么。特克斯·施拉姆10多年前推动的这些规则已经将国家橄榄球联盟变成了一个四分卫的联赛组织。他觉得控制了四分卫，就等于控制了足球授权业务。对于弗兰克·沃诺和国家橄榄球联盟来说，这件事变得迫在眉睫。

听从了杰弗瑞·凯斯勒和吉姆·奎因的建议，吉恩·厄普肖和国家橄榄球联盟的运动员们将球员工会变成了一个用于集体谈判的联盟，并注册了一个贸易机构，可以在诉讼案和集体营销权上代表国家橄榄球联盟的球员。

还记得弗兰克·沃诺的1美元球衣协议吗？新的国家橄榄球联盟的首要目标是拿到这笔钱，还有取得其他以国家橄榄球联盟的名义集体授权的协议的收入。然后，它会用这笔钱来处理反垄断诉讼案。如果最后还剩下钱，那就分给运动员。然而，考虑到诉讼案将要花费好几年的积蓄，不会有太多的钱留下来，弗兰克·沃诺看着最畅销球衣的销售月报，酝酿了一个计划。

每个伟大的运动员，从某种程度来说，都是一个贪婪的自大狂。这就使得一部分运动员想要担起四分卫的责任，并在强大的压力和别人的注视下表现得非常英勇。

弗兰克·沃诺的策略是发掘出四分卫中的极端利己主义者，引导他们为联盟服务。

弗兰克·沃诺提议建立一个独立的实体，称为"四分卫俱乐部"。要做到这一点，他必须说服那些顶尖的球衣卖家，如果他们停止为工会分配许可授权，那当然更好了。如果这样，他们就会与联盟形成合作关系，来营销最受欢迎的球员，那么这些球员就会带动球衣的销售业绩。

弗兰克·沃诺的计划是"明星驱动"，原因很简单，这是整个体育商业的转移方向。到了1990年，NBA威胁到了国家橄榄球联盟的霸主地位，是因为NBA采取了大规模的造星营销方式，利用迈克尔·乔丹、"魔术师"约翰逊、拉里·伯德等人的明星效应来扩大影响。相反，国家橄榄球联盟继续推动传说中的肉盾和专营权，这是把大多数匿名的球员们当作营销人员的方法。

问题是国家橄榄球联盟的球员们都戴着头盔，并且没有真正公开露面，进行登记。乔·蒙塔纳几乎没有进入全国最受欢迎的体育明星前10名的名单，而其他运动项目的运动员们比他更有名——在某种程度上，那是国家橄榄球联盟老板们想要的结果。联盟想要提升球队的知名度。如果提升了球员的知名度，他们可能会变得自大，并要求有好莱坞明星甚至棒球明星的待遇。在弗兰克·沃诺看来，联盟的这个想法是落后的。他觉得，如果大公司能与联盟中最大牌的明星签订赞助协议，这些公司将可以在广告中使用这些球员的肖像来促销他们的产品，这将会为联盟免费做广告。

当弗兰克·沃诺向联盟的老板们提出这个方案后，他收到的回应不冷不热。有人认为他这个想法不好，最终会花费他们很多钱，但有一个重要的人物却支持他——新上任的总裁保罗·塔格里伯。

保罗·塔格里伯于1989年接任了国家橄榄球联盟的总裁职位。他曾是国防部前律师，也是柏灵律师事务所的合伙人。过去10年，他作为国家橄榄球联盟的外部法律顾问，一直在负责国家橄榄球联盟的法律事项。保罗·塔格里伯是在大动荡时期接手国家橄榄球联盟的，当时，劳工问题给联盟造成了财政损失，诉讼费很高，而广播电视公司也以不确定性作为谈判筹码打算降低打包转播费。转播协议中给联盟的款项从 1986 年就开始降低了，之后 3 年平均每年约 3.4 亿美元，而之前都是 4.2 亿美元。为了让老板们统一，罗泽尔还以 1.35 亿美元的价格把全新的周日橄榄球之夜的打包转播权卖给了娱乐与体育节目电视网（ESPN）。

保罗·塔格里伯带来了新的工作理念，他觉得悬而未决的法律问题，如劳动纠纷，可以用商业机会来解决。在 20 世纪 80 年代，他代表国家橄榄球联盟起诉无数小酒吧业主，因为他们购买了卫星天线，用来接收国家橄榄球联盟比赛的信号，而不只是地方的比赛信号。酒吧通过转播比赛来吸引国家橄榄球联盟的球迷。然而，无休止的诉讼效率非常低下。解决这个问题的最好方法就是卖"星期日门票"。现在，美国卫星电视每年向国家橄榄球联盟支付 15 亿美元，取得直播权，然后向任何收看所有国家橄榄球联盟比赛的人收取 250 美元。

在保罗·塔格里伯看来，"四分卫俱乐部"代表着另一个可以解决问题的商业机会。劳务诉讼就像是一直挂在联盟脖子上的信天翁[1]。他也感觉到联盟可能会输，因为联盟的确是一个卡特尔组织，阻碍了俱乐部之间的竞争，并且不会有反垄断豁免权。越早说服球员们同意接受新的集体谈判协议，对联盟越好。开拓一门生意，既可能为老板们赚钱，又能从反垄断诉讼案中抽身而退，简直是双赢！

保罗·塔格里伯向弗兰克·沃诺提出了一个提议，确保给所有顶级的四分卫每年 2 万—10 万美元的额外收入。这些钱相当可观，当时国家橄榄球联盟的年平均工资只有约 30 万美元。首发四分卫平均每赛季约收入 100 万美元——这的确是不错的收入，但仍不足以抵消 5%—10% 的涨幅。

保罗·塔格里伯的主要目标是经纪人马尔文·德莫夫和利·斯坦伯

---

[1] 西谚"挂在脖子上的信天翁"，意指沉重的负担。——译者注

格。他知道利·斯坦伯格支持自己。利·斯坦伯格的四分卫球队里包括维伦·姆恩、史蒂夫·扬、托尼·伊森、肯奥·布莱恩、韦德·威尔森、艾瑞克·希普尔、尼尔·洛马克斯。利·斯坦伯格自称为1996年上映的电影《甜心先生》的主角的原型[1]，对劳务纷争不太感兴趣。他曾是伯克利大学反传统的法律系学生。20世纪80年代他成了国家橄榄球联盟管理层的好朋友。"四分卫俱乐部"的想法对利·斯坦伯格来说简直是个天大的好主意。因为他代表着所有的四分卫，他知道对他们来说代言是不成比例的，而他们才是吸引各种机构与工会签授权协议的明星。在工会中，将他们的权益与其他1500名甚至更多球员的权益混为一谈，无疑是稀释了他们的价值。利·斯坦伯格将弗兰克·沃诺视为知音。

马尔文·德莫夫是关键。他代表了丹·马里诺和约翰·艾尔威，这是除了乔·蒙塔纳之外的两个巨星。丹·马里诺曾是球员工会的成员，而现在有机会获得这个只有邀请制的公司的股权，其唯一的合作伙伴是国家橄榄球联盟中的精英。马尔文·德莫夫上钩了。

"当丹·马里诺和约翰·艾尔威加入我们后，所有人都到位了。"弗兰克·沃诺说。到了1990年年末，国家橄榄球联盟宣布，约翰·艾尔威、维伦·姆恩、伯尼·科萨、吉姆·凯利、特洛伊·艾克曼、兰德尔·坎宁安、菲尔·西姆斯、吉姆·埃弗雷特、布莫·伊夏森、巴比·布里斯特、丹·马里诺已指定让四分卫俱乐部的新机构负责他们的大部分授权工作（弗兰克·沃诺最初不想签巴比·布里斯特，但是他跟兰德尔·坎宁安是同一个经纪人，因此就借着老鹰队明星的光环入围了）。不久，吉姆·哈勃和史蒂夫·扬也加入了进来。乔·蒙塔纳从没加

---

[1]《甜心先生》中汤姆·克鲁斯饰演的男主角杰里·马圭尔是一个体育公司的顶级经纪人，宣称公司应当重质量而不是数量，应重点关注少数真正有价值的委托人，因而被解雇，之后自己东山再起。——译者注

入,不过不是因为跟排名靠后的人关系好。乔·蒙塔纳认为,他应该得到比俱乐部其余成员更大的报酬,因为他是联盟最大的明星。

季度会议、高尔夫郊游、运动装生产线,还有上百万件在售的最受欢迎的联盟球衣,这些都是四分卫俱乐部及其成员所能得到的最好的广告。

马尔文·德莫夫说:"他们打造了这些,以便你可以去做任何你想做的,但如果牵涉这个俱乐部的三个或更多的球员,那么所有你赚的钱都要属于四分卫俱乐部,并且会被每个球员分掉,球员工会无法与之竞争。"

没有人提到另一个事情:用联盟最火的球星创建一个单独的授权机构,将会榨干工会。利·斯坦伯格当然不会担心这个。"联盟是四分卫作为灵魂人物来搭建的。"利·斯坦伯格辩解说。他认为球队的四分卫是至关重要的部分,球队可以围绕着他存活10—12年。

可以想到的是,球员工会或者说剩下的那部分球员被气得脸色铁青。30年来,最优秀的运动员聚集在一起,争取他们应得的报酬。这个同盟迫使体育运动像真正的商业一样开始运作,并将运动员视为合作伙伴,进而为球员和老板创造了难以想象的财富。四分卫俱乐部体现了现代运动员的最大能量——他们对自己才能的特殊性和价值的理解——也可能变成他们最大的弱点。在这样的情况下,任何人都可能会越过界限,签订危及队友和其他运动员未来的协议。这样做非常无耻!直到迈克·奥恩斯坦出现,这一情况才有所改变。

迈克·奥恩斯坦生长于布朗克斯的意大利区域,靠近福特汉姆路与杰罗姆大道。几乎每天都有小孩喊他"犹太人"或者"犹太男孩"。迈克·奥恩斯坦很少容忍他们,即使是在寡不敌众时。他被打得鼻青脸肿,这些挨打的经历告诉他，说出必须要说的没那么可怕，他可以承担后果。迈克·奥恩斯坦操着"dese"和"dose"不分的口音，在纽约街头艰难度日。他给人的感觉是已经干了很多坏事，甚至是犯罪的事儿。事实上，的确是这样。2006年，他因为牵涉倒卖国家橄榄球联盟超级碗门票和假国家橄榄球联盟球衣而被捕入狱。

1975年，正是国家橄榄球联盟的特许经营生意最红火时，迈克·奥恩斯坦在奥克兰突袭者队开始了他的职业生涯。起先他为约翰·麦登当行政助理，并变成了一个多面手，帮忙物色球员以及制作电影作品。奥克兰突袭者队1982年搬到洛杉矶后，他成了球队的营销总监。

他崇拜艾尔·戴维斯和罗恩·沃尔夫，前者是个好斗的球队老板，不惜一切代价取胜；后者是球队的人事主管。罗恩·沃尔夫研究每个球员的个性，并会冒险选用其他球队退避三舍的球员。奥克兰突袭者队选用了那些不被看好的球员，比如约翰·马图萨克，他是1975年第1轮选秀中被华盛顿红人队淘汰的球员。那个时候吉恩·厄普肖在奥克兰突袭者队的更衣室里维持秩序，他让每个人排队。但是罗恩·沃尔夫在把球员带进来之前，总花大量的时间侦查和了解他们。从罗恩·沃尔夫身上，迈克·奥恩斯坦学会了旅行的价值，以及亲自见球员并了解他们的细心精神。

1989年，迈克·奥恩斯坦搬到了国家橄榄球联盟的办公室，担任联盟的营销督查。他主要的职责是确保球队不会把属于联盟的球场边界广告卖给当地企业，因为这些位置已经有赞助商埋单了。后来，联盟为他安排了另一项工作。国家橄榄球联盟的四分卫俱乐部成立一年后，球员工会还在推进与国家橄榄球联盟的诉讼案。10多个四分卫已被说服把自己的营销权利转给联盟，而联盟的管理人员想知道出个什么价能让其余的球员也站到自己这边来。如此一来球员工会肯定会破产。这需要做一些对抗工作，比如在训练营地和更衣室里做一些瓦解工会的工作。这类工作对迈克·奥恩斯坦这种容易激动的、具有对抗精神的家伙来说简直太刺激了。

迈克·奥恩斯坦带着大开本的现金支票本上路了。最开始，弗兰克·沃诺跟他一道，但是弗兰克·沃诺完全是吃吃喝喝、打18个洞才能成一个生意的派头。这是一场阵地战，在球员工会的拥护者们把他从更衣室里扔出去时，他需要攀上球队的主教练。迈克·奥恩斯坦的做法并不复杂。他向球员解释，通过球员工会他们也许会赚到1000美元，但是他能开出1万美元，并承诺当场写支票。这吸引了球员们的注意力，让他们瞬间得到了满足。

迈克·奥恩斯坦的第一站是丹佛野马队。麦克·沙纳汉是这个队教练，已经签约了四分卫俱乐部的约翰·艾尔威是球队领袖。因此，丹佛野马队并没有显示出特别的敌意。之后他去了亚利桑那红雀队。"这里太糟了，因为他们知道我们要来，而且已经做好了准备。"他说，"他们派了一个高大的防守球员来当球员代表。他们的总经理非常紧张，抽着一支烟，手里又拿着另一支准备要点。这些家伙都在向我尖叫。太野蛮了！"

然而，当他要离开时，亚利桑那红雀队签约的人数基本跟丹佛野马队的差不多，大概都是25个人。很快消息传到其他阵营，迈克·奥恩斯坦带着现金支票前往其他地方。他说，圣地亚哥的球员们走出来，在停车场与他会面。名人堂的球员马库斯·艾伦和詹姆斯·洛夫顿非常开心，因为他们知道迈克·奥恩斯坦的到来意味着会有5万美元的额外收入，而线锋、线卫和踢球员们想搞明白怎么开心地花掉1万美元。

并不是每个人都拿了现金。迈克·奥恩斯坦想用40万美元买下巴里·桑德斯两年的集体许可权，可他拒绝了。迈克·奥恩斯坦还从未见过一个能拒绝40万美元的人。瑞吉·怀特，球员工会的领袖之一，也是那个诉讼案的一个主要原告，同样也拒绝了。其余的工会成员都被影响了。至此，迈克·奥恩斯坦的"撒钱行动"已经结束了，他共签下了1100名球员，两年间共花掉了3600万美元。为球员工会反垄断诉讼提供资金的源头尚未干涸，但是按照迈克·奥恩斯坦签约球员的速度，这不会花太长时间。

1993年冬天的一个早晨，美国明尼苏达地方法院的法官戴维·多蒂将国家橄榄球联盟和球员工会的执行官以及律师们叫到他的办公室。戴维·多蒂的桌子上放了一沓纸。他秋季大部分时间都在关注反垄断诉讼案。老鹰队的明星防守前锋瑞吉·怀特声称，国家橄榄球联盟已经非法限制了他在整个职业生涯中的自由。

夏天的时候，几近破产的球员工会取得了一个巨大的胜利，明尼苏达的陪审团一致裁定国家橄榄球联盟关于自由球员的"B计划"触犯了反垄断法。"B计划"代表了所谓的"罗泽尔规则"，该规则规定需要向流失球员的球队支付补偿金。而在"B计划"下，球队可以保留其名单上比较优秀的37名球员。这份名单上一共53人，另外不太出色的那16人可以成为自由球员。球员工会认为这个制度太过苛刻，侵犯了联盟顶级球员的权利。联盟的外部律师弗兰克·罗斯曼对联盟的老板说，这种情况对联盟来说就像是一个大满贯联赛。法院最终的裁决是：让联盟支付工会的诉讼费用。之后，这个老板称弗兰克·罗斯曼为"大满贯弗兰基"，这可不是在恭维他。国家橄榄球联盟被判了缓刑：这个裁决仅涉及了这个诉讼案中的8名球员。紧接着，瑞吉·怀特就提起集体诉讼，代表所有球员来强制国家橄榄球联盟普遍实行自由球员制。

随着诉讼案不断展开，双方越来越无法和解了。现在，国家橄榄球联盟和球员工会的执行官以及律师们注意到法官很不高兴。戴维·多蒂指着桌上的一摞文件，告诉他们："结果已经出来了，但没有人会喜欢它。在你们发起鬼知道需要多长时间的诉讼之前，你们应该想清楚。你们自己解决分歧，别让我为你们费神。"在场的所有人无须多言了——老板们在法庭上没有太多优势，而工会很快将会用完现金，不能再在法庭上耗着了。

不久，双方拉开了 6 年以来首次集体谈判协议的序幕。球员们得到了自由球员制，但也付出了沉重的代价——他们中的很多人已经放弃了工会筹措的资金，自然也就失去了谈判的筹码。联盟支付的球员工资总额上限为 3460 万美元，稍高于国家橄榄球联盟收入的 50%。所以，关于工资封顶的事儿也很难谈判。跟 NBA 不同，球队可以超过工资上限而重新跟现有球员签约，而国家橄榄球联盟的限制不允许搞特殊。同时，真正的球员自由在 4 年后才能实现，这就会使那些球员成为国家橄榄球联盟的老将。球队仍然可以绑住一个老兵，有可能是最好的球员，给他贴上"专营权"或"过渡球员"标签，让他享受顶级球员的待遇，但是球队可以阻止他像之前的"鲇鱼"亨特那样通过公开招标进入市场。合同也不是包票。顶级球员的工资可能随时被削减。各个球队不必把审计后的财务报表交给球员工会。联盟收入增加后，球员的工资也会增加，但老板们会想出办法来使联盟的收入看起来少些。该协议被扩展了四次，而球员们没有怎么反击。然而，在接下来的十几年中，年薪和健康福利仍然微不足道。事实上，国家橄榄球联盟的制度将成为其他运动项目组织的模板，但这不是任何运动员所期望的样子。

国家橄榄球联盟已经摸清了现代运动员的弱点，以及如何利用这些人的贪婪和自负。这些巨星听到了联盟对他们的赞美之词，并对每个字都深信不疑。他们能为自己带来金钱、声名以及权利，这些东西非常诱人，不可抗拒。国家橄榄球联盟的球员明白自己是"金鹅"，然后允许自己被煮熟。然而，他们不会是最后一批犯这些错误的运动员。对他们以及犯了相似错误的其他领域的运动员来说，幸运的是体育这个行业变得越来越巨大、成熟了。劳务纷争将变成百万富翁与10亿万富翁之间的战斗，而除了灾难性的个别人判断失误外，其他每个人都将会变得更好。

第九章

投篮的愉悦和体育的"耐克化"

chapter
nine

1962年，菲尔·奈特来到田径场上，打开后车厢，开始售卖从日本进口的跑鞋。菲尔·奈特曾经是俄勒冈大学的传奇田径教练比尔·鲍威曼的徒弟。比尔·鲍威曼认为美国产的跑鞋太沉、太重，无法让运动员有最优秀的表现。因此，他们开始宣传一个名叫蓝带体育的公司，这家公司能生产出让运动员跑得更快、变得比以前更健康的鞋子。

　　一天早晨，吃过早餐之后，比尔·鲍威曼仔细地观察了他的妻子在厨房里使用的制作华夫饼的铁模，突然有了轻质跑鞋鞋底的设计灵感。这种鞋底可以让跑鞋具有缓冲力、弹力和响应力，而这就是所有对跑步有严格要求的人想要的装备。他将橡胶倒入制作华夫饼的铁模，令人惊讶的事发生了——他的想法是对的。

　　20世纪70年代，蓝带体育公司被耐克公司替代。这家公司的鞋子曾经出现在美国最伟大的中跑运动员史蒂夫·普利方坦的脚上。到了20

世纪 70 年代末，世界上最伟大的网球运动员约翰·麦肯罗也开始穿耐克鞋了。穿耐克鞋不仅仅意味着这个人擅长体育运动，在乎装备，也意味着他很有个性，甚至有点叛逆，或者是一个超级英雄。但是体育团队不容许有个性和叛逆的人，不是吗？

这是一场从一开始就非常激烈的篮球赛。开场仅 5 分钟，来自美国东北大学的装备精良、训练有素、领导有方的运动员就以 16∶4 的成绩领先。来自州立大学的对手在主场上也毫无机会。

这场比赛基本上就是一场展示，是全国大学体育协会还未意识到它强迫两个半决赛输家在冠军梦破碎后再次竞争是近乎残酷的惩罚之前的三流比赛。这场比赛除了让这些在比赛记分板上处于劣势的人觉得更加糟糕之外，没有任何意义。半场时，分数差距是 14 分。在比赛还剩 9 分钟时，比分为 84∶58，当时这场球赛的明星运动员得了 32 分。

今天，应该是领先的球队的教练开始替换资深球员，特别是老队员，让他们在职业生涯的最后一刻享受着观众的欢呼声，从赛场走到休息席。然而，这个教练和他的明星运动员却有一些特别的想法：以前所未有的方式庆祝球从篮筐中落下，取得了胜利。

尽管有 32 分的领先优势，但这位明星运动员没有在休息席坐下。他很快回到赛场，又得了 8 分。接着，他继续投篮，从左场到右场都进筐得分了。他在三分线顶点跳投，在右侧三分线外大力勾手射球，在弧顶区投篮得分，在中线短打得分，然后又一个右侧三分线外得分，直到最后教练仁慈地召唤他走回休息席。

比赛结束的蜂鸣器响起时，这场几乎毫无意义的比赛的最终结果是 118∶82。这位英雄得了 58 分，其中最后 9 分钟得了 26 分，而最后 5 分钟得了 16 分。他重写了全国大学体育协会联赛的纪录。本场比赛他获得了 177 分，在没有三分球和 24 秒违例（进攻方在 24 秒内没让球碰到篮筐就算违例）的大学篮球联赛中可谓具有划时代的意义。

也许更加令人叹为观止的是那个人的身份。他不是炫耀技术的肤浅之徒。他是普林斯顿大学的比尔·布拉德利，在人们可能忘记了 1965 年 3 月普林斯顿老虎队大败威奇塔州立大学割麦者队后，他的绅士形象和学生运动员身份仍然被人铭记。也许这跟他是牛津大学罗兹奖学金的获得者、作为尼克斯队的成员两次 NBA 联赛总冠军以及连续三次担任美国新泽西州参议员有关。

作为一个有着布拉德利家族血统的银行家的儿子，他可以轻易地将一场锦标赛变成展示个人成就和作秀的舞台。

比尔·布拉德利在密苏里州的水晶城长大。他是优等生，擅长棒球和篮球。每年他要打 9 个月的球，另外 3 个月要参加春季棒球赛。每一天他都要花上好几个小时练习用肚子投篮和运球，在头脑中模拟比赛的场景。一位名字叫艾迪·麦考利的教练告诉他，不管什么时候，即使他没有练球时，别人都在练球。比尔·布拉德利始终将这句话铭记在脑海里。

大约有 60 所学校录取了比尔·布拉德利，最终他选了杜克大学，因为他非常想去这个学校。但是比尔·布拉德利的父母想要他在上大学之前旅行一段时间，所以他们将他送去参加英国牛津大学的暑期项目。比尔·布拉德利是这个项目中唯一的一个男生，他爱上了这所学校。他开始思考怎样来这所学校。他了解了一下罗兹奖学金，这项奖学金是专门发给在学术方面有研究或有领导力的大四模范学生的，如果你是优秀的运动员，更有机会获得。罗兹奖学金的获得者需要在牛津大学待两年，可以学习任何他们想要学习的课程。对于一个像比尔·布拉德利这样的书呆子来说，这听起来就像是天堂。

比尔·布拉德利做了一下调查，发现普林斯顿大学培养的罗兹奖学金获得者比别的大学多。他回到家说服父亲帮他取得了普林斯顿大学的录取资格。几个月前，篮球教练布奇·凡·布雷达·科洛夫曾建议他去这个大学，但是他没有给教练回复。这个教练开学一周后在校园里遇见比尔·布拉德利时非常吃惊，因为之前他一直不知道比尔·布拉德利最终选择了这个大学。

比尔·布拉德利进入普林斯顿大学后，成了"全明星"、校园英雄、报纸和杂志的封面人物以及作家约翰·麦克菲第一本书里的主角。他赢得了罗兹奖学金。1965年春天，尼克斯队招募他时，他告诉他们自己不打篮球了，正要去牛津大学开始他的外交官生涯。

在他刚到牛津大学的那几个月里，一个意大利俱乐部球队希望他能加入。他想，为什么不呢？他进了这个球队，并帮助这个球队赢得了欧洲锦标赛冠军。在这次比赛中，他们打败了一支由很多在1964年奥林匹克运动会中获得银牌的运动员组成的俄罗斯代表队。在那一届奥林匹克运动会中，比尔·布拉德利和他的球队赢得了金牌。从那之后，比尔·布拉德利决心不再打篮球了。他开始读书、写作，不怎么运动了，增重了27斤。从小就按照一系列的比赛和训练规定安排行程和日常生活的他突然自由了。

大约9个月以后，牛津大学开设了一个有真正的篮球筐的体育馆，这在篮球比赛不流行的英格兰是很少见的。比尔·布拉德利按捺不住了，他开始每周去那儿几次，不是去参加有组织的比赛，而是绕着场地跑步、投篮。在他的心里，一个解说员会这么描述他的动作：比尔·布拉德利运球进入底角，在6米处投射……非常好……比尔·布拉德利移动到禁区，往左一个假进攻，然后用右手单手上篮……

再次投球的感觉很棒，真的很棒！当时他 23 岁，是一个有机会过上别人梦寐以求的生活的天才运动员。他开始觉得篮球比其他事情更多地"定义"了他的生命。他认定拒绝打篮球就等于拒绝了他生命中必不可少的一部分。外交和政治可以等待，但职业篮球不能等待。

比尔·布拉德利给尼克斯队打了一个电话，他仍然隶属于尼克斯队。双方开始商议合同，他将会拿到球队成员中最高的薪水。他一开始想要每年拿将近 20 万美元，这个数字远远超出了尼克斯队的预期。当谈判陷入僵局时，尼克斯队提出了一个解决方案：每年 18 万美元，但是球队要拿走比尔·布拉德利每年的商业广告收入的 25%。在球队领导看来，作为普林斯顿大学毕业生、罗兹奖学金的获得者，在那个美国广告业还未和黑人运动员合作的时代，比尔·布拉德利通过商业广告获得的额外收入几乎和通过比赛赚的钱一样多。但比尔·布拉德利的看法不同，他对于代言牙膏、软饮料、啤酒，与银行合作或者其他广告业务毫无兴趣。商业广告会让人分心，并且也会影响他享受比赛的乐趣。他已经决定：除非整个球队都参与商业广告，否则他不会参与。对于比尔·布拉德利来说，出让 25% 的商业广告收入很容易，因为他不接广告的话就意味着没有钱。

人们还记得比尔·布拉德利在 1970 年到 1973 年的春季锦标赛中的表现，也知道当时的 NBA 有多么烂。比尔·布拉德利刚加入尼克斯队时屡屡失败，他看起来太慢、太笨拙，不像运动员，很容易投不中篮。想要解决这个问题，只有一个方法：不断努力地训练。比尔·布拉德利相信他可以成为 NBA 最伟大的运动员，虽然即使成为 NBA 最伟大的运动员生活也不会有多好。当时，尼克斯球队储物间的服务人员负责清洗队服，但是在比赛时，则由队员们自己负责。每一位队员有两套队服，需要时刻保持干净。在那些还不是很"辉煌"的日子里，比尔·布拉德利在一个赛季中经常会穿三双高帮帆布鞋。如今，勒布朗·詹姆斯和很多其他NBA明星每个晚上都会换一双新的。

在比尔·布拉德利的书《奔跑的生命》中，他将篮球称为"公众的芭蕾舞"。"我相信当一支球队无私地比赛时，篮球可能是具有最高合作精神的象征。这项体育比赛的成功，需要球员将团体的利益放在首位。一个出色的运动员就是五角星的一个角。每场比赛的得分、篮板球、助攻，永远解释不了一个成功的职业球队里人与人之间互动的重要性。"

这位绅士、学者、运动员、议员、作家，是如何把这些价值观融入自己的篮球生涯中的？NBA又是如何一步步发展到今天这种地步的？当比尔·布拉德利回想自己对战威奇塔州立大学割麦者队时，他看到的是一个22岁的年轻人想要拔得头筹。"比赛已接近上半场的一半，当时我正在传球，试图让其他队员参与进来。然后，范布雷德·考尔夫要求暂停。当大家挤着站成一团时，他看着我说：'这是你最后一场比赛，是你职业生涯中最后的得分机会。给我使劲投吧！'所以我就照他说的做了，比赛就成了那个样子。"

打篮球的乐趣在于传球和抢篮板球，而其核心是投篮。对于比尔·布拉德利、拉里·伯德、迈克尔·乔丹以及今天的勒布朗·詹姆斯来说就是如此。同样，对于很多18岁的有反叛传统精神的青年来说，也是如此。传统观点认为最好的球队总是能在团队合作打乱对手和单个球员的天分之间取得平衡。很多篮球队，包括NBA在内都是围绕这个平衡建立的。

很多18岁的高中生一跃进入NBA，这是20世纪90年代中期到2006年的趋势，是大环境造成的。一群天才青少年相信他们的故事就像广告里说的那样，会引起人们的注意。支票上的数字就证明了这一点。然后，所有这些在迈克尔·乔丹、"魔术师"约翰逊、拉里·伯德身上放大了的诱惑与激情，影响了其他很多体育人。

自 1980 年开始存在的 NBA 在美国的体育界里可能算是非常独特的，它创造了很多奇迹。

20 世纪 70 年代后期，NBA 职业篮球比赛联盟面临着形象及财政问题。当时娱乐性毒品很猖獗。球队支出了大量金钱。联盟主要的电视合作商使用录像带延期转播冠军赛。联盟认为运动员中黑人太多了，导致白人很难被接纳。敏锐的纽约律师大卫·斯坦恩成了联盟的总干事。大卫·斯坦恩相信联盟的这些黑人球员拥有出色的运动天赋，这些大个男人可以像芭蕾舞演员一样飞过空中，在对手层层围堵下还能在 9 米之外起跳投球。他认为这些人的能力都被低估了，人们不应该嫌弃他们的肤色，而应该接纳他们。后来，两位很棒的球员——"魔术师"约翰逊和拉里·伯德把这些信息带给了最需要听到的人：美国电视网络、商品集团、银行和汽车商。大卫·斯坦恩想召集他们给联盟投资。他说服了他们为赛事赞助、找球员代言广告、购买球场边的昂贵座位以及豪华包间。

几年过后，最伟大的球员及信使迈克尔·乔丹出现了。迈克尔·乔丹拥有无人可及的打球动作和微笑，对赢得比赛充满热情。

迈克尔·乔丹是 1984 年进入联盟的。他和他所在的芝加哥公牛队当时非常强大。1991 年，迈克尔·乔丹拿到了 NBA 总冠军。当时，英式足球在世界范围内非常受欢迎，全国橄榄球联盟也总能锁定美国秋季赛事的电视收视冠军，然而，NBA 作为一只潜力股，正在节节高升，很快成了世界上最火热的体育产业。NBA 由全国广播公司的体育主席迪克·艾博索主持，集体育、艺术于一体，同时赚得盆满钵盈。通过 15 年的努力，那个曾经吸毒者泛滥、不能在电视上直播比赛的 NBA，发展成了世界模范体育机构。迈克尔·乔丹站在顶峰，他横扫各种代言，从佳得乐饮料到内裤，年收入 5000 万美元。当迈克尔·乔丹成为称霸篮球鞋世界的现代超级英雄后，每个人都想成为迈克尔·乔丹，或者像迈克尔·乔丹一样。索尼·瓦卡罗就是这么想的。

索尼·瓦卡罗是来自宾夕法尼亚西部的意大利裔美国人，是个说话语速极快的健身迷。他曾是最容易被人（尤其是那些"创造"了迈克尔·乔丹的人）忽视的人。1965 年，索尼·瓦卡罗在匹兹堡开创了全国高中全明星赛，这个比赛是索尼·瓦卡罗经营的众多高水准篮球训练营的起点。这些训练营和高中篮球全明星赛让索尼·瓦卡罗看到了篮球事业是如何平地而起的。他对比赛以及球员竞技的兴趣越来越大，也注意到了篮球比赛的基本装备——篮球鞋仍然处在 20 世纪 50 年代的水平。到 20 世纪 70 年代末，篮球鞋还是用帆布或者绒面革制成的，这完全不能满足篮球运动员的需求。

索尼·瓦卡罗察觉到这是一个商机，他给意大利的制鞋匠朋友打了个电话。索尼·瓦卡罗提议用皮革做球鞋，用维可牢带子绕住脚踝部分，能增加支撑力。拿到样品后，他便买了一张机票飞往俄勒冈州波特兰，在那里他和耐克公司的高管见了面。这家公司对于鞋类技术有着自己的想法，在这方面并不需要别人的意见。但他们喜欢索尼·瓦卡罗，因为他们想让那些被匡威和彪马吸引住的孩子穿上自己的鞋子，就像沃尔特·弗雷泽在尼克斯队里穿的那样。耐克的高管知道索尼·瓦卡罗在经营全国高中全明星赛，如果他能说服这个国家最棒的高中球员们穿上耐克公司的鞋子，那他们的鞋子可能会流行起来。

索尼·瓦卡罗告诉耐克的高管这是一个很容易解决的问题，而大学篮球教练是解决问题的关键。一家公司是没有办法告诉一个小孩该穿什么鞋子的，但是大学篮球教练可以。索尼·瓦卡罗之前曾花了很多时间跟这些教练谈论招募的事情，所以比较熟。他告诉耐克的高管，他们可以付给教练一些钱，然后把鞋子免费送出去。这是很简单、便宜的营销方式，因为孩子们会穿着耐克运动鞋出现在电视里。

索尼·瓦卡罗从内华达州拉斯维加斯的杰里·塔卡尼安开始，接着他争取到了新墨西哥州的诺姆·艾伦伯格、北卡罗来纳州的吉姆·瓦尔瓦诺，再后来他搞定了所有人。到1981年，大约有60个大学校队都在穿耐克鞋子。唯一的问题是，这些最好的球员离开大学进入NBA后，穿起了其他品牌的鞋子。这个现象对耐克的信誉造成了影响，耐克在想，是时候试着签一些排名靠前的新秀来帮自己的品牌做宣传了。

耐克公司的高管们浏览了1984年的选秀名额。公司准备用50万美元来签约一批NBA新星，现在他们需要找到一个可以下注的地方。职业选秀是一场有风险的投资。没有人真的能够确定谁将会成为下一个迈克尔·乔丹或者山姆·博伊。在芝加哥公牛队挑走迈克尔·乔丹之前，肯塔基中心和波特兰开拓者队已经选中他了，他很抢手。山姆·博伊后来遭受了一连串的腿伤，很难说接下来的职业生涯会不会受阻。

耐克公司的顾问们聚集在工作场地外一起研究了所有方案。耐克排位第二的领导罗布·斯特拉瑟和创始人菲尔·奈特的多年密友霍华德·斯鲁施尔都在那里。索尼·瓦卡罗也在，他是乔治城大学队的粉丝和当时的主教练约翰·汤普森的朋友。迈克尔·乔丹在1982年美国大学生篮球联赛中对阵乔治城大学队，最后几秒钟投进制胜一球时，索尼·瓦卡罗也在看台上。在他的印象中迈克尔·乔丹是高中球星，他很喜欢迈克尔·乔丹的笑容。人们通常的想法可能是拿着50万美元签一些球员，而索尼·瓦卡罗却另辟蹊径：把这些钱全给了迈克尔·乔丹。自此，革命开始了。

索尼·瓦卡罗有时会夸大事实，尤其是涉及对体育界的影响时。但他有一个比较坚定的认知，他说服耐克的管理层把鸡蛋都放在迈克尔·乔丹的篮子里。是谁下的这场赌注不重要，重要的是下完赌注之后会发生什么事。耐克公司将所有的资源都押在一个运动员身上，这个投资远远胜过给运动员的运动鞋上印上他们的彩条标识。这个投资包含广告牌、电视广告和个人形象，以及几近偏执地让公司和迈克尔·乔丹等同起来的尝试。1984年秋天，几乎是一夜之间，迈克尔·乔丹完成了腾空灌篮，接着他将自己与耐克公司的标志符号紧密联系起来。迈克尔·乔丹在这一年里取得了平均每场28.2分、6.5个篮板球的成绩。在迈克尔·乔丹完成了自己的处女秀两年之后，肯尼迪威登波特兰广告公司富有创造力的导演吉姆·里斯沃尔德开始筹备一系列广告。广告由斯派克·李自导自演，广告描述了斯派克·李的另一个自我——《稳操胜券》里的马斯·布莱克曼，以及他对乔丹的痴迷。斯派克·李本人和影片中的马斯·布莱克曼坚持认为是耐克球鞋让迈克尔·乔丹那么棒的。这个影片广告播出后立马大火特火。

迈克尔·乔丹很快成了新一代的明星。他完全满足了耐克创始人菲尔·奈特把运动员当作超级英雄的需要——可以用他人做不到的方式鼓舞大众，让他们买下很多运动鞋和服装。1987年秋，迈克尔·乔丹和耐克签订了第二份合约，合约规定耐克7年内给迈克尔·乔丹1800万美元以及他代言的球鞋销售收入的5%。菲尔·奈特眼睛都没眨一下。

接下来的10年，其他17家公司也毫不犹豫地签下了迈克尔·乔丹。他们给迈克尔·乔丹的基本报酬大都是一年50万美元，还会根据他的投入程度不断加码。有了迈克尔·乔丹，这些公司的生意越来越好了。

20世纪90年代早期，迈克尔·乔丹轻而易举地成了世界上最出色的篮球运动员。1991年起，他和公牛队连续赢了3次总冠军。每年他的薪酬和为品牌代言所得收入加起来将近3000万美元。在阿诺德·帕尔默打败韦德·威尔森30年后，迈克尔·乔丹又创造了这样的奇迹，体育市场愿意为他的极致天赋支付所有费用，他都照单全收。"像迈克尔·乔丹一样"成了年轻的篮球运动员的理想。就连迈克尔·乔丹在自己的事业如日中天的时候也说道："菲尔·奈特和耐克将我变成了很多人的'梦想'。"

从 1986 年到 1993 年，迈克尔·乔丹每场比赛平均得分都超过了 30 分。在比赛中，当迈克尔·乔丹开始三角防守，通过持续移动传球和助攻形成一系列的防守系统时，他才是真正的逐猎者。虽然这个事实并不能促销鞋子、佳得乐饮料和内衣，但他这个超级英雄可以。在很多人看来，篮球运动员可以变成超级英雄，并且富有神话色彩。这不仅改变了孩子们对于篮球的看法，也改变了这个项目在接下来的 15 年中的走势。

你如何让一个有着卓越天分的年轻人对成千上万的美元置若罔闻，在大学里努力学习那些他不感兴趣甚至以后也不会感兴趣的科目，而不是和篮球队或球鞋公司签一份可以改变终生的合同？你毫无办法。也许，你可以尝试，但是十有八九他不会听你的。迈克尔·乔丹改变了年轻的篮球运动员如何利用自己的天分发展事业的想法，也改变了其他领域的运动员如何看待自己以及如何在商业和竞技上有所发展的想法。迈克尔·乔丹在赛场以外赚的钱让上大学看起来毫无必要。不是 NBA 的起始薪水很高，而是迈克尔·乔丹为耐克创造了成百上千万美元的利润。每个球鞋公司都渴望找到下一个迈克尔·乔丹，他们把对迈克尔·乔丹的期望放在了那些他们相信不用去上大学便会成为 NBA 明星的年轻运动员身上。

"我们付的钱比 NBA 多，当然他们不用去上大学。"索尼·瓦卡罗说。他从耐克跳到了其竞争对手阿迪达斯那里，然后又跳到了锐步。他带着使命去寻找下一个迈克尔·乔丹。

20 世纪 70 年代，曾经的大佬摩西·马龙和戴瑞尔·道金斯从高中直接进阶到 NBA。整个 20 世纪 80 年代，看起来只有像摩西·马龙和戴瑞尔·道金斯一样体格强壮的青年球员才能跟 NBA 的其他运动员对抗。即便像帕特里克·尤因和哈基姆·奥拉朱旺这样有着足够好的身体条件可以进入 NBA 的运动员，也要遵循传统路线，在大学里待 2—4 年。这在当时是保证球员在 22 岁时进入 NBA 的最安全的方式。

在迈克尔·乔丹的时代，这个方式却被改变了。1995 年，身高 2.1 米的中前锋凯文·加内特加入了 NBA。第二年，来自费城郊外的摇摆人科比·布莱恩特也实现了飞跃，加入了 NBA。在新电视合约中，这些新进球员身价飞涨，比如凯文·加内特在加入 NBA 后的前 3 年赚了 52 万美元，科比·布莱恩特在加入 NBA 后的前 3 年赚了 35 万美元。

这些数字只是个开端。沙奎尔·奥尼尔在路易斯安那州立大学待了两年之后进入了 NBA，在踏入 NBA 的赛场之前，他就与锐步签了一份价值 4000 万美元的球鞋合约。科比·布莱恩特和凯文·加内特也收到了类似的合约。几乎一夜之间，沙奎尔·奥尼尔成了超人。就像索尼·瓦卡罗说的那样："他们扮演的角色要比实际的自我强大得多。"事实也是如此。

1992 年，菲尔·奈特解释说，多年以来耐克认为自己是一家"以生产为导向的公司，意思就是我们将所有的重点都放在了设计以及生产产品上"，但是"迈克尔·乔丹热"让耐克明白了，公司做的最重要的事是产品营销。"我们已经转而宣称耐克是一家以市场为导向的公司，而产品是我们最重要的营销工具。"

换句话说，迈克尔·乔丹不是简单地改变了市场，而是改变了篮球以及其他体育项目的主导方向。职业篮球不再以问鼎冠军的形式存在，大卫·斯坦恩创造的现代 NBA 将职业篮球变成了一个为一群极具天赋的运动员展示个人技艺的舞台。这个策略被广泛证明是很成功的。NBA 季后赛的观众人数超过了棒球季后赛的观众人数。然而，似乎没有人思考这个问题：重心转移到个人技艺表演和金钱奖励后会发生什么事？

青少年急切地想成为 NBA 的超级明星，最明显的体现是高中生球员希望不读大学，直接参加职业比赛，就像科比·布莱恩特那样。他们作为个体，想尽快被人们认可。然而，NBA 没有机制来阻止这一切。1971 年，NBA 输掉了一场关于斯班瑟·海伍德的官司。斯班瑟·海伍德是全国大学体育协会和 NBA 的老球员，当时在底特律大学就读，为了争取提前离开大学参加职业比赛的权利，他起诉了 NBA。从那以后，NBA 采用了"穷困准则"，意思是说如果运动员可以证明他们需要钱，那就可以申请参加选秀比赛。NBA 从来不会拒绝任何参加选秀比赛的申请。

然而，随着有经验的明星球员的薪水增高，球队也需要保证自己签到排名靠前的新秀。1985 年，中锋帕特里克·尤因签了一份薪酬高达 1700 万美元的 6 年合约，刷新了新球员的薪酬标准。给他那么多钱，NBA 也没觉得太冒险了。毕竟这个 2.1 米高、经验丰富的中锋带领着大学球队 4 次闯入大学生篮球联赛的 4 强、参加了 3 次冠军赛，还获得了一个总冠军。相对而言，投资那些只是上高中以来单纯热爱篮球竞赛的年轻人的风险更大。对于弱队来说，如果不能在选秀中选到顶级新秀，几乎是不可能变强的。如果一个球队在选青年球员的赌博中输了，那就会在竞技和财政上倒退好多年。

1999 年，为了减少风险，NBA 和运动员协会商定了一项新秀球员工资范围的合约。被选中的运动员必须签一份为期 3 年的合约，这份合约中的薪资是事先定好的，并且采用浮动计算法。最强的球员赚得最多，其次的少一些，以此类推。NBA 意图通过这种方式减少特许营销的风险，然而事与愿违。诚然，合约限制了初始工资，但是合约中 3 年的期限会激励球员不顾自身水平想尽方法更快地进入 NBA。NBA 客观上是在告诉球员最重要的事是尽快签第二份合约，因为那样才能真正地赚钱。如果真正的发薪日在3年以后，那球员通常的想法是尽快开始计时。

很快，那些被看好的球员如果决定去上大学，或者决定在大学里待一年多，很可能对自己不利，人们会议论他们出了什么问题。如果你真的认为你很厉害，你得通过直接进入NBA的方式来证明，不管你准备好了没有。当时的NBA副税务长拉斯·格兰尼克说，"每个人都受到了逼迫"。

就是在这样的环境下，球星勒布朗·詹姆斯出现了，这个大男孩很快成了世界上最伟大、最知名的篮球运动员。另外，还有很多其他青少年球员引起了轰动，比如前锋杰梅因·奥尼尔，他一开始是波特兰开拓者队的，后来在印第安纳步行者队以及多拉多队选秀中成名。而休斯顿火箭队的特雷西·麦克格雷迪，最终却因发挥不佳而退场，就像夸梅·布朗、塞巴斯蒂安·特尔费尔、艾伯特·哈林顿和泰森·钱德勒等人一样。初来乍到的NBA运动员，签下一份有保障的球鞋合约后，就有可能影响他们竭力发挥自己的天赋。从布鲁克林高中出来的后卫明星特尔费尔多次提到，他绝不会答应签那份价值数百万元的球鞋合同，因为有了那些钱做保障，让他觉得他在训练中可以走捷径。

除了合同带来的影响外，那些横冲直撞的年轻人给NBA还制造了形象问题。NBA球探出现在学校以及美国业余体育联合会的各场比赛中，说那些十几岁的小孩有些不正常。还有一个大问题，这些运动员以及NBA中的其他运动员努力模仿并证明他们是下一个迈克尔·乔丹，偶像的影响抑制了很多人发挥自我。

我们先把高中生球员为进入NBA而跳过上大学这一环节带来的社会问题放到一边，因为对于这个问题的争论永无休止。对于NBA来说，最大的问题是从20世纪90年代末到2006年大量涌入的青少年运动员在本应代表最高体育竞技的联赛中的表现十分糟糕。很多球员，特别是年轻一些的明星球员，成为"投球快乐"的受害者。

篮球的最高水平体现在运球和传球上。5名运动员不断变换走位，把球传到前方，除了技艺高超的击地传球，球始终不落地。这是一种符号化的、追求速度的"舞蹈"，球员每次都尽情冲撞，不管是为了争抢篮板球，还是为了在边线飞跑扣篮。篮球失去了美学价值，成为"冷漠"的运动——当球队的进攻依赖前锋时，前锋不再控球，他的4名队友在球场的另一端，为他腾出操纵空间。

一项测评显示，在迈克尔·乔丹之前的时代，篮球比赛中单打独斗的比率为5%。2004年，一家名为合力体育的公司开始跟踪记录单打独斗的篮球比赛。2005年，各个球队设计了一种在篮筐边以孤立为主的进攻方法，占到比赛所用方法的15%。奥兰多魔术队引领了这个潮流，几乎每5次就会有1次单打独斗。助攻的次数猛跌，1992年、1993年时每场比赛有50次，到2005年、2006年时变成了41次。在过去的30年间，助攻总数最低的13场比赛都是在2000年举行的。

单打独斗除了具有美学性外，并没有什么效果，反而使比赛得分暴跌。1992年至1993年的赛季中，NBA平均每场比赛的得分是210.5。2003年至2004年的赛季中，平均每场比赛的得分是186.8，是这30年内的低谷——虽然NBA在两年前就已修改了规则，即鼓励球队通过防守来得更多分。

NBA实施"禁止运动员在高中毕业后的第二年之前参加NBA选秀比赛"这一规则一年后，也就是2007年，单打独斗的现象减少了。这时，那些统计大佬举起手，说相关性并不意味着就是因果关系。但这个时代，职业篮球重视个人主义和成为超级明星可以一夜暴富这种观点之间真的没有联系吗？

这种局势主要是由耐克公司造成的。当然，耐克不是唯一把名人广

第九章 投篮的愉悦和体育的"耐克化" | 233

告变成"愚蠢"的神话的公司，但它长期处于这场炮制神话的革命中心。它炮制神话及偶尔会产生灾难性效果，不仅限于篮球界。耐克2013年的收益超过了240亿美元。它每年在宣传上花费将近10亿美元。

对于那些自愿接受这种神话创造的结果的篮球运动员以及其他所有运动员来说，神话制造之王和它的竞争对手们已经将制造神话变成了非常能盈利的一种艺术形式，虽然这其中充斥着忧虑和陷阱，但这些东西已经成了一种时髦。从阿诺德·帕尔默到四分卫俱乐部，再到迈克尔·乔丹，这期间太多的运动员忘记了运动表现才是场上或场下获得成功的基础，并且体育的目标是取得胜利，而不是变得出名。

这件荒诞的事从哪里开始的呢？应该归结于兰斯·阿姆斯特朗。还记得那个广告吗？"我在什么上面？"兰斯·阿姆斯特朗在拍打他的奖牌。画外音回答道："我在单车上，每天竭尽全力骑6小时。"

2012年，管理兴奋剂的当局取消了兰斯·阿姆斯特朗法国巡回赛的头衔之后，耐克公司放弃了他。耐克公司的广告就很明显地证实了兰斯·阿姆斯特朗所受到的指控。

在兰斯·阿姆斯特朗下台之际，那样的谈话在耐克公司是家常便饭。任何看到报纸的人都说这不是体育巨星第一次受到严肃指控。在耐克赞助的其他运动员中，全国橄榄球联盟的四分卫迈克尔·维克在2007年承认自己斗殴，并因此入狱服刑。马里昂·琼斯在使用提高运动性能的药品的事上对大众评审团撒谎了，她被定罪进了监狱。泰格·伍兹被牵涉进一系列被高度曝光的婚外恋事件中，他对公众道歉——虽然他的形象公关将他描绘成一个完全以家庭为重的男人。曾经是大学体育诚实"象征"的宾州州立大学前教练乔·帕特诺被解雇了，他的前助理杰瑞·桑达斯基被指控多年来一直对儿童进行性侵，而乔·帕特诺对这一切视而不见。

奥斯卡·皮斯特瑞斯，这位来自南非的双腿截肢的赛跑运动员多次出现在耐克广告中，他装着假肢跑步，被称为"刀锋跑者"。他被誉为"跑道上的人权斗士"，虽然身体残疾，却力争上游。耐克的神话制造机器如此强大，以致没有人提出这个明显的问题：皮斯特瑞斯是如何帮助耐克销售公司最大的产品的。毕竟，他不穿鞋。在一个广告中，他跃身向前，旁边是一行标语："我是弹膛里的一颗子弹。"另外一幅广告画面中，皮斯特瑞斯泰然自若地说道："我的身体是我的武器……这是我的武器，这是我搏击的方式。"

2013年，皮斯特瑞斯犯下了枪杀他女友瑞瓦·史汀坎普的罪行。皮斯特瑞斯和他代言的那些内容悲惨的广告，给耐克带来了很多让人不安的问题。2014年，皮斯特瑞斯被捕之后，他的代理人泰特·范齐尔不得不仓促地与耐克的高层执行官联络，来解决这个问题——皮斯特瑞斯的公众形象和他的真实面目不符，他根本不是那么好的人。

一直以来，耐克始终走激励路线。耐克每年花32亿美元做营销，产生了巨大的文化影响力。目前它的广告合约价值40亿美元，占年收入的15%左右。人们注意到，当耐克的球员跌下神坛时，公司的利润仍然在增长。从2003年到2013年，耐克的利润增长超过了两倍。耐克在跑鞋市场中占了将近60%的份额，在篮球鞋市场中占了将近90%的份额，而且一直在保持这个水平。

皮斯特瑞斯被捕以后，一位耐克的发言人认识到"运动员也是人，他们会犯错，但是我们依然相信他们始终能启发激励着人们"。

从1984年开始，耐克大胆地决定将几乎所有的营销预算都投资到迈克尔·乔丹身上，并围绕着他开展营销活动。此后，公司从来没有怀疑过这个强调灵感和启发作用的策略。但是当一些大明星被摘下面具之后，或者说当耐克将视线转移后导致所选的运动员水平下降后，是时候该重新考虑这个制造神话的策略了，不管这看起来多么诱人。

"学到的最深刻的一课就是没有真正的英雄。"在伦敦赢得银牌的跨栏运动员杰森·理查德森在皮斯特瑞斯被捕以后醒悟道，"我们把这些人快速捧成了英雄，他们不被允许做普通人。"

有一种感觉是，耐克通过愚蠢的方法改变了运动员成功的规则。有些人指责耐克进行名利交易。除了和球队所签的合同规模以及推特（Twitter）上的关注人数以外，和耐克所签的合同（或者公平一点说，和其他体育配件公司所签的合同）已经成了现代运动员的另外一种"得分"方式。这一类"得分"经常超过了那些最重要的得分——在赛场上的得分。耐克和其他体育配件公司并没有意识到一件事：他们卖的不是鞋子，也不是运动员，而是故事和童话。他们不是鞋子公司，而是造梦工厂。

当胜利不仅仅是赢得比赛，而运动员不再用传统的方式"积分"——收集奖杯、得分、卫冕、连续参加球赛以及多年效忠于一个球队时，粉丝们便对运动员失去了兴趣。然而制造神话的机器还在运转。当耐克创造出神话般的人物迈克尔·乔丹时，他的形象完全失真了：他是那么无可挑剔，别人无法超越。迈克尔·乔丹，这位最伟大的篮球运动员，声称高中时被学校开除过，事实并非如此。他高一时在校队打球，高二时像野草一般疯长，之后以校队为起点，一路前进。

耐克并不制造竞速单车，耐克签了阿姆斯特朗，是因为他战胜了癌症，幸存下来，并且回到赛场上，赢得了最让人精疲力竭的比赛。耐克并没有向高尔夫球俱乐部售卖任何产品，却签下了泰格·伍兹。耐克将他推向了世界，因为他是一个有潜在改革能力的明星，他有能力在世界上最古板的体育运动项目中打破种族边界（值得注意的是，泰格·伍兹赢得了很多锦标赛，但是在弱势群体参与高尔夫球比赛方面的影响力却很小）。

如今,"故事"是体育商业的流通货币。这是鲁尼·阿利奇创造的世界。在这个世界里,皮斯特瑞斯就像一张空白支票。他很小的时候就失去了小腿,并且被告知将永远无法进行体育运动。他是一名罕见的运动员,不仅仅刷新了我们对于健康的理解,同时也迫使我们重新思考"残疾"的定义。毫无疑问,有些时候他也会感觉到那种连比尔·布拉德利也无法抗拒的胜利的喜悦。

在这个"后马克·麦考马克时代",如果运动员不想让他们的前辈争取来的一丝一毫的权利被剥夺,就得认真对待自己的职业——无论你是让比赛如虎添翼的棒球运动员,还是想努力打造美国国家女子足球队的年轻女孩。就像"耐克之王"菲尔·奈特曾经说过的那样:"如果你试图销售假货,终将被人们发现。"

第十章

他们又来了

chapter
ten

2001年6月，小利奥·辛德雷走进纽约丽晶洛斯酒店的一间套房，会见一位在纽约叱咤风云的人物——纽约洋基队的老板乔治·史坦布瑞纳三世。在他统御美国体育最著名的特许经销的近40年里，几乎所有与他共事的人以及为他工作的人都称呼他为"史坦布瑞纳先生"，特别是刚开始与他接触时，或者是私下里提到他时。小利奥·辛德雷几乎不认识乔治·史坦布瑞纳。他比乔治·史坦布瑞纳年轻了20多岁。乔治·史坦布瑞纳来自美国西部，在缺乏敬意的有线电视产业先驱时代赚得盆满钵满。小利奥·辛德雷伸出手向他打招呼："乔治。"

如果乔治·史坦布瑞纳有值得庆幸的时刻，那么就是当时。他的纽约洋基队已经连续好几年赢得年度棒球联赛的冠军，并在此之前的4年中取得了桂冠——这是半个世纪以来球队表现最好的一段时期。在自由签约球员的年代，运动员地位的转变使得"王朝模式"难以为继，就连纽约洋基队这样的球队也需要比对手花更多的钱来签下自由的球员。乔治·史坦布瑞纳曾在20世纪70年代承认，他在理查德·尼克松的竞选活动中提供非法竞选资金，因此被中止了棒球事业。1991年，因聘用投机商挖掘他的明星外场手戴夫·温菲尔德，他被处终身禁令。然而，禁令2年后就撤销了，但他用了10年重新恢复形象。在公关大师雷华德·J.鲁宾斯坦的谨慎操作以及引导之下，他从一个专横的暴君形象变成了愿意为胜利去付出一切的彻底的竞争者。因为胜利是纽约洋基队的粉丝们期待的，似乎也是纽约洋基队应得的。

然而，当小利奥·辛德雷走进乔治·史坦布瑞纳的房间时，他并不高兴。实际上当时他很痛苦，他需要亨得利的帮助。两年前，也就是1999年，乔治·史坦布瑞纳和新泽西网队的老板雷蒙德·钱伯斯一起与刘易斯·卡茨开始合作。钱伯斯是杠杆并购的创始人之一，他说服了乔治·史坦布瑞纳，如果乔治·史坦布瑞纳建造一个体育帝国，他可以发掘其棒球队的潜在价值。这个想法足够控制年度电视节目，能让球队拥有在有线电视中播出的地区型体育网络。像所有其他球队一样，纽约洋基队每年会收到一笔播放权专利费。最大的一笔专利费来自麦迪逊广场花园电视台，大约5000万美元，这给纽约洋基队增加了巨大的财政收入。好几年的时间里，钱伯斯和其他人向乔治·史坦布瑞纳解释如果他发行自己的广播网，依然可以收到一大笔专利费，并且可以在这个资产中创建股权，在接下来的10年内，这个资产随着有线业务的发展一定会出现指数级增长。拥有独有节目的有线频道，并落实在一个基础的平台上，每个用户都可以购买，并且让这些用户变成媒体行业的铁粉。这些稳定的月付费和按长期合约付费每年都在增长，让这些广播公司变成了"印钞机"。乔治·史坦布瑞纳甚至不用拿出现金。他可以将广播网的一部分使用权卖给投资商，他们会在最开始的几年里付专利费，直到用户的钱开始入账，所有这些都合乎情理。钱伯斯和卡茨甚至承诺将会使用他们在新泽西州的政治关系，保证让成千上万的公众投资，为新泽西网队在纽瓦克市中心建造一个新的竞技场——钱伯斯在这个城市捐赠了几千万美元做慈善事业。合作成立的公司名称叫洋基网队集团，雇用了前特纳体育的主席哈维·舍勒做首席执行官，来让公司蓬勃发展。乔治·史坦布瑞纳将成为一个帝国的君主和媒体界的领导者。

在洋基网队集团成立两年之后，没有新的竞技场，也没有广播网络。哈维·舍勒遭遇了惨败，以喜欢控制员工而闻名的乔治·史坦布瑞纳对他失去了信心。看来，洋基网队集团需要一个成熟的管理者。乔治·史坦布瑞纳需要小利奥·辛德雷。

乔治·史坦布瑞纳和小利奥·辛德雷一边喝着咖啡，一边分享了各自成长过程中的一些故事。乔治·史坦布瑞纳来自一个富裕的运输和造船家族，他喜欢将自己的童年描绘成一段艰苦的经历，包括在卡尔弗军事学院和在造船厂颠沛流离的生活。他觉得他完全是依靠自己的力量在几乎是体育界最著名的特许经营中立足的。而真相是他童年时接受过私立教育和优惠待遇，后来就读于威廉姆斯学院，毕业后刚开始工作就继承财产。1973 年，他聚集了一些投资商，以 880 万美元的价格买下了纽约洋基队，而他自己拿出了其中的 100 万美元，成了全权合伙人。

而小利奥·辛德雷真的拥有乔治·史坦布瑞纳所幻想的那种成长经历。小利奥·辛德雷独自在太平洋西北部长大，虽不是一贫如洗，但也并不是高枕无忧。他年轻时在位于塔科马的自己家附近的农场做一些奇怪的工作。他通过自己的努力上了高中，后来进入西雅图大学，接着又进入斯坦福大学商学院。他曾当过商船船员，跟金属板打交道，给联合快递公司的包裹分类。从商学院毕业之后，他在犹他国际采矿公司工作了 10 年。他一开始做首席执行官的助理，在新墨西哥州管理矿业，一步一步发展，最终成了这家公司的首席财政官。20 世纪 80 年代，他在旧金山的纪事报工作。当时纪事报想要投资正在发展的有线电视产业。他们给了小利奥·辛德雷一些权利，让他接触一些像比尔·丹尼尔斯和琼斯·马龙一样的巨头。这些人跟小利奥·辛德雷一样，都是爱冒险的人，他们相信自己的所作所为可以改变世界。小利奥·辛德雷拿出自己的 2 万美元存款，再加上琼斯·马龙的资助，成立了 InterMedia Partners 公司。他和琼斯·马龙一起帮助一系列区域型体育广播网络上市，之后他将这些都卖给了正在扩张的鲁伯特·默多克的美国新闻集团。从 1997 年到 1999 年，小利奥·辛德雷经营着琼斯·马龙的电信网络公司，该公司是美国最大的有线电视分销商。1999 年，小利奥·辛德雷以 52 亿美元的价格将其卖给了美国电话电报公司——这是当时媒体行业史上最大的一笔交易。当时，小利奥·辛德雷 52 岁，他在公司占有的股票足以让他一辈子也不用再工作。其实，他对政治非常感兴趣。他还有一个"昂贵"的爱好，开保时捷赛车。总之，他既是个职业赛车手，也是民主党的重要筹款人，而电信网络公司是他心爱的恋人。

乔治·史坦布瑞纳空口宣扬改写体育商业规则的千载难逢的机会到来了，但并没有让小利奥·辛德雷立刻动心。

不过，他们两人一见如故。乔治·史坦布瑞纳问小利奥·辛德雷是否可以帮自己解决电视网络没完没了的法律纠纷问题，让它站稳脚跟，小利奥·辛德雷说可以。乔治·史坦布瑞纳又问他是否能让各个有线公司购买这个频道，小利奥·辛德雷说可以——虽然他警告史坦布瑞纳，他们和查尔斯·多兰、吉姆·多兰这对父子搭档将会有一场硬战要打。这对父子搭档掌控了美国有线电视公司（Cablevision），并且垄断了纽约的体育电视网络。多兰一家拥有麦迪逊花园广场电视台，他们会在所有关键的地方打击自己的竞争者。最终，多兰父子会让步。乔治·史坦布瑞纳想知道小利奥·辛德雷是否会自己注资来实现这一切。小利奥·辛德雷 20 年前在自己身上下赌注，创造了财富，除此之外，他不会以任何其他的方式来做生意。他必须得让自己获利，最终他给出了一张 1500 万美元的支票。

小利奥·辛德雷觉得过去 40 年里，体育界的"故事"主要是通过电视传播的。体育事业之所以如此繁荣昌盛，是因为广告商们弄明白了，体育几乎是唯一可以吸引那些不会在黄金时间看电视的 18—54 岁观众的节目。如果你想要吸引这些愿意在啤酒、豪车与手表上花销的人，就得为体育赛事做广告。

就像小利奥·辛德雷看到的那样，体育赛事，以奥林匹克运动会以及年度大型比赛（比如"超级碗星期天"）这样的重大事件为基准，为这个国家的人们制作了一份特殊的日历。涌现出了很多电视节目，比如《大学比赛日》《周日大师赛》《篮球赛季》《周一橄榄球之夜》以及《温布尔登的早餐》（后来更名为"洛兰·加布斯的早餐"）。是电视拯救了整个体育赛事。整个 20 世纪 80 年代，英国电视一年只播放一场英式足球比赛——英国足总杯决赛。老板们担心，如果他们的比赛——特别是历史最悠久且最优秀的俱乐部间的比赛在电视上播放，没有人会在恶劣的天气中买票去破旧又危险的大型露天体育场观赛。他们的担心不无道理。英式足球评论员罗杰·贝内特曾和他的父亲一同去观看他心爱的埃弗顿蓝队在古迪逊公园球场举行的球赛。球赛刚开始，当他站在观赛台上聚精会神地观赛时，感觉后背有一股"暖流"。一个站在他上面的球迷正顺着一本卷起来的杂志对着他的脖子小便——这在当时的英式足球比赛现场是很常见的。1992 年，鲁伯特·默多克和英式足球中最大的几个俱乐部的老板一起出资创建了英格兰足球超级联赛。现在，它成了世界上最受欢迎的顶级联赛，每年的电视转播权收益大约 7 亿美元。老板们用一部分钱帮助那些足球俱乐部翻修了露天体育场，还资助了外国球员。2000 年，世界上最富有的人，比如阿布扎比的皇室家族、俄罗斯大亨罗曼·阿布拉莫维奇、沃尔玛的继承人斯坦·克伦克等买下了一些英国足球俱乐部。

他们也帮助一些运动员大幅提升了工资。过去将近一个世纪里，销售门票一直是体育收入的主要来源。2000 年时，电视转播权的收益占了世界上最大的几项体育联赛的收入的一半。今天，媒体收入将近占了美国国家橄榄球联盟收入的 60%。这跟球队老板每年花在培养球员上面的钱几乎是一样的。过去几十年里，随着版权费不断上涨，球队成员的价值也在不断增长。现在的问题在于：是否有一个标志性的球队可以拥有一个完全不同的资产——有线电视网。

当小利奥·辛德雷离开酒店时，他已经找到下一个项目了。他准备通过只放映棒球、篮球比赛的小区域型体育电视网络，来完全颠覆体育商业的金融模式。他很清楚体育电视网络的历史进程，知道这个过程是不可避免的。

其实，有线电视里没有什么像本杰明·富兰克林或者托马斯·爱迪生这样的大人物。没有人确切知道它源自哪里，或者是谁第一个想到了这个聪明的办法——用很高的天线将同轴导线连接起来，再将天线连接到电视上，捕捉和发送原本很难收到的电视信号。然而，大约 40 年前，有一位非常睿智的家用电器销售员，名叫戴维森·詹姆斯·耶茨，他认识到电视机是通向体育王国的一把钥匙。

戴维森是小石城一名配镜师的儿子，他在空闲时设法取得了一些无线电广播的专利。在第二次世界大战中，他在海军通信队服役，之后回到了堪萨斯，在塔克曼开了一家配件店。1947 年，他得知孟菲斯的一个广播电台 WMC 取得了许可，在南部建立第一个电视台。因为他在通信队服役过，他明白塔克曼的居民根本不可能通过普通的屋顶天线清晰地接收到孟菲斯广播电台的信号。这就引发了一个问题，如果收不到好信号，那么就卖不出去电视机。

1948 年，戴维森在他的商店隔壁的建筑顶上搭了一条 30 米长的天线，然后将它拉到自己的商店里，和他的电视机连接起来。秋天，WMC 开始传送信号时，160 千米以外的画面清晰地出现在电视上。顾客觉得这看起来很棒，所以戴维森在自己的天线上又架了另外一条线，拉到一位名叫卡尔·托勒的男士家中。卡尔·托勒经营着一个电报局，他将天线接到托勒的电视上，现在托勒可以在他的起居室里看到清晰的电视画面了。

这一切在塔克曼引起了轰动，居民们聚集在托勒的房子里和戴维森的商店里看电视。他们当然也想在自己家里看电视，问题是怎么支付这些费用。搭天线、布置线路以及维护线路需要大量的资金。戴维森草拟了一个商业计划。他提议收取 150 美元的安装费、每个月 3 美元的维护费以及其他花销。在今天相当于 1500 美元的安装费、每个月 30 美元的维护费以及其他花销。他需要说服这些居住在阿肯色狭小破旧的社区里的居民，这个投资是值得的。1948 年 11 月 13 日，他找到了解决办法。他将天线连接了到当地的军团厅，使他们能收到播放田纳西大学和密西西比大学橄榄球比赛的信号。这是一个高招儿，每个人都想加入。不久，戴维森开始在整个阿肯色搭建天线、建立有线电视系统。每次他搭建天线并且售出有线电视新系统所得的费用，都可以用来支持下一次的工作。

戴维森的远见令人惊叹，他一开始就找到了正确的商业模式，并且意识到独家报道体育赛事是销售的魔法子弹。他的方案成了开拓付费电视业务的蓝图。体育节目并不能最大量地吸引顾客，它只是黄金时间主流娱乐节目的很小一部分，但是观众的热情让这些内容极具力量。商家终于让消费者相信了没有这些节目他们将无法生活，不管这些节目是通过彩色电视还是有线电视网络播放的。

20世纪50年代，制造了滚动字幕屏的提词器公司的首席执行官厄文·卡恩想要将业务扩展到闭路电视领域。他与重量级冠军弗洛伊德·帕特森签了一份合约，得到了他拳击比赛的电视播放权。1970年，有线电视的创始人查尔斯·多兰正在曼哈顿为他的有线电视项目做推广。他的有线电视项目刚起步，产品覆盖率还不到20%。他付给了麦迪逊花园广场电视台2.4万美元，获得了纽约游骑兵队和尼克斯队比赛的播放权，并且承诺会买下所有因为电视放送而导致的空座位。同一年，泰德·特纳出资2500万美元买下了亚特兰大的一个电视台，之后将其更名为特纳通信集团电视台。这个投资直到1973年之前看起来都是没有什么成效的，特纳首先获得了亚特兰大勇士队的比赛播放权，之后又拿下了亚特兰大老鹰队的比赛播放权（他最终将两个球队都买了下来）。

1975年，杰瑞·莱文努力说服有线电视系统的运营人员花10万美元来搭建设备，好让家庭影院频道能接收到卫星传输来的节目。然而，有线电视的运营人员已经超支了，他们只愿意投资10万美元，用在付费频道上，之后再卖给收视者，每个月收取10美元。所以，杰瑞·莱文买下了默罕默德·阿里和乔·弗雷泽"震撼马尼拉"的播放权。之后，杰瑞·莱文和他的朋友决定为佛罗里达弗隆滩的有线电视系统安装设备，以便传输信号。这里有大约1万名用户，有现代的基础建筑，也没有恶劣天气对传输信号造成干扰。他们在密西西比州建立了另外一个信号纽带，在亚特兰大建立了第三个信号纽带，大量的媒体工作人员观摩了信号在世界的另一端通过卫星发出，经过地面线缆微波生成完美清晰的图像的过程。3年后，一个叫比尔·拉斯穆森的康乃狄格公共关系专家投资了3万美元,在美国无线电公司预留了一个信号空间,来创建一个会播放很多体育赛事——特别是哈特福德捕鲸人队和康涅狄格大学爱斯基摩犬队比赛的频道。他和他的儿子吵来吵去,不知道到底该怎么命名这个频道。最终他们一致同意将其命名为娱乐与体育节目电视网。

比尔·拉斯穆森的娱乐与体育节目电视网在1979年9月7日开播,一开播便开始亏损。有线电视在当时是小规模的生意,在全美的覆盖率不到20%,也就是说大概有1500万个家庭在用。如此小的蛋糕,意味着任何有线电视节目的收视率都是十分微小的。收视率如此差,不足以让娱乐与体育节目电视网从广告中获得利润,来抵消成本——包括购买体育节目播放权以及制作这些节目的花费。娱乐与体育节目电视网的控制者格蒂石油可以将这个频道制作成一个像家庭影院频道一样的付费频道,每个月收取10美元,然后将收益分为两半,与有线电视的发行人共享。只有一个问题,当时的娱乐与体育节目质量很差,是拳击、网球和澳大利亚橄榄球比赛的奇怪组合。不过,电视网络成了有线电视发行商在争取用户时的奇怪卖点。对于一部分特定的消费者来说,一个24小时的体育频道是简单且有吸引力的,一旦拥有就不想再失去。无聊的青少年男生可以用整个下午来看澳大利亚橄榄球比赛,事实上他们确实也这么做了。

娱乐与体育节目电视网的首席执行官比尔·格莱姆斯和首席运营官罗杰·沃纳对此了如指掌。比尔·格莱姆斯在美国哥伦比亚广播电台工作了一段时间后,来到了娱乐与体育节目电视网。罗杰·沃纳曾是麦肯锡公司的有线电视顾问。他们经常一起坐火车从纽约去康涅狄格的郊区。通过交谈他们得出了结论,只有一个方法可以使电视网生存下来。他们需要说服每个已经通过电视网受益的人来资助电视网。如果有线电视发行商使用娱乐与体育节目电视网来推销自己的产品,那他们需要帮助电

第十章 他们又来了 | 249

视网来支付账单。这实际上是使电视网络早点运营起来的商业模式。

罗杰·沃纳和比尔·格莱姆斯决定要求线路运营商为他们的每一位用户支付几美分——第一年 4 美分，第二年 6 美分，第三年 8 美分……以此类推下去。他们假设娱乐与体育节目电视网最终将会成为一个成功的、高价的并且只播放顶级体育赛事的频道。这在当时看起来是个非常乐观但有些愚蠢的假设，因为这个频道播放的是其他频道不感兴趣的体育比赛。他们向发行商保证有了钱和时间他们就会改变，娱乐与体育节目电视网将会成为电视上的首选体育赛事频道。现在正是在价格上涨之前锁定用户的最佳时机。

他们的广告宣传不是很管用，大部分的有线电视发行商叫他们滚开。比尔·格莱姆斯飞到西部，求见电视通信公司的丹佛·约翰·马龙。尽管预约了，但他却遭到了拒绝，他被告知永远拿不到一分钱。

1981 年的冬天，比尔·格莱姆斯和罗杰·沃纳在长岛的有线电视台试图与查尔斯·多兰和他的副手们斡旋。查尔斯·多兰在商界是一位强硬的谈判者。好几个月的时间里，查尔斯·多兰拒绝与他们会面。罗杰·沃纳见了查尔斯·多兰的手下，他们都给他传递了同一个信息：查尔斯·多兰是绝对不可能接下这单生意的。特纳通信集团电视台和美国电视网（USA Network）有资金，也有高质量的节目，而娱乐与体育节目电视网只有质量很差的节目。

娱乐与体育节目电视网与美国有线电视公司之间的协议早已过期了。比尔·格莱姆斯和罗杰·沃纳让他们的律师致函给查尔斯·多兰，如果有线电视台不同意在 1982 年 3 月 8 日之前为那些接收电视信号的用户支付象征性的费用的话，他们将切断信号。在这之前的一个周五，比尔·格莱姆斯前往大西洋沿岸国家运动联合会观看篮球锦标赛。他在北卡罗来纳落地时，给自己的办公室打了个电话。有一条来自查尔斯·多兰的信息请求他不要在周一前做任何事，周一他们将与有线电视台的总部开会。比尔·格莱姆斯同意了。

周一早上，会议开始了。会场上充斥着咒骂声、尖叫声和摔门声，但为了利益没有人离开会议室。比起比尔·格莱姆斯和罗杰·沃纳在其他地方遇到的情况，这已经好了很多。讨论持续了一整天。当天下午，查尔斯·多兰不想放弃娱乐与体育节目电视网的意思已经很明显了。他知道通过体育节目可以售卖有线电视系统。在他的职业生涯中，他已经两次近距离看到了这样的情况，第一次是在他给麦迪逊花园广场电视台的投资上；第二次是 1979 年在长岛，一些岛民与羽翼未丰的有线电视台达成了交易，使得全国冰球联赛的主场赛可以在电视上播放。一开始引起了人们的极大愤怒，但是最终长岛富裕的居民们成群结队地和有线电视台签约。查尔斯·多兰了解了有线电视的市场，人们喜爱体育，并且愿意为之付钱。

下午快 6 点时，查尔斯·多兰、比尔·格莱姆斯以及罗杰·沃纳达成了合作。有线电视台同意将娱乐与体育节目电视网纳入他们的有线频道，并且每个月为每个用户支付 10 美分，这项花费可以很容易地通过年费增长糊弄过去。就这样，先例出现了。体育有线频道现在拥有了广播频道没有的东西：双通道的利润流，一个来自广告，另一个来自用户付费。一天之内，娱乐与体育节目电视网以及其他播放体育或者计划未来播放体育的网络都取得了巨大进步。

比尔·格莱姆斯坐进了罗杰·沃纳的车里，打算离开。刚出停车场时，一个墨西哥餐厅出现在他们眼前。比尔·格莱姆斯指着它说："我们去玛格丽特维尔吧。"他们走了进去。娱乐与体育节目电视网及其一系列节目的收费现在是一个月近 7 美元，转换成年收益，就是 8400 万美元左右，而这是这些节目在没有卖出任何广告之前的收入。

娱乐与体育节目电视网和20世纪80年代突然出现的区域性体育网络，为体育界提供了至关重要的资金。自由球员制早在1975年就进入了棒球领域。现在又扩展到篮球、冰球以及全美橄榄球联盟等领域。更加自由的市场使得球员的薪资水平提高了。球队管理者需要找到更多的资金，而有线电视的新富们亟待与独特优质的能够提升月费的节目签约，他们一拍即合。不久之后，将顶级体育赛事从广播网络转向有线电视的合约就像滚雪球一般越滚越大。

第一件令人惊讶的事情发生在1987年。全美橄榄球联盟同意将8周晚上的比赛以3年1.53亿美元的价格放在娱乐与体育节目电视网上播出。彼得·罗兹尔为了弥补广播网络版权费减少而带来的损失，不得不从娱乐与体育节目电视网身上弥补。双方前面的合约使全美橄榄球联盟整体上损失了大约7500万美元。然而重要的是，全美橄榄球联盟从来没有将季后赛的播放权卖给娱乐与体育节目电视网或者任何其他有线电视台。这个举动可能短期内使得全美橄榄球联盟损失了成百上千万美元，但是最后他们都赚回来了（这个话题后面会再谈到）。

两年之后，美国职业棒球大联盟将播放权转移到了有线电视上。娱乐与体育节目电视网以4年4亿美元的价格买下从1989年开始的每星期的比赛。同一年，纽约洋基队以5亿美元的价格把接下来12年里在纽约本地市场举行的比赛的播放权卖给了麦迪逊广场花园电视台。这个合约让球队的版权费在纽约第十一电视台的版权费的基础上翻了3倍——这个电视台已经播放了18年的纽约洋基队比赛。接下来的10年中，每个美国职业棒球大联盟的球队都将把主要的比赛的播放权转移到有线电视上。从1996年开始，美国职业棒球大联盟把季后赛也放在有线电视上播放了。

NBA和全国广播公司搭着迈克尔·乔丹的便车，从1989年到2002

年一直占主流地位。那段时间里，全国广播公司为播放 NBA 的球赛一共支付了 3 亿美元。鼎盛时期是 1998 年 6 月的一个夜晚，7200 万观众一同观看迈克尔·乔丹第 6 次赢得总冠军，他凭借最后 1 分钟的进球打败了犹他爵士队。

2001 年，NBA 与全国广播公司签订的价值 1.6 亿美元的合约即将在 12 个月内过期。一个暖和的下午，NBA 的委员大卫·斯坦恩和全国广播公司的体育主席迪克·艾贝索尔一起从桑塔莫妮卡散步到威尼斯小镇。艾贝索尔解释说他的公司确实在播放 NBA 赛事的项目上已经亏损了 3 亿美元，但是他可以提供给 NBA 在当时的电视商业中最广阔的平台，是那些有线电视以及他们的"双通道利润流"无法提供的。几个月内，大卫·斯坦恩和娱乐与体育节目电视网、美国广播公司以及特纳通信集团电视台签订了两份长达 6 年、估值 4.6 亿美元的合约。这提升了大量的季后赛的播放频率，甚至使 NBA 的决赛在有线电视台上播出了。

对于大卫·斯坦恩和那些将大部分比赛都放在有线电视台上播出的体育团队的老板来说，风险几乎可以忽略不计。体育赛事促进了有线电视产业的发展。付费频道在美国家庭中的使用率从 80% 上升到了 90%，导致广播电视和有线电视之间的界限被模糊化了。狂热的电视观众没有这种娱乐方式便不能生活下去了。而事实上，他们也不敢去尝试。

2001 年 9 月 10 日，亨得利和纽约洋基队正式宣布扬基娱乐和体育网络公司成立了。史坦布瑞纳和网队老板们一共拥有广播公司 60% 的股权，并且以 6∶4 的比例分成。小利奥·辛德雷、乔治·史坦布瑞纳和钱伯斯从高盛集团和私募投资普罗维登斯资本那里筹募了 3.35 亿美元，这些公司占有了广播公司 40% 的股份，投资者对这些股份的估值达到了 8 亿美元。他们给频道的启动提供了资金，并且包揽了头几年的版权费。

第十章　他们又来了　｜　253

这些股东向球队的老板保证，即使这个广播公司搞砸了，这些老板也不会赔。每个用户每个月支付2美元的费用，累计起来每年会给扬基娱乐和体育网络公司带来大约1.9亿美元的收入。另外，广播公司还有可能通过广告取得2.5亿美元左右的收入。

第二天清晨，两架飞机飞进了世界贸易中心，另外一架撞进了五角大楼，同时第四架飞机撞向了宾夕法尼亚州的一片田地。到了上午，世界已经被彻底改变了。棒球锦标赛进行到关键时刻，突然被叫停了。10天之后，赛事恢复，纽约洋基队重新开始向季后赛稳步进军。在四分之一决赛时，虽然奥克兰运动家队以2∶0的成绩领先，但是他们奇迹般地生存下来了。德瑞克·基特在第3局外场向接球手约格·波沙达投球时来了一个传奇的低手抄球动作，使得他们以1∶0的成绩领先。在美国联盟冠军赛中，他们以不可抗拒之势击败了曾经赢得了116场常规赛的西雅图水手队。年度冠军棒球联赛在洋基体育场举行，离大火还在燃烧的世贸大厦只有10英里远。这也许是乔治·沃克·布什总统任期最精彩的时刻，他穿上一件防弹背心，在"那个鲁斯建的房子"里暖场，在场地中间象征性地为第3局比赛开局发了一个好球（对于总统来说）。现场5.5万位观众在咆哮，一个破碎的、呻吟着的城市还活着！

在第4局和第5局比赛的最后时刻，纽约洋基队都抓住了全垒打的机会。他们在加赛中赢得了几场比赛，并且在系列赛中取得了3∶2的领先优势。经过3个晚上的比拼之后，他们精疲力竭，一个击球棒断掉了，一次防御失误，断送了马里亚诺·李维拉在第7场第9局锁定胜局的机会。纽约洋基队和当时的纽约市市民站在了统一战线上：虽然失败了，但是不放弃，并且比之前更加生机勃勃。当这些比赛通过福克斯电视台传送到全国各地时，所有的特许经营商都感受到了他们的影响力。

次年冬天，小利奥·辛德雷让有线电视运营商购买他的新电视网络时就使用了这样的招数。他们一个接一个地签订合约，并且同意在接下来的 5 年内每个月为每位用户支付约 2 美元，用于播放当地最重要的体育球队的赛事。对于参与的每个人来说，这是不必深思的。然而，就像几乎所有人早已预料到的那样，吉姆·多兰领导下的有线电视台拒绝和小利奥·辛德雷签合同，因此剥夺了纽约将近 300 万家庭观看纽约洋基队比赛的机会。

当成千上万的球迷在有线电视台的领地抗议时，小利奥·辛德雷花了一整年的时间（整个 2002 年赛季），用了一切可以使用的手段使吉姆·多兰等人就范。他举行了媒体发布会，指控他们是十足的伪君子。因为拥有麦迪逊广场花园电视台的多兰家族向其他有线电视运营商征收了费用——每位用户每月将近 2 美元。麦迪逊广场花园电视台早已将电视网络的最强吸引力——纽约洋基队——输给了扬基娱乐和体育网络公司，并且他们不愿意支持新的对手。有线电视公司在纽约有着将近 300 万的用户，这使得有线电视成了最大的发行商。同时多兰的确不想给小利奥·辛德雷和扬基娱乐和体育网络公司每个月支付 600 万美元，他更愿意把这笔钱用到他的顾客身上。

小利奥·辛德雷已经和查尔斯·多兰（他也是有线电视产业的创始人之一）做了 15 年生意了，他以个人的名义恳求查尔斯·多兰来解决这件事情，但是查尔斯·多兰不想插手这件事。查尔斯·多兰说有线电视台现在是吉姆·多兰的管辖范围。小利奥·辛德雷提起了一份反垄断诉讼来反对有线电视台，因为有线电视台仅仅因为无法拥有这家电视网络，便拒绝发行它。小利奥·辛德雷游说新泽西州州议会通过了一项法案，禁止美国有线电视台这样的公司优待自己的体育频道，而排斥竞争者的频道。他向纽约州的司法部长艾略特·斯皮策和纽约市市长迈克尔·布隆伯格提出上诉，这两人让双方调停和仲裁。布隆伯格甚至允许他们在自己的上东区公馆中协商此事,让他们使用自己的厨房以及厨师。

2003年赛季第1场球赛开始之前的几分钟里,斯皮策来到了他在曼哈顿市中心的办公室,站在麦克风后面,宣布双方已经达成了一项交易,在有线电视台上播放球赛,并且争取强制性仲裁。查尔斯·多兰没有参加这次仲裁,他让公司的首席运营官汤姆·拉特利奇代替自己去。面对退休联邦法官斯坦利·斯伯金带领的三人法官裁判委员会,汤姆·拉特利奇没有太多胜算。仲裁的范围早已定下来了,纽约洋基队体育节目的市场估值需参考其他体育电视网络以及其他球队。纽约洋基队是当时纽约最受欢迎的球队,电视台播放这个球队的赛事理应很有价值。然而,汤姆·拉特利奇觉得纽约洋基队的赛事也许会出现淡季,所以比赛不值那么多钱。这是一场愚蠢的争论。纽约洋基队从1995年到2004年每年都参加了季后赛。后来的年份里纽约洋基队也没有错过季后赛,除了2008年。斯坦利·斯伯金不吃这一套。"他一直看着拉特利奇,说:'拜托,这是纽约洋基队。'"小利奥·辛德雷如此描述道。

斯坦利·斯伯金把2003年的月费从2.12美元降到了1.85美元,并且将2004年的月费从2.28美元降到了1.93美元,费用会在接下来的5年里稳定增长。法官同时也说道,有线电视台必须将体育赛事播放给将近300万名的用户,同时给体育电视广播支付2002年和2003年的发行费用——因为这两年里有线电视台很明显在歧视性抵制他们无法拥有的体育电视广播。这个决定保证了扬基娱乐和体育网络公司每年能获得近2亿的收视费。体育电视广播公司瞬间估值超过1亿,在原来的基础上翻了10—15倍。

小利奥·辛德雷、乔治·史坦布瑞纳和钱伯斯花了两年半的时间才使扬基娱乐和体育网络公司生存下来,但是他们也创造了一件新奇而独特的事情:由电视驱动的,球队自己拥有的真正能体现球队价值的区域性体育电视网络。增长的电视费用收入能帮助纽约洋基队解决大额花费，不过这件事的启示要远远多于这些。通过有线电视赚的钱让纽约洋基队在特许经营方面变得比以前任何时候都更有价值。现代有线电视商业不断发展的这25年里，纽约洋基队赚的钱大部分都进了电视网络老板的口袋，而现在球队可以通过自己的广播网，让这些收入进入自己的口袋。最终，小利奥·辛德雷得到了他想要得到的——至少他这么觉得。

扬基娱乐和体育网络公司拥有1.5亿美元的资产之后的第二天，出现了意料之中的反响。美国那些主要体育联赛的球队老板看到新闻头条之后都会想，这也是他们想要的。

谁会责备这些球队老板呢？没有人会。因为大家都知道拥有一个球队会带来大量的好处，至于损失，可以一笔勾销。大部分情况下球队会不断增值，这是安置资产的好地方。这是唯一一个可以在社区里立即提升名望的生意，它可以让球队老板们进入一些只有美国最富有、最强大的商人和家族才能加入的高档俱乐部，比如福特家族、鲁尼家族、蒂施家族、沃尔顿家族等。如今，它可以让乔治·史坦布瑞纳转型成为媒体大亨。他的跟随者们认为，如果他可以做到，他们也可以做到。

小利奥·辛德雷觉得这个想法太荒唐了。纽约洋基队是世界上标志性的体育团体之一，而其他一些球队也有着广泛的影响力，特别是在它们所在的地区，也许可以带动一个广播网的发展。麦迪逊花园广场公司有着自己的广播网，波士顿红袜队拥有新英格兰运动有线频道（以NESN为人所知）80%的股份，但是这些广播网在老板们购买之前就已经存在很多年了。如果一个普通的版权经营者可以大胆发行一个以播放自己球队比赛为主的独立广播网，或者和另外的球队合作拥有全年比赛的播放权，则会前途无量。不过，这个主意听起来十分自大。

然而，那些球队挨个开始呼喊，统统要求他们必须和自己的"榜样"纽约洋基队从有线电视发行商那里得到的价格一致。这些球队管理者得出了相同的结论：球队的比赛节目对于社区来说是非常关键的。不给球队付钱，不把他们的网络加在拓宽的基础有线电视系统中，便是愧对公众的信任。

接下来的8年时间里，这些球队在得克萨斯、科罗纳多、堪萨斯城、明尼阿波利斯发行了自己的网络。大都会队在纽约发行了他们自己的广播网。NBA联盟中的夏洛特山猫队在北卡罗来纳也发行了自己的广播网。华盛顿国民队（之前叫作"蒙特利尔博览会队"）在以亚特兰大为中心的几个州发行了自己的广播网。圣地亚哥教士队在圣地亚哥尝试了一次。他们中的一些将股权卖给了有线电视供应商，供应商同意将他们的频道放在自己的电视网络系统里。对于有线电视供应商来说，这就类似于将钱从一个口袋里拿出来再放到另一个口袋里。

结局是复杂的：纽约网队获得了巨大成功，丹佛掘金队和科罗拉多雪崩队的老板斯坦·克伦克所拥有的高地网络遭遇了惨败。那些失败的球队不得不来福克斯和康卡斯特这样的公司，请求和他们进行交易，而这些公司早已拥有了地区型的体育电视网络。对于粉丝来说，不管是谁拥有这些频道，结果都一样：原本免费的节目现在要收费了，或者一些收费的节目比之前更贵了。在对体育广播电视公司仲裁后的10年里，区域型的体育电视网络的平均月费从1美元多一点点涨到了将近2.5美元，地方体育节目的价格上涨了150%。同时，娱乐与体育节目电视网的观看月费因为其频道套餐，火箭般地涨到了7美元。

大部分主流有线电视供应商迫于球队和粉丝的压力，不得不将电视网络放到有线电视系统中——虽然只有很少一部分用户会观看比赛。体育产业制造出了一种假象，就是体育赛事很能吸引电视观众的眼球。其实，暂且不论美国国家橄榄球联盟以及其他少数几个体育团体每年最大的比赛，就是像世界杯决赛和美国职业棒球大联盟这样的全明星比赛，其电视观众也是很少的，只占总数的4%，甚至更少。在美国的各个地方，拥有电视的家庭中，不到3%的家庭会收看他们家乡的NBA比赛节目，而不到2%的家庭会收看全国曲棍球联盟的比赛节目。

有线电视的运营商站稳了脚跟后，独立网络失败了。明尼苏达的双生网络、堪萨斯城的皇家网络、波特兰的开拓者网络以及南卡罗来纳的山猫网络便遭遇了这样的宿命。这些球队不是特别好，或者没有特别融入当地的城市文化，或两者都没有做到，所以观众不是很依赖他们。

即使这样，也无法阻止巨大的体育媒体不断前进。到了2012年，大部分体育球队的老板变得更加富有了，他们的球队变得更加有价值了。许多美国的体育球队不仅仅收专利费，还拥有一部分体育网络。就像乔治·史坦布瑞纳那样，主要靠娱乐与体育节目电视网盈利，而国家电视网络为他带来了成千上万美元的收益。那些早已在地区体育广播网中投资了很多的有线电视公司认为他们有自己的灵丹妙药，可以稳住老用户，吸引新用户。毕竟，如果你不订购有线电视，就不能收到当地的体育频道信号，也就不能观看自己最喜欢的球队比赛。虽然不到4%的用户在晚上观看体育频道的节目，但是那些体育节目的收益可以用来支付有线电视接近20%的账单——而实质上其中大部分节目以前是免费的。各个体育组织已经从给大众带来快乐以及充满集体感的团体变成了可以用来创造巨大价值的"商品"。这些运营商除了向粉丝们收取很高的门票，还向每个电视观众（将近90%的平民百姓）收取费用，因此，粉丝们每个月要额外花10美元或20美元来观看比赛。另外，还要征收超过100亿美元的体育场建设费用，而这些钱都出自公民手中。从某种程度上说，那些钱是球员们力图争取的电视网络系统的自然产物，这个系统将体育赛事的播放权经营项目变成了巨大的产业，而其中大部分利益被这个王国中的新领主们攫取了。这跟当年的威尔胜体育用品公司忽悠阿诺德·帕尔默签订剥削合约或者欺骗"鲇鱼"亨特取消了他的保险政策的事情是多么像啊。为什么这些老板要这么做？因为他们心狠手辣，而粉丝们总是站在那儿任他们宰割。

扬基娱乐和体育网络公司成立10年后，发生了一些事情。当体育产业和有线电视公司合作后，这个世界变了。仅仅在印刷物上无法看到所有的体育新闻，我们需要近距离"检视"，观察人们是怎样通过电视和体育"互动"的，观察他们是否情愿做这些事情。

2012年，洛杉矶湖人队和他们的合作伙伴时代华纳有线电视公司发行了他们自己的地区体育广播网——实际上是两个，一个使用英文，另一个使用西班牙文，并且决定每个月向每个用户收取4美元用于维护频道。除了在该地区拥有20%用户的卫星发行商迪什网络，其他所有洛杉矶的主要有线电视发行商都很不情愿地接受了这个事实。迪什网络认为每个月向每个用户收取4美元是非常愚蠢的，因为这个频道只在75个夜晚有值得收看的节目，也就是说用户一年中有20%的时间值得收看这个频道。当秋季赛开始时，迪什网络仔细观察了他们的决定是否会使公司的用户数量减少或者消减了市场占有份额，结果是没有。事实上，迪什网络在接下来的两年时间里增添了不少用户，尽管他们没有可以播放洛杉矶湖人队赛事的频道。

2013年，休斯顿太空人队和NBA的火箭队以及康卡斯特合作发行了康卡斯特体育频道（CSN）。康卡斯特体育频道告知那些发行商，他们每个月为每位用户支付3.4美元。福克斯西南体育频道早在之前就向发行商收取了2.5美元的费用，放送了两个球队的比赛，同时还播放了得克萨斯游骑兵队、达拉斯小牛队以及圣安东尼奥马刺队、达拉斯足球俱乐部的比赛，此外还有一些地区性的大学橄榄球赛。当时，休斯顿太空人队毫无疑问是美国职业棒球大联盟中最糟糕的球队。他们承认自己和其他队差了很多。从 2011 年到 2013 年，休斯顿太空人队一共输了 324 场比赛，比纽约洋基队从 1998 年到 2002 年经历的 5 个赛季中输掉的比赛还要多 15 场。与此同时，火箭队以 45 胜 37 负的成绩结束了一个赛季。不是太坏，但也算不上有多好。

除了广播网的老板康卡斯特，其他发行商并没有加入其中。通过从先进的电缆盒中读取的数据，发行商可以知道每个用户观看了多少场比赛、观看了多久，还有他们是否只是为了收看关键比赛而看电视的。数据不容乐观：2012 年只有 5% 的新家庭愿意去购买有线电视节目。除非这个数据上升，无论球队通过什么宣传和请愿给付费电视发行商施加压力，都会被忽略，且没有什么后果，即使是全国第十大电视市场。

2014 年，洛杉矶道奇队和时代华纳有线电视公司发行了另一个地方体育电视台，所有的放送时间都是洛杉矶道奇队的，他们公开宣布这是粉丝绝对需要的节目。在第一年里，每个用户的月费是 4 美元多，很快就涨到了 5 美元多。然而 3 年之前，所有道奇队和湖人队的比赛都可以免费在电视上观看，或者买优质票来观看，或者观看那些同样也在播放洛杉矶天使队、快艇队和国王队比赛的姐妹有线电视频道。每个用户一个月的花费大约是 2.5 美元。今天，包括娱乐与体育节目电视网在内，洛杉矶的粉丝们（或者不是粉丝的人）每个月观看体育比赛的花费接近 25 美元。

小利奥·辛德雷看到这些数据只能摇摇头，他说："你可以尝试，但是你不能用这样令人吃惊的方式来折磨观众。"

体育商业的主体转移到有线电视以后，国家橄榄球联盟、NBA 和全国曲棍球联盟的老板和有分红的运动员都获得了很多财富。美国职业棒球大联盟现在的市值是 8 亿美元。NBA 也紧跟其后。但是这并不意味着获得利益不需要付出代价，特别是在棒球和篮球领域。和他们的流行程度相比，他们没有足够多的新粉丝来替代那些失去的粉丝，因此会影响人气。从 20 世纪 90 年代各个联盟蜂拥而至有线电视开始，他们的文化性便不断缩水，没有任何变好的迹象。

2013 年，大概有 1500 万人在观看世界杯系列的波士顿红袜队对抗圣路易斯红雀队的比赛，这是值得庆贺的。然而，那只是 1993 年的观众数量的三分之二，是 1990 年观看辛辛那提红人队一日四捷的观众数量的一半。2014 年，1380 万人观看了旧金山巨人队在第 7 场险胜堪萨斯城皇家队的比赛。2015 年，有 90 万人收看体育比赛节目，很大程度上是因为纽约大都会队参赛了。NBA 将绝大部分的季后赛都转移到了有线电视上，在总决赛时收看人数达到了 2820 万。但是和当年观众人数最多的比赛相比，这一次的观众人数还不及那次的一半。2015 年，勒布朗·詹姆斯带领着克里夫兰骑士队决战金州勇士队时观众人数达到了爆点，但也不及那次的观众人数。

收看体育项目的观众数量减少了，这需要警惕。还有一点，棒球粉丝突然一下子变老了很多：2009 年季后赛观众的平均年龄是 49.9 岁，2014 年收看节目的观众平均年龄是 55 岁，2014 年收看常规赛的观众平均年龄是 58 岁。在 NBA 以及职业棒球联赛季后赛的观众中，小于 18 岁的儿童所占的比例越来越小。

体育界的管理层将这些归因于电视观众的"碎片化"。确实有一些小孩不会费心去看电视，但是会通过平板电脑和智能手机关注体育。然而，体育运动的参与率也在持续下降，特别是业余运动员越来越少。代表了全世界三分之二青少年棒球的少年棒球联盟的运动员总数，2012 年是 500 万人，而 1997 年是 2600 万人。管理层知道，如果儿童参与比赛，熬夜观看世界杯系列赛，并且玩棒球，他们有可能会像成年人一样持续关注比赛，并将这个习惯传给他们的下一代。然而，有这个体育情结的人越来越少。

有一个很明显的规律，当绝大部分球队和联盟将他们最重要的比赛转移到付费电视后，观众的整体数量就会减少。其中减少得最多的是年轻观众的数量。那些小孩长大后，他们中的很多人或许会认为体育还没有重要到需要每个月支付100美元的有线电视费来收看。

一个重要的美国体育联盟坚持将几乎所有的常规赛和季后赛都放在广播电视网上。在美国职业橄榄球联赛每个赛季的256场比赛中，只有16场可以通过有线电视收看，剩下的节目都在刻度表盘上最容易被找到、随时可以观看的频道中。结果是什么呢？美国职业橄榄球联赛比其他任何体育比赛都要火。国家电视广播体育节目中，平均收看人数大约是2000万，超级碗的观众大约是1亿。通常每年美国职业橄榄球联赛占了全年最受欢迎的前30个节目中的29个。一般来说，只有奥斯卡颁奖礼可以打破这种优势。

赚取金钱在体育领域并不是一件坏事，但是当它变成了人们努力的方向和目标，那就不是一件好事了。对于一个运动项目来说，如果运动鞋合同要比球队胜利更重要，那就不是一件好事情。对于联盟及其老板来说，如果他们的球队变成了一个和大型付费电视做交易的"商品"，那也不是一件好事情。在过去的15年里，电视对于体育来说就像一只产金蛋的鹅，可以带来财富，但需要小心对待。电视曾经将最盛大的体育赛事展现给普通球迷，未来还会吸引更多的球迷。这些粉丝会持续关注各种赛事，也会观看其他电视节目，而发行商并没有打算从他们的口袋里赚太多钱。21世纪头几年里，体育电视商业开始让人们愤怒，除了像美国橄榄球联盟这样的组织，还有这个商业王国的主人们，他们都在杀鸡

第十章　他们又来了　｜　263

取卵。

我们之前见过这类行为。我们知道运动员悲剧性的缺陷在于过分地在其他队员面前高估自己，或者凭天赋证明一切之前就将用自己的名声来挣钱，或者相信那些训练者、加持者和赞助商会为他们创造奇迹。球队老板和几乎所有在体育界有权势的人的一个非常大的缺陷是，他们将每个在他们之下的人都视作可以利用的个体。比如，联赛的老板、锦标赛的董事和联盟的长官都过度滥用职权，试图用强制手段把运动员的合约当作一纸空文而奴役他们。遭到运动员反抗之后，他们践踏的对象变成了粉丝，这些粉丝看起来别无选择，只能任他们宰割。

这些追随着体育长达一个半世纪的粉丝不想要太多，只想拥有观看他们喜爱的比赛以及欣赏他们喜欢的运动员的权利，并且不被运动员或体育产业经营者以不诚实或侮辱的方式敲竹杠。这看起来要求不算太多。粉丝对于体育的爱是宝贵且独特的，他们不希望体育是可以玩弄的东西，或者被当作工具用来维系价格奇高的媒体投机，或者被操控用来销售用谎言"更加坚强地活着"编制的黄色橡胶手环。粉丝们不会喜欢那些愚弄他们的运动员，也不会喜欢那些试图愚弄他们的老板。体育产业从来都不需要这些东西，无论何时，那些经营者想要在一个精明的消费者团体中这么做，这些消费者肯定会跑得远远的，他们觉得这些东西离他们越远越好。

尾　声

格拉斯哥，2012年6月25日，将近上午8点。

优秀的足球运动员卡莉·洛伊德走进克莱德河畔一家酒店的地下健身房。

再过几小时，伦敦奥运会就会随着女足开赛而拉开帷幕，而盛大的运动员游行和庄严的火炬点燃仪式则会在两天后举行。根据赛程，世界上最强的女足队美国队将和技术最高超的法国队开战，一决雌雄。

美国女子足球队是本项目的王者，拥有无可匹敌的运动员，蝉联两届奥运冠军。而法国女子足球队则因完美的传球方式，几乎在一夜之间成了世界的宠儿，她们将无可挑剔的发球与精准掌控的斜传奔跑完美结合，无人能及。法国女足的教练布鲁诺·比尼能够轻松地融入巴黎那些先锋的咖啡馆氛围中，他还总在赛前为队员们读诗。法国女足的明星前锋加埃塔纳·蒂妮能在足球上跳舞，她运球穿过人群就好像足球被人用胶水粘在脚上一样。

美国女足等待这场比赛已经一年多了。一年前，在对阵日本女足的世界杯决赛上，当比赛即将结束时，美国女足却输掉了原本领先的1分。接着，这个经常在高压下所向披靡的球队经历了最失败的点球决战。中场队员卡莉·洛伊德自孩童时便奔跑在新泽西足球场，她的射门技术本来堪比任何伟大的女足球员，却因踢球太高，使得足球冲进了法兰克福商业银行球场的观众席深处。这无疑是卡莉·洛伊德从小到大最失败的一次。

已经一年多了，卡莉·洛伊德还未走出阴霾。那次以后，她的表现一落千丈，传球常常错过队友，原本一直拥有无限耐力和专注力，现在却在比赛中场就消失了，跑起来也无精打采。现在，她又被换下赛场。她身高1.72米、体重127斤，肌肉结实，没有哪位女足球员希望与她进行50回合的抢球射门大战。她的褐色眼睛非常大，会随着心情呈现或甜美或狂野的神情。在2008年北京奥运会上，美国女足与巴西女足决战时，她踢出了锁定金牌的关键一球。过去的6年中，她几乎参加了所有大型比赛，但现在这一切似乎要结束了。

卡莉·洛伊德独自来到健身房，径直走向后方角落里的跑步机。她头戴耳机，在苹果手机上寻找合适的音乐。另一位健身房常客朝她走过去。他说："你今天下午有场比赛，所以别让自己太累了。"

她怒气冲冲地回答道："知道了，说得我好像要跑该死的马拉松一样。"她刚过30岁，但依然有着新泽西女孩的特质，说话就像吵架一样，从不吃亏。

他笑了，问她感觉如何。

她答道："感觉不错。"

他问她是否准备好了。

"当然，"她说，"我们准备好了。"有一瞬间她似乎在翻白眼。

他祝她好运。她谢过他，点了跑步机上向上的箭头，开始运动。

5小时后，她在洒满阳光的苏格兰国家体育场的汉普顿公园球场慢跑，进行热身运动。她的队友们像往常一样进行传球和射门训练。她和她们一起练了几分钟抢圈和射门。后来她带着球来到球场中央，低着头，开始颠球，球在鞋带上方飞舞着。她用最小的力气连续不断地颠球，进行了几十分钟。她想着自世界杯决赛点球大战以来发生的一切，她怎样变成了令人讨厌的人，教练如何告诉她她不能参加这次比赛……她失去了自己努力奋斗得来的所有东西，那些都是她放弃了男友和正常生活而换来的。她和队友置身在巨大的足球场中，但她却感觉是独自一人。

比赛的哨声吹响了，她坐在长椅上，看着队友们在第12分钟失去1分，几分钟后，又丢失了2分。她眼睁睁地看着这样的比赛进行着，对她来说，这太糟糕了。

十几分钟后，中场防守员珊农·波克斯腘绳肌腱受伤，艰难地跑着。主教练皮娅·桑德海吉叫了卡莉·洛伊德的名字，让她向场边的官员报告，换下珊农·波克斯。1分钟前，卡莉·洛伊德还心如死灰，现在她突然就活过来了。然后，卡莉·洛伊德做了她一年里都没有做过的事。她控制了球场中央，完美地将球传给两侧的队员，发起了攻击，在第19分钟赢回1分，到中场哨声响起时，美国队与法国队打平。在第56分钟，卡莉·洛伊德在距法国队球门23米的地方接到球，将球轻踢到身体右侧，全力一击，球射入球网的左侧。她转过身，高举胳膊，冲向长椅，快到时，跪地滑过草地。这一刻，她无比激动。

然而，还有比这更令人高兴的事。在接下来的奥运足球赛上，卡莉·洛伊德再也不用坐在替补席上了。在老特拉福德球场进行的美国队与加拿大队的半决赛上，她在最后时刻逆转局面，使美国队获得胜利。

尾声 | 267

接着在冠军争夺赛中,卡莉·洛伊德为美国队赢得了2分,最终美国队以2:1的成绩战胜了日本队,冲刷了人们对一年前世界杯的记忆。这次胜利也使得卡莉·洛伊德成为第一位连续在两届奥运会上踢入决胜之球的人。

比赛结束后,卡莉·洛伊德说:"我觉得自己在重大时刻表现得非常精彩。"她提到自己每天都在拼命训练,就是为了向那些认为她不属于球场的人证明自己是可以的。"我生来就是踢足球的。"她说。

3年后,卡莉·洛伊德又开始了征途。她没有沉浸在奥运会的光环中,而是听从她的教练——足球专家詹姆斯·格兰尼斯,回到新泽西南部的家中。詹姆斯·格兰尼斯告诉她,她只发掘了自己50%的潜能。

2015年,女足世界杯开幕6周前的一天上午,刚过9点,卡莉·洛伊德就来到新泽西南部的一家镇属体育馆——距离他们家的车程约15分钟。这个体育馆是用空心煤渣砖和钢结构建成的,有3个篮球场,但缺乏现代化的附属设备,例如测量最大摄氧量水平的机器。詹姆斯·格兰尼斯和卡莉·洛伊德经历了一系列训练,是为了掌握欧洲和拉美的足球运动员每天下午都会玩的小游戏中所用的所有技巧。普通的巴西运动员也能只用脚玩沙滩排球。相比之下,美国的孩子很少在有严格组织的足球训练之余踢球玩。成年人要想掌握这些技巧,就只有一种方法——在距世界杯只剩下一个月的时间里进行无休止的强度不断增大的重复训练。

卡莉·洛伊德像一个流动足球培训班的八年级学生一样在体育馆的地板上奔跑,先是只用右脚外侧控球,然后用内侧控球,再用同样的方法训练左脚。在一组训练中,她在每次触球前假踢一次,确保在做精确动作时举起一只胳膊。还有一组训练,为了强调假动作,她每次压低内侧的肩膀。她在4.6米远的地方,奋力向空心煤渣砖墙面踢球,再用脚踝拦住反弹回来的球,就像游击手戴着手套接滚球一样。在中场区,她接住了格兰尼斯传过来的一系列球,带着球转身、冲刺,然后将球狠狠地踢到墙上,又接住弹回来的球,再传给格兰尼斯,力求形成完美弧线。基础训练无休止地进行着,尽管这种训练对世界最强队的最强中场球员来说似乎没有必要。做完这些,卡莉·洛伊德使用拉力绳进行45分钟力量训练。晚上,她和格兰尼斯在附近道路上进行90分钟的耐力训练,包括一系列46米短跑和4.8千米节奏跑。

两个月后,也就是7月初,一个下午,在温哥华,卡莉·洛伊德成了首位在世界杯决赛上连进三球的选手,包括一个从距离球门50米远的中场区域发起的精彩远射。最终,美国队以5∶2的成绩赢得了比赛,美国民众再次爱上了女足。

在奥运会或世界杯上取得一系列胜利后,几乎被遗忘了的女足队员一夜之间成了美国最受欢迎的运动员,活跃在访谈节目中,"胜利之旅"的门票一售而空,白宫官员称赞不已,纷纷与之合影。

女足队并非完美无缺,队员也不是完人。2011年世界杯中,在美国队对抗巴西队的四分之一决赛上,美国队势头较弱,靠奇迹般的一记进球才拯救了她们。2014年加拿大U20女足世界杯上,她们只获得了第7名,主教练也被解雇。守门员霍普·索洛的私人生活一片混乱,她的私生活经常出现在八卦周刊上,人际关系岌岌可危。不管怎样,女足队是美国最受欢迎的体育团队。而很多运动员认为自己之所以能进国家队,是因为遇到了良机和伯乐。

过去的15年中,我报道过体育界的方方面面。我报道过世界职业棒球大赛和超级碗比赛、奥运会和世界杯、高尔夫球大师锦标赛、美国网球和高尔夫球公开赛,还采访过现代传奇人物勒布朗·詹姆斯、宇宙主宰者红袜队以及利物浦足球俱乐部的老板约翰·亨利。但我最喜欢的还是美国女子足球队，因为她们似乎和现代的体育经济没有任何关系。

在我刚开始写这本书时，我惊讶于几十年前体育界的卑微。国际足球联盟、世界足球界的领导组织和世界杯是由瑞士一栋楼房里的十几个人运行的。时间流逝，斗转星移，对一些人来说好像没什么变化。不管怎样，这些美国女足队员就是足球界的阿诺德·帕尔默。2015年，梅根·克林根贝格和摩根·布莱恩帮助美国女足队取得了第三个世界冠军。赛季中，美国女足队员和前NBA教练兼电视解说员杰夫·范甘迪一同住在休斯敦。这个安排不是为了让她们获得额外的技巧，而是因为梅根·克林根贝格和摩根·布莱恩正效力于休斯敦冲刺队——他们可以获得3万美元的收入，无法帮她们解决住宿问题。美国女足队请求当地的一些家庭接纳她们，以使收支平衡，于是杰夫·范甘迪一家接纳了她们。

克里斯蒂·拉波尼来自美国西弗吉尼亚州的波因特普莱森特。她原本是蒙莫斯大学一位优秀的篮球运动员，足球只是她的第二爱好，直到读大三时她才开始主攻足球。1997年秋季的一天，蒙莫斯大学与康涅狄格州立大学正在进行足球比赛，时任美国女足主教练的托尼·迪西科恰好在看台观看。他这次驱车从马萨诸塞州的家中赶来康涅狄格州立大学，是看望在这里教书的朋友的。他并不认识拉波尼，但这个女孩连续进球，转守为攻，跑得像鹿一样快，给他留下了深刻印象。

几周后，蒙莫斯大学体育部收到一份传真，邀请时任篮球队队长的拉波尼参加女足队在加利福尼亚州某营地的选拔赛。拉波尼对女足队了解不多，只听说过足球明星米娅·哈姆，甚至不知道其他任何女足队成员。

拉波尼来到加利福尼亚州，丝毫没有预料到这次比赛对她的未来的影响。她的行李箱里装满了训练服和洗衣粉，没想到一来就收到了队服和带钉鞋。她从来没有见过如此美丽的训练场。她将自己那只装满训练服和洗衣粉的行李箱藏在床下，假装自己知道这段时间都不用担心洗衣服的事了。她待了一周，被同伴们远远落下，就回家等通知了。回到蒙莫斯大学后，为了防止错过电话，她几乎没有出门。最终，她等来了电话。从那之后，除了两次怀孕和韧带撕裂手术，她从没有离开过女足队。即使在40岁时，她依然是球队防守的主力和跑得最快的运动员之一。

中场队员希瑟·奥赖利在新泽西与弗吉尼亚16岁以下女孩的地区性比赛中脱颖而出。当时她15岁，对足球策略所知甚少。她没有左脚踢球的技术，但在侧翼没人是她的对手，她还擅长门线救球。中场比赛以2∶0结束，休整过后，她第二次上场，三次射中球门。恰好女足队教练阿普里尔·海因里希斯在看台观看。比赛结束后，海因里希斯见了她，让她继续努力，将来会成为女足队的一员。第二年，希瑟·奥赖利到北卡罗来纳大学访学——这所大学是大学生女足胜地，从1982年到2000年一共得了16个全国冠军。和教练安森·多兰斯交谈后，希瑟·奥赖利意识到全国冠军锦旗已经没有地方悬挂了。她说道："嘿，教练，如果我来这里，那你就得多找些地方悬挂锦旗了。"后来她承认道："我是一个梦想家。"

足球不是美国的国民运动项目。女足队缺少德国人的天分、日本人的技术、巴西人的娴熟，所以只有硬着头皮学习这项运动的各种细枝末节，并清楚她们的速度、力量、才能，并且还得有坚定不移的必将获胜的信念。事实也是如此。

她们从不宣称自己只是单纯地参加比赛，她们也会为钱而战，并以此为荣。女足队在1996年奥运会前差点罢工，因为她们没有得到与男足队同等水平的工资。最终美国足球联盟妥协了，而女足队用金牌回馈了联盟。

她们不会推辞头发护理广告，也会为几千美元现身某诊所。毕竟她们是职业运动员，需要养家糊口。她们是世界上最好的女足球队，值得拥有最好的待遇。她们也会义务表演，因为她们有一种发展女足和女性运动的责任感，觉得有义务使女子职业足球的状况越来越好。她们正在完成自己的目标，每场比赛结束后，脸颊红扑扑的青少年和他们的父母蜂拥而至包围着她们，就是最好的证明。一天结束后，她们扎着马尾辫，用运动绷带当发带戴在头上，与美国数百万普通女孩没什么两样。

2013年某天下午，拉波尼站在泽西海岸，说道："人们与我们是紧密相连的。"当时，她还不确定自己的腿部状况是否允许她参加下一届世界杯（最终她还是参加了）。她说："他们觉得自己真的认识我们。他们明白我们是普通人，和他们有着相同的出身。我们和其他人一样坐经济舱。我们是真实存在的，他们想知道我们的极限是什么。篮球运动员必须有一定的身高，而足球运动员只需要正常身高就行。如果你再有一些运动天赋，你就有无限可能创造奇迹。"

这就是我们对运动员的理解。我们在电视上看到的那些运动员和我们并没有太大的不同，他们和我们吃同样的食物，呼吸同样的空气，用同样的方式关注自己的事业——尽管那是他们谋生的手段，而且比我们想象得更加商业化。话说回来，美国女足队在赢得观众的支持方面确实有一些优势。她们流露出的纯真和谦逊是不可抗拒的。作为一种职业，女子足球是非常年轻的。实际上，所有女性运动项目都是如此。它们如此年轻，以至于不能独立发展。女子职业足球是靠美国足球联盟的资金支撑起来的。从2001年到2012年，有两个职业女足联盟失败了。2013年成立了第三个女足联盟，不知道能否坚持下去。她们真的和我们没什么两样，不过她们大部分人似乎很喜欢这种状态。

当然，也有少数女运动员，特别是高尔夫球和网球运动员，在个人运动项目中十分出名，并积累了巨额财富。名人堂的网球明星比利·简·金在20世纪70年代举办了女子网球公开赛，并向世界证明了观看女子汗流浃背地对战也可以成为可行的商业模式。我们应该衷心感谢她。她的事迹足以用一整本书来叙述。我有幸在一些场合同她谈过话。她总是妙语连珠，让你觉得她卓尔不群。40年前，她发起了男女混合职业联赛。2010年，我和她在华盛顿一起观看了世界网球团体赛，胜负由最后一场比赛决定。观众和队员都很兴奋，每赢一分，大家都互相击掌。"你现在知道我们想要实现什么了吧？"她说，"男性、女性在同一队并肩作战。这很酷，是吧？"很酷，的确很酷。

美国国家女足队对这些比赛如此上心，也可能是不得已而为之。如果她们不努力，就会失业。因此，她们不得不在表演秀上露面，不得不在比赛结束后签名。如果她们可以坐头等舱，或者她们参加的国际比赛和联赛被媒体关注，在电视上热播，或许她们也会像一些成功的男性体育明星或球队老板一样变得虚荣。我们现在所知的是，当这些女子成为焦点时，我们的眼睛离不开她们了，而且也不应该离开。

越来越痴迷于金融评估的体育界应该遵守一些信条。其实这些信条并不复杂，大部分都很简单，几乎是陈词滥调：运动员要真挚，做一个好人，不要像个浑蛋；管理者要公平对待运动员，尊重他们，给他们自由；感受进球带来的快乐和荣耀时，要记住是别人将球传给你的，是别人教你如何射门的，要和这些人分享成功带给你的声望与利益；要记住，即使在个人运动项目中，你也是依靠集体的力量获胜的。如果按照上面这些信条做事，运动员、联盟老板、媒体等任何以体育维生的人就不会失去赚钱的机会。当他们这么做时，我们大多数人乐意为他们欢呼。

致　谢

有一次，我听一位女士这样介绍她丈夫："我们初识时，他还是一个需要花费 10 万美元才能彻底改头换面的菜鸟。"

这句话同样可以用来描述想成为职业作家的我。多年来，很多人明知我不理智，还一直对我充满信心，支持我完成了这本书，帮我实现了自己的梦想。

首先要感谢我的妻子——聪慧美丽的艾米·艾因霍恩。我们初次见面时，我 23 岁，在一个小隔间里当编辑助理。她一直默默忍耐着我喋喋不休地说个没完的习惯。20 多年过去了，我们有了三个孩子，我还在小隔间里工作，而她已经有了一间宽敞明亮的办公室。她曾经撕碎了本书糟糕的草稿，又将其拼接起来。我想将本书献给她，因为她使一切成为可能。

感谢《华尔街日报》的专家小组——德高望重的罗伯特·汤姆森、

格里·贝克和迈克·米勒帮助我完成这本书。我感谢他们信任我,让我成为全球最受欢迎的新闻机构的代表。我还要感谢《华尔街日报》体育专栏的天才编辑萨姆·沃克,他为我提供了很多机会,教我怎么写作,并一直指导我完成此书。还有《华尔街日报》的其他编辑,比如埃本·夏皮罗和里奇·特纳,他们也功不可没。

我从了不起的新泽西日报《明星纪事报》中学到了怎样成为一个值得尊敬的合格的体育作家。吉姆·威尔斯、凯文·惠特默、克里斯·达米科、乔治·乔丹和凯文·欣克尔,他们 11 年来对我的职业生涯进行了细心指导。

我很庆幸能成为斯坦利和琳达·福特曼的孩子,我感觉我一生下来就很幸运。我的父母在家里放满了书,他们告诉我要努力追寻自己的梦想。他们永远都支持我。我的兄弟大卫和丹尼尔之前总是捉弄我(现在也常常这样),但我觉得任何人都无法代替他们。

西蒙与舒斯特公司的编辑乔飞·法拉利·阿德勒在 2012 年确定了关于这本书的项目,他在计划中写道:"这本书是关于体育运动的,题目待定,作者马修·福特曼。"这是一个要么大获全胜要么一败涂地的项目。我希望他的付出能得到回报。当然,我认为自己已经得到了应有的回报。这主要归功于乔飞源源不断的支持和大师一样的编辑功力,往往他一个建议就足以使整个章节化腐朽为神奇。我也非常感谢西蒙与舒斯特公司的其他工作人员,包括乔恩·卡普、理查德·罗雷尔、卡里·戈德斯坦、达纳·特洛克、本杰明·霍姆斯、利亚·约翰森、杰姬·萧和朱莉安娜·哈布纳。

我还要感谢 WME 的经纪人苏珊娜·格卢克,她对我不离不弃,无论我在低谷还是在巅峰。她聪慧真诚,是一个完美的合作伙伴。卡拉·斯坦岑曾经也是 WME 的经纪人,但对我来说,她更像是生活中的导师,本书的书名也是苏珊娜提出的。

另外，我的朋友史蒂夫·华纳和巴里·罗森菲尔德读了本书的书稿，为本书的完善提供了巨大帮助。

南加州大学马歇尔商学院体育系的主任大卫·卡特一直都是体育界的"指路牌"。他读了本书的早期版本，提了很多有用的建议。珍·莫里西出色地完成了本书中的事件核查工作，让我省了很多时间和力气，可以好好休息。麻省大学马克·麦考马克文献库的首席档案官克里斯汀·凯不厌其烦地调查研究，帮我核对了本书前三分之一的内容。托德·麦考马克为我提供了很多宝贵的资料。吉姆·加拉格尔一直以来都在帮助我。史蒂夫·霍罗威茨在体育界人脉很广，在过去的几年里帮我引见了无数人。

我还想感谢许多很久以前教我如何阅读和写作的教师，他们是凯·科比、艾伦·福尔波、罗斯·斯科奇、迈克尔·迪根纳罗、布伦达·瓦恩阿普、乔丹·史密斯、斯基普·海斯和芭芭拉·布劳内尔。

谨以此书献给我的孩子艾希莉、泰丝和朱莉，我很对不起他们，因为工作关系，我经常不在他们身边。我想说，谢谢你们包容我，谢谢你们让我觉得回家的路充满幸福，你们是我生命的全部！